여성복지론

Welfare for Women

여성복지론

Welfare for Women

김태현 · 이문숙 지음

㈜교 문 사

머리말

사회의 변화에 따라 남녀평등이 확대되고 있음에도 불구하고 우리 사회의 뿌리 깊은 곳에는 여전히 성차별이 존재한다. 남성은 가계를 책임지는 부양자로, 여성은 가정을 전담하는 현모양처로 이원화되었으며, 가족 내에서도 가부장제가 엄연히 존재한다. 이러한 차별구조에 의해 가정이 사적 영역으로 취급되었고 여성의 삶은 공적 영역으로부터 배제되었다. 더욱 심각한 문제는 사회복지체계와 사회보장이 미흡한 현실 속에서 가족, 즉 여성이 사회나 국가를 대신하여 개인의 부양을 전적으로 책임져야 한다는 것이다.

'여성복지'는 가부장제와 자본주의에 의해 발생한 우리 사회 각 분야의 성차별문제를 해결하려 한다. 여성을 위한 사회복지서비스에 그 목적이 있으므로, 여성복지의 사회적 의미는 대단히 중요해졌으며, 우리 모두가 풀어야 하는 과제로 부상하였다.

한국 사회에서 여성복지라는 용어가 사용된 것은 1990년대 중반 이후부터이다. 여성복지는 근대적 의미의 사회복지가 시작된 1950년대 이후 부녀복지라는 이름으로 오랫동안 불려왔고, 부녀복지라는 용어에 내포된 대상의 제한성이나 여성에 대한 폄하적 사고가 그대로 우리나라의 여성복지정책에 반영되어 온 것이 사실이다. 다행히 최근 들어 UN(국제연합)을 비롯한 국제적 동향의 영향으로 우리나라에서도 부녀복지가 여성복지로 공식화되었다. 특히 여성운동계의 노력으로 여성과 관련한 새로운 법이 제정되었으며 제도적·법적 변화를 위한 기반이 조성되었다. 이러한 동향은 관심의 사각지대에 놓여 있던 여성의 인권과 복지에 대한 사회적 책임의 기반이 될 것으로 보인다.

여성복지 실천방법에서의 획기적인 변화는 1980년대부터 구미 각국에서 여성의 경험과 상황의 개념을 재정립하고 재구성하려는 노력으로 나타났다. 바로 이것이 여성주의적 사회복지 실천이며, 여성과 관련된 실천뿐 아니라 남성 및 아동과 관련된 실천에도 상당한 영향을 미쳤다. 오늘날 여성주의적 사회복지 실천은 상호 관심, 비판적 의식, 정치·문화적 맥락이라는 조건하에서 여러 가지 상호 작용에 대한 가정을 수립하였으며, 강점 접근과 역량강화 접근 등의 적용방법론과 기술이 발전하고 있다.

이렇게 20세기가 여성에 대한 새로운 자각에 눈뜨기 시작한 시대였다면, 21세기에는 이전 세기의 자각을 기반으로 양성평등을 지향하는 새로운 남녀관계를 구조화해야 한다. 여성복지는 이러한 양성평등을 위한 다양한 접근 중의 하나로, 여성주의적 시각이 접목된 사회복지의 한 분야임과 동시에 사회복지에 대한 새로운 접근이다.

이 책은 여성주의적 사회복지 실천 관점에서 성차별을 철폐하여 여권신장을 위해 노력할 뿐 아니라 소외받거나 보호가 필요한 여성을 위한 사회복지에 관심을 갖는 모든 이들을 위해 기획된 것이다. 따라서 대학에서 성차별에 의한 여성문제나 여성복지문제에 대해 관심을 갖는 여러 학문 분야의 사람들뿐만 아니라 현장 실무자나 일반인도 여성복지를 전반적으로 이해하는 데 도움을 줄 수 있도록 하였다.

이 책은 모두 5부로 구성되어 있다. Ⅰ부에서는 우리가 사는 동시대의 여성과 여성문제에 대해 현대 사회와 여성문제, 여성문제를 보는 시각으로 정리하였다. Ⅱ부에서는 여성복지로 다가가기 위한 작업으로 여성복지적 접근과 실천방법을 여성복지의 이해와 필요성, 여성복지와 임파워먼트, 여성복지와 의식향상으로 구분해 살펴보았다. Ⅲ부에서는 여성복지정책은 무엇이며 어떠한 내용을 담고 있는가를 여성정책과 여성복지정책, 여성복지 관련 법, 여성복지서비스 전달체계, 여성과 사회보험, 여성과 공공부조로 나누어 살펴보았으며, Ⅳ부에서는 여성복지의 분야별 실천영역을 빈곤과 여성, 폭력과 여성, 이혼과 여성, 성매매와 여성, 장애와 여성, 노년과 여성으로 나누어 각각의 문제를 짚어 보고 분야별 대책을 강구해 보았다. 마지막 Ⅴ부는 앞선 내용들이 나아가야 할 방향과 과제를 여성복지정책의 기본 방향, 여성복지의 과제로 나누어 정리했다.

끝으로 이 책은 여성복지문제와 그 해결을 위한 접근방법을 누구든지 편하게 읽을 수 있도록 쉽고 간략하게 서술하였으므로, 여성복지에 대한 입문서로 매우 유용할 것이다. 바쁜 일정에도 불구하고 출판 과정에 도움을 주신 (주)교문사 직원 여러분께 감사의 마음을 전한다.

2007년 2월

김태현·이문숙

차 례

제Ⅱ부 여성복지적 접근과 실천방법

제Ⅲ부 여성복지정책

제Ⅳ부 여성복지 실천영역

Part I

제 I 부

현대 사회와 여성

welfare for woman

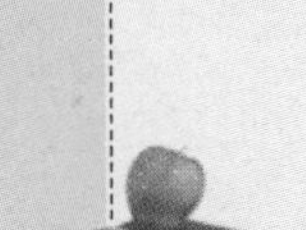

제 1 장

현대 사회와 여성문제

주요 용어 | 남녀차이, 생물학적 성, 사회적 성, 성애, 성억압, 남성부양자/여성의존자, 여성성

1. 여성과 남성의 차이

인류 역사를 통해, 남성과 여성은 서로를 존중하고 동등한 인간으로 대하기보다는 한쪽이 다른 한 쪽을 억누르고 서로 이질적인 존재로 보는 경우가 대부분이었다. 어느 사회, 어느 시대든 사람들은 남성과 여성이 해부학적으로 다를 뿐만 아니라 정신과 능력 면에서도 질적 차이가 있다고 가정하였다. 따라서 남성과 여성은 같은 일 또는 같은 생각을 해서는 안 되며, 같은 평가를 받을 수 없다고 생각한 것이다(캐롤 테브리스 외, 1998).

여성과 남성은 해부학적으로 다르기 때문에 정신과 능력 면에서도 다른가? 해부학적으로 남성이면 정신세계와 능력이 항상 여성보다 뛰어난가?

대부분의 사회에서 여성과 남성은 타고난 생물학적 성에 따라 사회가 인정하는 방식이 달라지고, 사회가 인정하는 방식이 개인의 행동양식을 결정하며, 남성과 여성이 다르게 처우된다. 다시 말하면 남성의 신체를 갖고 태어나는 인간

은 곧 남성이라고 정의되고, 사회는 그 남성이 지향해야 하는 바와 행동하는 방식 및 사회문화적 특성들을 규정한다. 또한 여성의 신체를 갖고 태어나는 인간은 사회의 다양한 관습과 문화 및 제도 등을 통해 여성다움을 학습하고 그 사회가 규정해 준 여성다움에서 벗어나면 유·무형의 압력을 받게 된다.

그러나 사회가 남성과 여성을 달리 처우하는 것은 단지 여성이냐 남성이냐에 따른 차별로 표현될 때가 훨씬 더 많다. 이 때문에 흔히들 말하는 여성의 불평등이 발생하는 것이다. 여성의 불평등은 거의 대다수의 사회구조가 남성을 중심으로 형성되어 있어서 여성이 남성에 비해 낮은 수준의 일을 하거나 남성보다 훨씬 더 제한된 삶의 기회를 누리고 살아가기 때문이다.

따라서 여성과 남성을 다르게 규정하는 성이란 무엇이며, 이것이 사회에서 어떤 경로를 통해 우월한 남성과 열등한 여성으로 나타나는가를 살펴볼 필요가 있다. 성은 타고난 해부학적 특징에 의해서 차이가 결정되는 생물학적 성(sex), 생물학적 성에 따라 그 사회가 후천적으로 부과한 차이와 차별을 포함하는 사회적 성(gender), 다양한 성적 표현과 행동을 포함하는 포괄적인 의미의 동성과 이성 등 성적 관계를 말하는 성애(sexuality) 등으로 유형화할 수 있다.

1) 생물학적 성

생물학적 성(sex)은 인간이 태어날 때부터 타고나는 해부학적 신체조건을 말한다. 생물학적 결정론자들은 생물학적 차이가 인간의 능력을 결정한다고 보지만, 이러한 주장은 과학적으로 증명되지 않은 허구일 뿐이다.

인간의 경우, 여성의 난자와 남성의 정자는 각각 유전물질을 담고 있는 스물세 쌍의 염색체를 갖고 있다. 이 스물 세 쌍 중 태아의 성을 결정하는 한 쌍은 어머니로부터 받은 X염색체 하나와 아버지로부터 받은 X 또는 Y염색체 중 하나로 구성되고, 아버지로부터 받은 성염색체가 아이의 성을 결정한다.

X염색체는 Y염색체보다 훨씬 크고 더 많은 유전물질을 나른다. X보다 작은 Y염색체는 유전물질을 더 적게 나르기 때문에 성과 연관된 특성은 거의 항상 X염색체에 의해 운반된다. 따라서 남아는 항상 어머니로부터 X염색체를 받기 때문에 성과 연관된 특성은 어머니에게서 아들로 전달되는 것이지, 아버지에게서 아들로 전달되는 것은 아니다(캐롤 테브리스 외, 1998).

유전인자나 호르몬을 비롯한 특정한 해부학적 신체조건이 특정한 성차(sex difference)와 직접적으로 관련되었다는 주장은 특정한 성을 우월하다고 보려는 사람들의 검증되지 않은 주장에 불과하다.

한편, 여성은 남성과 달리 임신·출산을 할 수 있는 신체적 구조를 가지고 태어난다. 따라서 임신기간 동안이나 출산 직후에는 자신과 아이가 위험에 노출되지 않도록 조심해야 하고, 이로 인해 몸놀림이 느려질 수도 있다. 그러나 이것은 여성의 신체구조로 인한 무능력으로 볼 것이 아니라 생명을 탄생시키고 다음 세대를 재생산하는 여성만의 독특한 능력으로 보아야 하며, 오히려 사회로부터 충분한 배려를 받아야 할 조건인 것이다.

2) 사회적 성

생물학적 성(sex)이 신체적 차이를 의미하는데 반해, 사회적 성(gender)은 남녀 간의 사회·문화·심리적 차이를 말한다(앤서니 기든스, 1996).

사회적 성은 생물학적 성을 근거로 사회·문화·심리적으로 학습된 행동과 이에 준하는 기대와 관련된다. 즉, 남성의 신체를 가지고 있는 사람은 남성에게 맞는 행동과 정체성을 사회적으로 습득하고 이에 따라 행동해야 하며, 여성의 신체를 갖고 사는 사람은 여성에게 맞는 행동을 해야 한다. 또한 사회는 남성인가 여성인가에 따라 어떻게 행동하고 생각하며 살아가야 하는가에 대한 기대와 평가를 다르게 하기 때문에 남성과 여성은 자신의 성에 대한 정체성도 다르게 습득하게 된다. 결국 남성은 남성답게, 여성은 여성답게 양육된다는 것이다.

대부분의 사회구조가 남성을 중심으로 형성되었기 때문에 여성다움보다는 남성다움이 훨씬 더 높게 평가되고 여성다움은 비하된다. 또한 여성이 '남성답다'라는 평가를 받는 것은 곧 남성 중심의 사회가 정해 놓은 여성다움을 잃은 것이기 때문에 직·간접적으로 제재를 받게 된다.

그러나 '여성다움'과 '남성다움'은 선천적이거나 고정적인 영구불변의 특성이 아니다. 사회적 성 또는 성적 정체성은 타고난 것이 아니라 학습을 통해 그 사회가 규정한 대로 습득하는 것이며, 어떤 상황에 있는지 또는 누구와 사회적 관계를 맺는지에 따라 얼마든지 변할 수 있는 불안정한 특성이다.

일반적으로 남성과 여성의 성별 차이는 남성들에게 더 중요시된다. 이는 남성과 여성에게 뚜렷한 성별의 차이를 부여하고 차이를 강조하는 것이 남성이 가진 권력을 유지하고 재생산하는 데 기여하기 때문이다.

3) 성 애

성애(Sexuality)란 성별뿐 아니라 계급, 인종, 연령, 성적 선호, 규범, 제도에 따라 다양하게 구성된다는 점에서 성을 유동적이고 다원적인 것으로 본다. 이러한 관점에서는 성적 욕망이나 정체성이 주체의 맥락적 위치에 따라 구성되는 일련의 과정이므로 남성/여성, 이성애/동성애, 게이/레즈비언과 같은 성적 범주의 경계가 유동적이다. 따라서 섹스-젠더-섹슈얼리티 사이의 고정적이고 일관된 관계를 인정하지 않는다. 남성 중심적 가부장제 사회라는 맥락에서 이것이 가끔 연관되어 나타날 수도 있지만 필연은 아니라고 본다. 이와 같이 다양성과 차이를 중심에 둔 섹슈얼리티의 개념 정의는 좀 더 나아가 제도로서의 이성애가 가부장제라는 분석틀과는 어떻게 다른 의미를 가지는지를 더 세분화하는 논리로 발전한다.

성적 욕망뿐만 아니라 성적 가치, 신념, 환상 등을 포괄하는 성관계적 성(성애)의 개념을 규정하는 입장은 크게 두 가지로 구분된다(이영자, 1991). 하나는 본질주의적 또는 자연주의적 접근으로서 성을 인간의 자연적 본능이나 생리적 충동의 표출로 보고 절대적으로 주어진 본질을 지닌 것으로 이해하는 입장이다.

프로이트(Freud)는 에너지를 쓰는 만큼 리비도(libido)가 박탈당하기 때문에 문명의 발달은 성억압의 증가를 가져온다고 본 반면, 현대 좌파 프로이트 이론가들(Reich, Marcuse, Fromm)은 성의 본능과 억압 간의 대립관계를 사회구조·역사적 차원에서 설명하고, 가부장제와 자본주의적 구속에서 성을 '해방'시켜 그 본질을 추구할 것을 주장한다(Weeks, 1985).

다른 한 가지는 성을 인간의 심리와 사회문화적 구조와 상호 연관성 속에서 파악하는 입장으로, 성을 인간의 특별한 행위 영역으로 취급할 것이 아니라 관습적인 사회생활의 한 부분으로 간주해야 한다는 입장이다. 이러한 관점에는 플러머(Plummer)의 상호 작용론, 미첼(Mitchell)의 정신분석학, 푸코(Foucault)에 의해 시작된 담론철학 등이 있다.

상호 작용론에서는 성의 의미가 사회적으로 구성되는 과정들을 기술하고 이론화하는 것을 주요 과제로 삼는다. 성적 행위를 특정한 문화·역사적 조건 속에서, 어린 시절부터 일생 동안 사회의 규범과 가치를 배우면서 길들여지는 사회화의 과정에 의해 학습되는 것으로 간주한다. 정신분석학은 프로이트의 이론적 재해석을 시도하면서 '자연적 인간'이라는 개념 자체를 반박하고 성이나 성적 욕구는 개인과 사회의 토대가 되는 언어의 상징적 질서에 의해 구성됨을 주장하였다. 미첼은 여성성의 가부장적 요소와 자본주의의 권력구조에서의 남녀간 성적 차이 문제를 이론화하는 데 역점을 두었으며, 라캉(Lacan)은 기존 언어의 상징질서의 한계로부터 '욕구의 혁명'을 주장하는 성해방운동과 성개혁을 추구하는 주장을 뒷받침하였다. 한편 푸코는 상호 작용론의 접근과 같이 성의 역사적 특수성을 강조하면서 성을 규정하는 권력들을 통해 사회적으로 조직되어 온 것을 주장하였다. 따라서 푸코의 이론은 사회적 권력의 제관계 속에서 성의 개념을 포착하게 하는 중요한 접근방법을 제시하였다.

2. 여성불평등의 기원

성불평등이란, 사회에서 인간의 자유로운 활동이 '성적 이유'로 제한받거나 기회를 박탈당하는 현상을 말한다. 성불평등은 계급불평등, 인종불평등, 연령불평등과 함께 주요한 사회구조적 불평등이며, 이것은 단순한 성차별에 그치는 것이 아니라 한 개인의 인권과 삶의 질을 침해하기 때문에 '성억압적'인 성격을 띨 수밖에 없다.

그렇다면 여성이 겪는 성불평등은 어디서부터 왔을까? 성불평등 사회는 어떻게 만들어졌을까? 많은 학자들은 성불평등의 근원을 가부장제와 자본주의 사회의 속성에서 찾고 있다. 성불평등은 남녀 모두에게 일어날 수 있으나 현재와 같은 가부장제와 자본주의 사회에서는 남성이 아닌 여성에 대한 편견과 차별이 일반화되어 확고히 뿌리내리고 있기 때문에 성불평등을 겪는 쪽은 거의 대다수가 여성이다.

1) 가부장제와 자본주의

우리 사회는 여성과 남성의 차이를 당연한 것으로 받아들인다. 따라서 사회적으로 남성은 남성다워야 하고 여성은 여성다워야 한다고 기대하며, 남성과 여성 역시 이러한 기대에 맞게 행동하고자 한다. 그러나 이처럼 당연하게 간주되는 성에 대한 사고방식은 여성과 남성에게 평등한 결과를 가져오지 않는다. 즉, 남성은 남성이기 때문에 사회적 활동과 관계에서 커다란 제약을 받게 되고 여성에게도 성불평등한 결과를 가져온다.

여성의 경험에서 성불평등은 단순한 성차별에 그치지 않는다. 성불평등으로 인해 여성은 교육, 직업, 문화, 정치, 가족 등 많은 영역에서 자신의 능력과 개성을 발휘할 기회를 차단당하며, 남성과 똑같은 결과를 내놓아도 여성이라는 이유 때문에 더 낮은 평가와 보상을 받는다. 이 같은 성불평등은 남성과 여성이라는 생물학적 차이가 특정 성의 우월함이라는 논리로 귀결되고, 이를 바탕으로 사회구조적으로 차별이 이루어지기 때문에 발생한다. 이 논리와 구조 전체를 '가부장제'라 한다.

가부장제는 성을 바탕으로 형성된 위계구조로서, 남성을 중심으로 한 사회관계에 의해 여성이 억압당하는 체계를 말한다. 이 같은 가부장제에는 남성지배, 여성예속의 관계를 강화하는 정치·경제·사회·문화적인 이데올로기까지 포함한다.

우리나라는 1980년 105.3이었던 출생성비가 1990년 116.3, 2000년 110.2, 2003년 108.7에 이르고 있다. 출생 순으로 보았을 때 나중에 태어나는 자녀일수록 출생성비가 더욱 높아져 1980년에는 첫째부터 넷째까지 거의 비슷하던 출

| 표 1.1 | 출생 순위별 성비

연 도	계	첫째 자녀	둘째 자녀	셋째 자녀	넷째 자녀 이상
1980	105.3	106.0	106.5	106.9	110.2
1990	116.5	108.5	117.0	188.8	209.2
2000	110.2	106.2	107.4	141.7	167.5
2003	108.7	104.9	107.0	135.2	148.6

자료 : 한국여성개발원(2005), 2004 여성통계연보

생성비가(1980년 – 첫째 ; 106, 둘째 ; 106.5, 셋째 ; 106.9, 넷째 ; 110.2) 2000년에는 첫째 ; 106.2, 둘째 ; 107.4, 셋째 ; 141.7, 넷째 ; 167.5로 나타나 뒤에 낳는 아이일수록 남아 출생수와 여아 출생수 간에 격차가 벌어졌음을 알 수 있다. 이는 아들을 낳아 가계를 잇겠다는 남아선호사상이 여전함을 잘 보여주는 것이라 할 수 있다.

가부장제 사회에서 남성은 여성의 신체에 강력한 통제를 가한다. 여성은 강요나 차별, 폭력에 의하지 않고 스스로 임신, 출산, 성생활 등을 결정할 권리를 제대로 갖지 못한다. 예를 들어 낙태는 그 사회의 인구정책의 수단으로 사용되고, 종교적 성향이 강하거나 인구감소 단계에 있는 사회에서는 엄격하게 금지된다. 여성은 순결해야 한다는 논리하에 여성의 생식기 일부를 제거하는 여성할례(割禮), 인구조절의 일환으로 자행되는 여아살해, 혼인 시 여성이 가져가야 하는 지참금 관련 폭력 등은 그 사회의 미풍양속이라는 이유로 묵인된다. 정신대 문제에서 볼 수 있듯이 국가와 남성은 전쟁 및 갈등상황 중에 자행되는 강간 및 성노예화를 어쩔 수 없이 벌어진 우발적 사태로만 간주함으로써 책임을 회피하는 상황을 만들었다.

역사적으로 가부장제는 자본주의 발달과정과 깊은 관계가 있다. 자본주의가 발달하면서 '여성에 대한 남성의 지배'가 가족단위에서 전체 사회로 확대되었기 때문이다. 초기의 자본주의 발달은 주로 가족을 생산단위로 이루어졌던 농업 생산을 공장을 중심으로 한 기계제 생산으로 대체하면서 가내 생산양식의 해체를 초래했고, 이에 따라 가부장제 원리는 전 사회로 확대되었다. 이 과정에서 직장과 가정이 분리되어 여성은 가정 내의 재생산노동을 담당하고, 남성은 가정 밖에서 생산노동을 담당하게 되었으며, 사회적 성별 분업이 점차 남자는 일터로, 여자는 가정으로라는 이분법적 성역할 이데올로기로 자리잡았다.

가부장제 자본주의는 현대 사회의 주된 특성으로 두 측면에서 여성에게 억압적이다. 첫째, 여성은 재생산자로서 '가정'에 봉사해야 한다는 명분으로 사회 재생산을 주로 여성의 무보수 가사노동으로 이루어지게 함으로써 여성 스스로가 자신의 잠재능력을 발휘할 수 있는 기회를 박탈하거나 제한하도록 하는 결과를 가져온다. 둘째, 여성을 고용할 때 저임금 등 차별 고용과 성차별 관행으로 여성을 주변화시킨다. 그 결과 여성이 자신의 일을 갖고자 할 때, 여성이라는 이유로 기회박탈이나 제한을 경험할 뿐 아니라 직업을 가질 경우에도 가사노동이라는 이중 부담을 겪는다.

이처럼 가족을 비롯해 노동시장, 교육환경, 정치영역 등 많은 영역에서 남성우위·여성억압의 구조가 자리잡고 있는 자본주의 사회가 '가부장제 자본주의' 사회이다.

또한 가부장제 이데올로기를 유지시켜 주는 주요한 토대로 작용하는 자본주의 생산양식에 대한 변화가 요구된다. 자본주의 생산양식은 생산의 사회화 경향에도 불구하고 노동력 재생산을 개별 가족에게 맡기고 여성에게 가사노동을 전담하게 하는 성별 분업구조를 유지시킬 뿐만 아니라, 여성을 사회적 생산영역으로 끌어들여 노동력을 착취함으로써 자본가에게 막대한 이득을 준다.

이러한 불평등을 해결하기 위해서는 여성들의 사회적 생산참여가 확대되어야 하며, 정당한 노동의 대가를 보상받을 수 있어야 한다. 그러나 취업기회 보장이나 직장에서의 성차별 폐지만으로는 성불평등의 해결이 불가능하다. 즉, 재생산노동이 여성의 일로 규정되는 한, 고용에 대한 법·제도적 평등은 형식적인 것에 지나지 않으며 여성의 실질적인 사회적 생산참여는 이루어질 수 없기 때문이다. 때문에 여성이 사회적 생산에 참여하려면 재생산노동을 개별 가족에게 남겨 두는 사회구조 자체의 변화를 추진해야 할 것이다.

2) 가족 이데올로기

구조기능주의에서는 가족을 합법적으로 승인된 성생활을 통해 자녀를 출산하고 양육하여 사회가 필요로 하는 성원을 충원하는, 사회의 필수적인 기본단위로 본다. 또한 가족은 사랑과 합의를 바탕으로 하는 휴식처이며, 남성은 생계부양자의 역할을 수행하고 여성은 모성의 역할을 수행하는 것이 이상적이라고 본다.

그러나 가정은 일상적으로 반복되는 매일의 가사노동을 여성 자신이 수행해야만 하는 구체적인 장소로서, 아내 또는 어머니라는 역할은 휴식보다는 헌신과 희생을 요구한다. 우리가 당연하게 받아들이는 전형적 가족구조는 가계부양자인 남편과 주부인 아내 그리고 자녀들이라는 가부장적 성체계를 조직한 것이고, 여성의 고유한 위치는 '가장'이라는 시각이 보편화됨으로써 여성의 경제적 종속과 열등한 위치가 지속된다.

역사적으로 볼 때, 가족 이데올로기란 자본주의 사회에서 부르주아 가족에게만 가능한 이상적인 가족의 형태가 전체 사회구성원의 모든 가족에게 보편적인 것처럼 왜곡하는 이념체계를 뜻한다. 자본주의와 함께 시작된 계급분화는 개인이 아닌 가족을 단위로 진행되었고, '가족'에 대한 여성들의 경험은 계급에 따라 달랐다. 19세기 후반에 이르러 일반화된 가정과 일터의 분리는 중간계급 여성들로 하여금 주부의 역할을 받아들이게 했다.

반면 노동자계급은 중간계급과는 달랐다. 초기 자본주의 단계에서 노동자계급은 남성뿐만 아니라 여성과 아동들도 모두 공장에서 노동하지 않으면 생존할 수가 없었다. 때문에 남성노동자는 물론이고 아동과 여성까지도 일터로 나가서 긴 시간 동안 노동을 했고, 아동과 여성의 건강은 위협을 받았다. 그 결과 자본가의 입장에서는 노동력 재생산이 어려워지고, 남성노동자의 입장에서는 여성노동자와 아동으로 인한 임금저하의 문제가 발생하였다.

따라서 여성과 아동을 돌려보내기 위해 부르주아 가족 이데올로기가 노동자계급에도 확산되었다. 남성노동자들에게는 아내와 자녀를 부양하기에 충분한 임금이 지불되어야 한다는 가족임금의 개념이 주장되었고, 여성들은 노동시장에서 배제되어 가정 내에서 아동을 양육하고 남성에게 경제적으로 의존하게 되었다. 결국 남성부양자/여성의존자라는 이데올로기는 노동자계급에도 적용된 것이다.

이렇게 형성된 가족 이데올로기는 가족의 개념을 심각하게 왜곡하며 성별 분업을 고착시킨다. 가족 이데올로기는 '세상 모든 것은 사라져도 가족은 남는다'는 통념 아래 아이를 낳는 여성이 생물학적 기능상 반드시 모성역할을 해야 하고, 아동은 부모에게 의존하여 가족 내에서 다른 집단과 구분되어 배타적으로 양육되어야 한다는 관념을 개인과 사회에 심어 준다. 또한 가족 이데올로기는 가족이란 사회·정치적 영역과는 분리된 애정공동체이며 사적 영역에 해당하기 때문에 국가를 비롯한 외부에서 침해할 수 없다는 왜곡된 가족관을 조장한다. 특히 한국은 전통적인 가(家) 중심주의와 핵가족 이데올로기를 동시에 수용하여 가족의 문제는 가족이 해결한다는 전제하에서 '선 가족부양 후 사회보장'을 가족정책의 중심 이념으로 삼아 왔다.

남성이 여성을 지배하는 가부장제하에서 발생하는 가족 이데올로기는 우리 사회에서 여러 가지 부정적인 영향을 미치면서 여성을 더욱 억압하는 결과를 가져왔다.

내용 요약

1. 여성과 남성을 다르게 규정하는 성이란 무엇이며, 이것이 사회에서 어떤 경로를 통해 우월한 남성과 열등한 여성으로 나타나는가를 살펴볼 필요가 있다. 성은 타고난 해부학적 특징에 의해서 차이가 결정되는 생물학적 성(sex), 생물학적 성에 따라 그 사회가 후천적으로 부과한 차이와 차별을 포함하는 사회적 성(gender), 다양한 성적 표현과 행동을 포함하는 포괄적인 의미의 동성과 이성 등 성적 관계를 말하는 성애(sexuality) 등으로 유형화할 수 있다.
2. 여성이 겪는 성불평등은 어디서부터 왔을까? 성불평등 사회는 어떻게 만들어졌을까? 성불평등의 근원은 가부장제와 자본주의 사회의 속성에서 찾을 수 있다. 성불평등은 남녀 모두에게 일어날 수 있으나 현재와 같은 가부장제와 자본주의 사회에서는 남성이 아닌 여성에 대한 편견과 차별이 일반화되어 확고히 뿌리내리고 있기 때문에 성불평등을 겪는 쪽은 거의 대다수가 여성이다.

CHECK 생각해 봅시다

1. 성(性)의 개념을 어떻게 정의할 수 있는지 생각해 봅시다.

2. 가부장제 자본주의는 어떤 측면에서 여성에게 억압적인지 생각해 봅시다.

3. 가족 이데올로기의 개념을 살펴보고, 한국 사회에서 그 예를 찾아 토론해 봅시다.

제 2 장

여성문제를 보는 시각

주요 용어 | 여성주의(feminism), 남녀차별, 가부장적 일부일처제, 성의 혁명, 제2의 성, 여성적 글쓰기, 여성성

여성문제의 사회적 맥락을 정확하게 파악하고 여성이 겪는 불평등을 극복하기 위해 다양한 여성주의(feminism) 이론들이 나타났다. 여성주의 이론들이 다양하기 때문에 여성불평등이라는 동일한 현상일지라도 이론적 관점에 따라 성불평등을 다르게 분석하고 더 나아가 성불평등에 대한 다른 해결책을 제시한다. 그러나 여성주의는 단일한 체계를 이루기보다는 부단한 사회변동 속에서 나타나는 새로운 현상과 이면에 감춰진 것을 반영할 수 있어야 한다. 또한 여성연구의 시각은 사회과학의 주류를 장악하고 있는 남성들의 시각이나 일부 교육받은 여성들의 경험만이 아니라 불평등과 억압으로 고통받고 있는 모든 여성들의 삶을 충분히 아우르면서 정립되어야 할 것이다.

여성주의 안에는 여러 가지 다른 입장이 존재한다. 이러한 입장의 차이는 무엇보다 여성운동 자체의 역사와 관련된 것으로 여성운동의 발생과 전개에 대해 정리해 보고자 한다.

여성들의 집단적 움직임이 일어난 것은 동·서양을 막론하고 근대 사회로 접어들면서이다. 18세기 서구 사회에서 시작된 근대 사회로의 본격적인 전환은 자유·평등사상을 불러 일으켰으며, 그 가운데 여성들도 남성과 같은 동등한 인간으로서의 권리를 주장하였다. 여성차별적인 교육제도나 법률, 관습에 대한 항의를 중심으로 한 자유주의적 흐름은 물론 지금까지도 진행중이지만, 특히 여성의 참정권이 확보되는 20세기 초·중엽까지 여성운동의 중요한 한 축을 이루었다. 한편 산업혁명 이후 노동계급의 급성장과 아울러 사회변혁운동이 활성화되면서, 여성운동에도 마르크스주의를 비롯한 사회주의 운동과 맥을 함께하는 흐름이 생겨났다. 이들은 자유주의 여성운동과는 달리 남녀차별만이 아니라 경제적 억압을 포함한 여성들의 상황 전반에 관심을 기울이고 사회구조의 근본적인 변화를 추구하였다. 또한 서구의 산업화와 더불어 시작된 제국주의적 식민지 경영과 식민지 사회에서 일어난 민족해방운동 역시 여성운동의 방향에 영향을 미쳤다.

기존의 여권론적 관점은 매우 다양한 이론적 편차를 지닌다. 크게는 자유주의적 관점, 마르크스주의적 관점, 급진주의적 관점, 사회주의적 관점과 복지주의적 관점으로 나눌 수 있다. 또한 이러한 주장을 모두 비판하면서 기존의 가치체계의 해체를 주장하는 포스트모더니즘의 입장에서 본 여성주의 이론이나 생태학과 여성주의 이론이 결합한 생태학적 여성주의 이론 등으로 더욱 다양해진 관점들을 볼 수 있다.

1. 자유주의 여권론

여권론의 성장은 서유럽과 미국의 지적 발달에 깊이 관련이 있으며, 영국의 메리 월스톤크래프트(Mary Wollstonecraft), 존 스튜어트 밀(J. S. Mill)과 테일러 밀(Taylor Mill)을 포함한 18세기와 19세기의 사상가들이 근대 여권론의 사상적 기초를 제공하고 있다.

인간의 타고난 신분에 의한 모든 인위적인 제한이 철폐되어야 한다고 주장하는 계몽사상은 자유주의 사상과 융합하여 자유주의 여권론(liberal feminism)의 근간을 이루고 있다. 월스톤크래프트는 1792년 「여성권리의 옹호」라는 책자를 통해 남성에게 종속되어 있는 모든 여성들이 그들의 이성과 능력을 발휘하여 남성과 동등한 권리를 갖고, 그들 속에 내재해 있는 합리성을 실현해야 한다고 주장했다(Wollstonecraft, 1975). 존 스튜어트 밀은 그의 저서 「여성의 예속」에서 여성에게만 자유주의적 관행이 실현되지 않고 있음을 지적하면서 여성도 남성과 같은 법적 권리와 동등한 교육기회, 참정권의 획득, 직업기회를 가짐으로써 여성의 권익을 신장시킬 수 있어야 함을 강조하였다(J. S. Mill, 1972).

자유주의 여권론은 사회적인 제도 및 법에 있어서의 개혁을 꾀할 것을 주장한다. 이들은 여성들이 생물학적 속성 때문에 주어진 역할을 수행해야 한다고 믿는 보수주의적 관점을 배격하고 있다. 따라서 공중을 재교육시킴으로써 보다 해방되고 동등한 남녀관계를 형성할 수 있다고 믿으며 성역할의 재사회화 과정에 주력할 것을 강조한다. 또한 교육과 직업의 균등한 기회보장으로 공적 부문의 남녀차별이 줄어들 때 여성이 남성과 동등한 권리를 가질 수 있다고 믿었다.

개인의 자율성을 강조하고 있는 이들의 입장은 사실상 부르주아식의 자유로운 사고에 기반을 두고 있으며, 또한 개인주의를 강조하는 서구의 문화적 가치를 반영하고 있다고 하겠다. 그 결과 이러한 입장에서는 어떤 집단의 사람들은 자율성을 성취할 수 있는 동기나 여건이 마련되어 있음에 반하여 다른 사람들은 그렇지 못한 구조상의 불평등문제를 다루지 않는다. 또한 여성이 남성과 동등해져야 한다고 주장하면서도 어떤 남성을 기준으로 여성들이 동등해져야 하는지에 대해서는 명확하게 규정하지 않는다. 사회적 관계에서의 계급과 인종을 둘러싼 집단 간의 위계질서의 문제를 전혀 다루지 않으면서 단지 더 많은 여성들이 기존의 정치 및 경제제도에 더욱 많이 흡수되어야 한다는 주장을 펼치는 점도 한계점으로 지적될 수 있다. 이와 같이 자유주의 여권론의 입장에서는 점진적인 개혁만을 주장할 뿐, 기존의 사회제도 자체가 여성을 억압하는 기제로 작용하고 있다는 사실을 외면한다.

2. 마르크스주의 여권론

마르크스주의 여권론(Marxist feminism)은 마르크스주의 관점에서 여성문제의 원인과 그 해결책을 규명한다. 마르크스주의는 자본주의 사회에서 인간의 자유와 평등은 생산수단과 부의 소유여부에 의해 제약되기 때문에 자본주의 사회구조의 근본적인 변혁 없이는 그 자체 내부의 사회문제들이 해결될 수 없다고 본다. 따라서 마르크스주의 관점에서 보면 여성문제의 원인 또한 법·정치적 불평등에 그치는 것이 아니라 그보다 더 구조적이고 심층적인 성별 분업체계에 있는 것이며, 여성문제를 일으키는 성별 분업체계는 각 사회의 계급문제와 긴밀하게 결합되어 있다.

마르크스주의 관점의 특징은 자본주의 사회의 기본적 모순인 계급모순과의 관련성 속에서 여성문제의 원인을 밝힌다는 점에서, 그 해결책에 있어서도 여성문제의 처방이 독자적으로 있는 것이 아니라 자본주의 사회의 구조적 모순의 해결과 근본적인 변혁 속에서 모색한다는 점이다. 따라서 여성차별의 폐지는 전체 사회의 변혁운동과 분리된 대남성 투쟁에 의해 이루어지는 것이 아니라 생산수단의 생활화를 통한 자본주의 사회의 지배적 사회관계의 철폐를 통해 이루어지는 것이다.

마르크스주의 해방론은 19세기 말에 출간된 엥겔스(F. Engels)의 저서 「가족, 사유재산 및 국가의 기원」 속에 체계화되어 있으며, 이후 서구 사회의 변혁운동 속에서 베벨(A. Bebel)에 의해 더욱 발전되었고, 러시아의 사회주의 혁명과정 속에서 실천을 통해 체트킨(C. Zetkin), 콜론타이(A. M. Kollontai) 등에 의해 이론적으로 성장하였다.

엥겔스에 의하면 여성억압은 계급사회의 등장과 동시에 출현한 가부장적 일부일처제 가족의 형성에서 비롯되었다. 계급이 형성되기 이전의 사회인 원시공동체사회는 생산수단을 부족이나 씨족성원 전체가 공동으로 소유하고 그것을 바탕으로 생산된 생산물을 공동으로 분배하는 사회였다. 또한 원시공산사회의 혈통은 자식을 낳는 어머니에 의해 계승되는 모계제 사회였으며 양성 간에는 여성의 출산기능에 의한 최소한의 자연적인 분업 이외에는 차별이 존재하지 않는 사회였다. 이 사회에서는 자녀양육 또한 생모가 전적으로 책임지는 것이 아니라 씨족의 자손으로서 씨족성원 전체, 즉 사회가 공동으로 책임지는 것이었다.

그런데 생산력의 발전과 농경정착 단계로의 진입, 목축이 시작되자 씨족성원 개인들에게 사회적 잉여와 부가 축적되기 시작하였다. 증대된 부는 가축의 사육을 맡고 노동도구를 관장하던 남성들에게 축적되었고, 그들은 사유재산에 대한 욕구에 의해 씨족공동체적 질서를 무너뜨렸다. 증대된 부를 소유한 남성들은 모계·모권으로 인하여 자기 재산을 상속할 수 없게 되자 모계제의 공동체를 파괴하고 피정복민들을 자신의 사유재산을 늘릴 수 있는 단순한 노동도구, 즉 노예로 복속시켰다.

엥겔스에 의하면 인류의 초기 역사에서는 혼인한 한 쌍의 남녀가 독립적인 가계를 꾸미는 것이 아니라 씨족공동체 내에서 생계를 꾸려갔으며 결혼의 의미는 독자적인 가족의 형성이라기보다는 양성 간의 규제를 의미하는 것이다. 씨족공동체하에서의 혼인형태는 혈연관계에서의 난혼(promiscuous marriage) 상태에서 형제집단과 자매집단이 공동의 부부관계를 맺는 푸날루아혼(punaluan marriage)을 거쳐 대우혼(pairing)의 단계에 이르기까지 진화해가지만, 이러한 발전과정은 자연적 진화에 의한 것이며 사회적 요인에 의한 것은 아니다. 그러나 대우혼에서 가부장제로의 이행은 형식적인 측면에서 보면 일부일처제적인 단혼(單婚, Einzelehe)이라는 점에서 유사한 듯 보이지만 그 내부의 양성관계는 질적으로 다르며 진화의 요인 또한 자연적 진화의 과정이 아니라 사유재산과 계급의 출현이라는 사회적인 추진력에 의한 것이다. 대우혼하에서 혼인한 부부는 장기적인 성관계를 유지하며, 그들의 물질생활은 씨족공동체 안에서 공동생산과 공동분배에 의해 영위된다. 또한 남녀 간의 관계가 평등하고 자녀양육은 씨족성원이 공동으로 맡는다. 즉, 이 사회에서는 공동소유, 공동생산 그리고 공동의 자녀양육이 이루어진다.

반면 가부장적 일부일처제(monogamy)는 사유재산을 소유한 남성가장이 재산을 상속하고 가계를 유지하기 위한 목적에 의해 형성된 것으로, 여성은 사회적 영역에서 배제되어 가족 안에 갇히게 될 뿐만 아니라 가족 안에서도 남성의 성적 욕구의 대상이자 자녀출산과 양육의 도구로 전락되고 남성가장에게 예속되었다.

엥겔스에 의하면 일부일처제는 결코 개인적 성애의 산물이 아니며, 내용상으로는 가부장제를 의미하는 것으로서 자연적 요인이 아닌 경제적 조건, 즉 공동소유에 대한 사적 소유의 승리를 기초로 한 최초의 가족형태였다(F. Engels, 1884). 또 사적 소유와 함께 이루어진 단혼은 이성 간의 합의에 의한 결합이 아니라 한 성에 의한 다른 성에 대한 억압으로서, 그 이전 어느 시대에서도 존재하지 않았던 양성 간의 모순의 선언으로 나타난 것이다. 그런데 사유재산의 출현으로 인한 원시공동체의 붕괴와 가부장적 가족의 성립은 '여성의 세계사적 패배'만을 의미하는 것이 아니라 사유재산을 가진 지배계급과 그렇지 못한 피지배계급 간의 계급적 대립의 발생을 의미한다.*

마르크스주의적 여권론은 여성억압의 기원을 사유재산의 확립으로 인한 가부장적 일부일처제 가족의 출현으로 보고 있다. 그렇기 때문에, 여성문제의 해결은 사유재산의 철폐로 인한 경제적 생산방식의 근본적인 변화와 함께 사회에서 일부일처제 가족이 더 이상 재산상속의 수단이나 경제단위로서 가능하지 않으며 이성 간의 애정과 평등에 기반한 '진정한 일부일처제'로 자리하게 될 때 가능하다고 본다. 마르크스주의적 관점에서 가족이 사회의 경제단위가 되지 않으려면 생산수단의 사적 소유의 철폐가 관건이 된다. 마르크스주의 여성해방론자들은 인류역사에서 사유재산이 출현한 이후 지금까지 계급대립과 가부장적 성차별이 계속되고 있지만 생산력이 고도로 발전한 자본주의에 이르러 비로소 계급대립과 성차별이 소멸할 수 있는 객관적인 물적 기반이 마련되었다고 보며, 그러한 객관적 가능성을 실현하는 문제는 사회운동과 여성운동의 역량에 달렸다고 본다.

| 표 2.1 | 가부장제 출현과정

사회성격 \ 시기구분	야만시대	미개시대	문명시대
생산력·발전수준	수렵·채집	원시농경	농경정착
생산관계	계급 없음	계급 없음	사유재산에 근거한 계급출현
혼인형태	군혼(혈연혼→푸날루아혼)	대우혼	일부일처제
가족유형	씨족공동체	씨족공동체	가부장적 일부일처제
성차별	없음	없음	여성억압

* "역사에 나타난 최초의 계급 대립은 단혼(單婚)하에서 보게 되는 남녀 간의 상반된 발전과 일치하며 따라서 최초의 계급적 압박은 남성에 의한 여성의 억압과 일치한다. 단혼은 역사상 일대 진보인 동시에 … 상대적 퇴보이기도 하다." F. Engels, 1884.

이러한 논리는 여성문제의 본질을 전체 사회의 모순과 관련지어 총체적 관점에서 인식하고, 그 해결책에 대해서도 사회의 전반적 발전방향과 변혁운동 속에서 모색하였다는 점에서 기여한 바가 크다.

실제로 마르크스주의 여권론은 구소련, 중국을 비롯하여 사회주의로 이행한 사회들의 혁명과정에서 여성문제 해결의 지침이 되었다. 이들 사회에서는 여성문제의 선결요건으로서 생산수단의 국유화와 사회화를 통해 사유재산과 경제단위로서의 가족의 기능을 해소시키려 하였다. 또한 혁명의 과정과 사회적 생산에 여성들이 참여할 수 있도록 여성들의 재생산역할, 즉 자녀양육과 가사노동을 탁아소, 보육원, 밥공장, 세탁공장 등을 설치하여 공적 영역의 일로 사회화하였다.

그러나 마르크스주의적 여권론이 원론적인 측면에서 여성문제 해결의 총체적인 전망에 기여하였고, 현존 사회주의 사회에서 볼 수 있는 것처럼 자본주의 사회에 비해 성차별이 상대적으로 감소되고 가부장제가 완화되었다 할지라도 여전히 다른 형태의 성별 분업이 잔존하고 있다. 이것은 경제단위, 재생산단위로서의 가족기능의 해소는 사회주의 발전과정에서 자동적으로 수반되는 과제가 아니며 혁명 이후에도 가장 영속적으로 추구되어야 할 문제임을 지적해 준다고 할 수 있다.

3. 급진주의 여권론

급진주의 여권론(radical feminism)에서는 성차별이 사회제도 내에서 체계적으로 작용되고 있음에 동의하고 가부장제를 여성억압의 가장 중요한 원인으로 삼았다. 이들은 가부장제 사회에서 여성의 지위가 얼마나 낮은가를 보여줌으로써 가부장제가 여성의 지위를 결정하는 근본 요인임을 증명하고자 한다.

급진주의 여권론자들은 가부장제를 '남성이 우세한 힘과 경제적 특권을 지니는 권력의 체계'라고 정의하고 있다. 즉, 남성의 힘과 권력 및 심리적 발달을 강조함으로써 여성의 삶을 결정하는 데 있어서 계급관계보다는 가부장제에 기반을 둔 남녀 간의 사회적 관계가 더 근본적임을 시사하고 있다.

이들은 여성들의 지위가 역사적으로 변해왔으며 여성이 항상 똑같은 방식으로 남성에게 종속되어 있는 것이 아니라는 점에 착안하여, 여성과 남성의 관계란 사회에 따라 다르고 역사적 시점에 따라서도 다름을 인류학자들의 예로 설명하고 있다. 급진적 여권론자들은 남성의 여성에 대한 통제는 단순한 계급억압으로만 설명될 수 없을 뿐만 아니라, 계급적 설명만으로는 문화적으로 다양한 여성에 대한 억압을 전혀 설명할 수 없다고 주장한다.

파이어스톤(S. Firestone)은 여성억압의 주된 원인을 여성의 출산기능으로 들었다. 출산을 이유로 여성은 남성에게 의존해 왔다는 것이다. 따라서 마르크스(K. Marx)와 엥겔스(F. Engels)처럼 경제관계에만 전적으로 매달려 여성의 지위를 분석하는 것은 오류를 범하는 것임을 지적하면서, 여성의 성적 불평등을 제거하기 위해서는 재생산수단을 통제해야 한다고 주장한다. 즉, 기술혁신으로 인공임신이 가능해져 여성들만이 아이를 낳고 키우는 성차별적 제도적 관습이 제거될 때 남녀평등이 가능해진다고 주장한다(S. Firestone, 2003). 이러한 파이어스톤의 이론은 여성에게 부여된 재생산역할의 중요성을 무시한 최초의 이론이라는 점에서 그 의미를 갖는다고 할 수 있다.

맥키넌(C. A. Mackinnon)과 같은 급진적 여권론자들은 남성의 여성지배의 중요한 사실로 여성의 성(sexuality)에 대한 남성의 통제를 들었다. 그는 여권론에 있어서 성이란 마르크스주의자에게 있어서의 일(work)과 같은 개념이라고 설명한다(C. A. Mackinnon, 1991). 여성과 남성은 성의 표출에 있어 서로 다른 사회화 과정을 경험하게 되므로 인간은 사회적 존재일 뿐만 아니라 성적 존재로서도 자신들을 인식한다. 성은 남성의 권력에 있어 1차적인 영역으로, 남성들은 이 권력을 여성들에게 행사한다. 이와 같이 이성 간의 성관계(heterosexuality)를 통해 남성의 권력이 표출되므로 이성 간의 성관계만을 인정하는 것은 남성지배를 제도화하는 길이며, 남성의 여성의 성에 대한 통제가 바로 성불평등의 근원이 된다고 주장한다. 또한 성에 있어서 남성의 지배를 제도화하는 데에도 국가가 한몫 했음을 상기시킨다. 국가가 성의 행사에 대해 중립적 태도를 취하지 않고 시종일관 남성의 편에 서 왔으며, 남성의 성범죄에 대해서는 관대하지만 동성애자에 대한 처벌은 강화시킨 것을 예로 들어 설명한다.

4. 사회주의 여권론

사회주의 여권론(Socialist Feminism)에서는 성의 특성이 어떻게 사회·경제 및 정치적 범주 내에서 발달되고 지속되어 왔는지를 설명한다. 이들은 기존의 사회제도에 어떻게 여성들을 포함시킬 것인가를 추구하는 자유주의 여권론자들과는 다르게, 주어진 제도가 어떻게 여성들을 억압하는 데 체계적으로 작용하고 있는가를 보다 비판적인 입장에서 보여준다.

1970년대 사회주의 여권론의 출현은 여성과 가족에 대한 전통적 마르크스주의자의 관점에 불만을 가진 여권론자들에 의해 이루어졌다. 고전적 마르크스주의자들은 남성의 자산과 이윤추구를 위해 여성노동의 착취를 불가피하게 한 자본주의 제도를 여성억압의 주된 원인으로 삼고 있으나, 사회주의 여권론자들은 여성억압은 자본주의 이전 단계에서나 비자본주의 사회체계에서도 계속 존재하고 있음에 주목하면서 여성의 지위를 자본주의 제도에만 국한시켜서 보고 있는 전통적 마르크스주의자들을 비판한다. 그들에 의하면, 마르크스와 엥겔스는 성적 노동분업이 가장 최초 형태의 계급적대감이라는 것을 심각하게 고려하지 않는다. 그 결과 그들은 성별에 의한 차이를 소홀히 했을 뿐만 아니라, 경제적인 계급관계에 치중해서만 여성의 지위를 규정하게 되었음을 지적한다.

사회주의 여권론자들은 자본주의 제도가 여성의 억압을 창출하는 데는 가부장제와의 상호 연관성이 크게 작용하고 있음을 강조한다. 따라서 문화적으로 규정된 성이 어떻게 사회적으로 생산 또는 재생산되고 있으며 계급관계와 관련을 맺고 있는지를 질문한다.

미첼(J. Mitchell)은 「여성의 지위(1971)」에서 고도산업사회에서의 여성의 지위에 대하여 포괄적인 이론을 제시한다. 마르크스(K. Marx)와 엥겔스(F. Engels)는 자본주의가 사회주의로 전환될 때 여성해방은 자연히 이루어지는 것으로 보고 있으나, 미첼(J. Mitchell)은 이러한 사회제도의 변화에 따른 여성의 지위변화를 설명하기 위해서는 여성억압에 관한 구체적인 이론이 나와서 어떻게 전환이 기능한가에 대해서도 설명되어야 함을 강조한다. 비록 생산에 있어서의 여성의 역할이 여성억압에 중요하게 작용해 왔지만 이러한 경제적 생산양식과 함께 재생산과 성성(sexuality) 그리고 어린이의 사회화에 있어서의 여성의 역할 등이 여성의 종속적 지위를 결정하는 데 관련되어 왔다고 보고 매우 포괄적인 설명을 제공한다.

미첼의 이론은 가정과 경제와의 관계를 규명하는 데 중요한 역할을 한다. 이후 여권론자들이 이 두 영역 간의 관계를 중심으로 여성의 지위에 대한 토론을 시작할 수 있는 계기를 마련하였던 것이다. 미첼은 여성들이 공공산업에 뛰어들어 임금을 벌어들일 수 있는 권리가 충분히 보장될 때 여성의 해방이 가능하다고 믿었다. 자본주의가 발달하는 과정에서 여성이 노동참여에서 배제된 것이 가장 주된 여성억압의 원인이라고 보고 있으며 이에 따르는 해결책으로 성에 따른 노동분화가 없어져야 함을 주장한다.

미첼과 마찬가지로 자레스키(Zaretsky)도 자본주의가 고도로 발전되면서 가정에서의 생산기반이 없어지므로 여성은 가정에 남아서 사적인 세계에서의 주된 책임을 맡게 되며, 개인의 사적 생활이 공적 영역으로부터 독립적인 것처럼 보이는 자체가 허위라고 덧붙였다. 따라서 여권의 확립을 위해서는 자본주의의 제거뿐이 아니라 가족과 개인생활에 있어서의 변천까지도 이루어져야 한다고 주장한다(Zaretsky, 1976).

사회주의 여권론의 입장은 자본주의 관계에서의 전환이 있고 또한 가족관계를 변화시키고자 하는 노력이 계속될 때 여성의 지위가 변한다는 점에 동의하였다. 즉, 여성억압은 재생산과 가족에 관련된 사적 세계에서의 여성억압과도 관련이 있다는 점을 덧붙여서 지적하였다.

5. 복지주의 여권론

모성의 기능인 사회적 재생산에 대한 물질적 보상이 자본주의 체제에서 제대로 주어지지 않은 것 자체가 여성억압임을 강조하며, 1970년대부터 어머니로서의 여성의 욕구해결과 아동의 욕구해결 모두에 관심을 기울이면서 등장한 것이 복지주의 여권론이다. 또한 복지주의 여권론(Welfare Feminism)에서는 여성의 실용적인 문제해결에 관심을 가지기 때문에 여성의 빈곤, 불황, 보건의료, 고용, 교육문제, 여성에 대한 폭력, 매 맞는 여성의 쉼터, 강간과 성적 학대 피해자, 여성죄수문제 등에 관한 관심이 주류를 이룬다.

한편 복지주의적 여권론은 성차별문제를 긍정적 차별의 원리에 입각하여 다루기 때문에 가족 내에서 여성의 전통적 역할을 인정하지만, 모성의 사회적 재생산역할에 대한 보상과 관련해서는 공공영역인 국가의 사회복지정책 개입에 의해 이루어짐을 주장함으로써 성차별문제를 점진적으로 개혁하고자 한다. 또한 사회복지전문가에 의한 사회복지 실천을 강조하는데, 이러한 사회복지 실천은 이론과 방법에서 삶의 환경, 상황, 자각, 배경을 동시에 처리하려고 노력하는 다문화적이고, 다양식적이며, 해방적인 성격을 갖는다. 따라서 이러한 복지주의 여권론적 사회복지 실천은 모든 사회복지 실천제도와 역할에서 남녀 모두가 함께 일하며, 사회정치적 구조의 변화가 인간 욕구의 처리와 성차별주의, 지배와 착취형태로 인한 복합적 상처를 치료하는 데 필요한 일을 전개해 나가게 되었다.

그러나 복지주의적 여권론이 성차별에 따른 문제해결에 점진적인 개혁을 가능하게 하는 것임에도 불구하고 방법과 대상이 제한되어 있는 한계를 가지고 있으며, 기본적으로 보수적인 성격을 갖는다.

6. 그 밖의 시각

1) 포스트모던 여성주의 이론

포스트모던(postmodern) 여성주의는 근대성에 대한 비판을 여성범주를 해체하는 쪽으로 밀고 나간다. 여성을 하나로 일반화하는 것이 가능한가? 남성/여성이라는 발상 자체가 또 하나의 이항 대립으로 여성을 차별화하는 빌미로 작용해 오지 않았는가? 남성은 과연 온전한 주체였는가? 여성이란 인위적으로 구성된 범주이지 특정한 본질을 가진 존재가 아니며, 주체라는 것부터가 안정된 통일적 실체이기는커녕 다양한 사회적 관계들이 끊임없이 아로새겨지는 장일 뿐이다. 그렇다면 한 여성의 정체성도 하나로 못 박기 힘든데, 하물며 모든 여성의 정체성을 한데로 묶을 수 있는 것인가? 따라서 이들 역시 여성을 단일한 주체로 설정하기 보다는 여성들이 지닌 계급·인종·성애적 차이를 더 강조하는 것이다.

대표적인 이론가들의 주 활동 무대가 프랑스였던 관계로 '프랑스 페미니즘'이라고 알려져 있던 포스트모던 여성주의 이론은 미국 내에서 그들의 주요 이론적 배경이 포스트모던 철학자들과 철학적 관심을 공유한다는 점에 착안하여 포스트모던 여성주의 이론으로 명명하면서 사용되기 시작하였다. 이들의 주장은 하나의 진리와 가설을 부인하고 하나의 여성주의 이론을 세우려는 데 반대한다. 이들이 주장하는 복수성, 다원성, 차이라는 개념은 여성주의 이론의 지평을 확장하였다. 시몬느 드 보봐르(Simone de Beauvoir)는 그의 저서 「제2의 성(Le Deuxième Sexe)」에서 여성을 '제2의 성'으로, 즉 가부장 사회에서의 타자(他者)로 정의한 점을 출발점으로 여성의 타자성을 적극적으로 해석하여, 극복해야 하는 결핍의 상태로 인식한 것이 아니라 새로운 것을 창조해낼 수 있는 가능성의 상황으로 인식한다(S. de Beauvoir, 1986).

포스트모던 여성주의 이론가에게 있어 이 타자성은 억압 및 열등감과 관련된 것이기는 하지만 오히려 관대함, 다원성, 다양성 그리고 차이를 허용하는 존재방식, 사고방식, 표현방식을 의미하는 역의 기능도 담고 있다. 포스트모던 철학을 대표하는 해체주의 철학자 자크 라캉(Jacques Lacan)과 자크 데리다(Jacques Derrida)가 인간의 의식을 결정하는 언어가 '여성적인 것'을 배제한다는 점을 주목한 것도 이들의 이론 발전에 중요한 영향을 끼쳤다. 포스트모던 여권론자들은 지배질서의 가부장적 측면을 비판하고 여성적인 것과 타자의 가치를 향상시키고자 노력한다. 이들의 주된 관심은 '여성적 글쓰기'로 모아진다. 이는 억압적인 사고로부터의 자유가 가장 근본적인 해방이라는 점을 전제로 한다. 포스트모던 여성주의 이론의 대표적 이론가는 엘렌 식수스(Hélène Cixous), 뤼스 이리가레이(Luce Irigaray), 줄리아 크리스테바(Julia Kristeva) 등으로, 이들의 생각은 그 주요 강조점에 있어 조금씩 다르다.

식수스는 남성적 글쓰기와 여성적 글쓰기를 이분법적으로 설명하면서 다양한 사회·문화·역사적 이유로 남성적 글쓰기는 여성적 글쓰기 위에 군림해 왔다고 주장하였다. 그는 여자들에게 남자들이 건축해 놓은 세상에서 벗어나 생각할 수 없는 것, 생각되지 않는 것을 글로 옮기면서 여성들의 경험과 상상력에 기초한 글쓰기를 촉구하였다. 여성들은 이렇게 현재 언어를 지배하는 법칙들에 의해 제한받지 않는 글쓰기 방법을 개발함으로써 가부장적인 사고방식과 글쓰기 방법 그리고 그와 함께 그 세계 속에서의 여성의 위치를 변화시킬 수 있다고 생각한다. 그러나 식수스는 가부장 사회에서 사용되는 언어를 분열시키고 파괴하려는 모든 시도가 모험적인 일임을 상기시켰다. 특히 여성의 성행동(activité sexuelle)과 여성적 글쓰기를 연결시키면서 여성적 글쓰기는 복잡하고 다양하면서 리듬감이 있고 기쁨으로 가득 차 있으며 또한 가능성으로 가득 차 있다고 주장하고 있다(Cixous, 1992).

이리가레이 역시 여성의 성행동과 여성의 몸이 여성적 글쓰기의 원천이라는 생각을 갖고 있었지만 라캉과 데리다의 사상을 포함하여 남성의 철학적 사고로부터 여성적인 것을 해방시키고자 노력하였다. 이리가레이는 서구 철학과 정신분석학을 연구하면서 플라톤(Platon)과 라캉에 이르기까지 어떻게 자아가 구성되었는가에 대해 많은 남성철학가들의 설명이 어떻게 그토록 오랫동안 영향력을 유지할 수 있었는가를 설명하고 있다. 이에 대해 이리가레이는 여성들이 거의 조직화되지 않은 상태에서도 자신을 경험할 수 있게 하려는 목표를 위해 몇 가지 전략을 제시하였다. 첫째 여성들의 언어의 특질을 이해하고 적극적인 목소리로 말할 수 있는 용기를 찾기 위해서 힘을 합할 것을 촉구하였다. 둘째 여성의 성행동과 관련된 것이다. 이리가레이도 식수스와 마찬가지로 여성의 몸, 그 중에서도 특히 생식기관이 암시하는 다양성에 주목할 것을 주장하였다. 여성이 자신의 몸을 통해 다양한 영역을 경험하고 탐험한다면 가부장적 사고방식을 벗어나 여성적 사고방식으로 생각하고 말하기를 배울 것이기 때문인 것이다(L. Irigaray, 1977).

크리스테바는 식수스와 이리가레이가 '여성적인 것'을 생물학적인 여자, '남성적인 것'을 생물학적인 남자와 동일시한 것을 거부한다. 만일 어린이가 가부장적 질서로 진입할 때 어머니나 아버지 두 사람 중 한 사람과 동일화할 수 있는 선택권을 갖게 된다면, 또 그 아이의 남성성이나 여성성의 정도가 이러한 동일화의 정도에 의존한다면, 남녀 양성의 아이들은 그들에게 각각 똑같이 개방된 선택권을 갖는다.

그는 사회적 혁명과 언어적 혁명을 연결시켰으며 20세기의 역사·정치적 경험들이 사회적 혁명과 언어적 혁명이 분리되어서는 이루어질 수 없다는 것을 증명해 주었다고 주장한다. 또한 가부장 문화에 의해 주변부로 정의된 것들, 비합리적인 것, 모성적인 것 그리고 성적인 것에서 발견되는 주변화된 담론들은 그들의 혁명적 요소들을 언어로 발산해야 한다고 주장한다(Kristeva, 1999).

이러한 포스트모던 여성주의 이론은 두 가지 측면에서 비판받고 있다. 첫째 현실세계와 동떨어진 상아탑 속에서 살아가는 학자들의 지적 유희에 불과하다는 점이다. 비판자들은 포스트모던 여성주의자들은 혁명적 투쟁행위에서 지적 유희의 게임으로 돌아가는 쾌락주의자들로 간주한다. 둘째 포스트모던 여성주의 이론의 철학적 가설들이 무질서로 귀결될 것이라는 점이다. 단일한 이론에 대한 포스트모던 여성주의 이론의 반격은 이 이론의 다양성, 복잡성, 풍부성이 발전된 이후에는 어떻게 될 것인가에 의문을 던지게 한다. 즉, 여성들 사이의 차이와 다양성을 강조하다 보면 여성주의자 공동체를 포함한 '온갖 종류의 공동체를 과연 유지할 수 있는가'라는 의문을 갖게 된다는 것이다. 하지만 이들의 이론은 다른 여성주의 이론과 마찬가지로 여성억압과 일반적인 억압 사이의 관계를 규명하고자 노력하였고, 다른 어떤 여성주의 이론보다도 여성들 사이에 존재하는 차이의 문제를 토론거리로 가장 생생하게 주체화하였다.

2) 생태학적 여성주의 이론

생태학적 여성주의 이론은 생태학과 여성주의 이론이 결합한 것으로 여성해방과 자연해방을 동시에 추구한다. 이 이론은 두 가지 전제에서 출발한다. 첫째는 여성과 남성, 자연과 문화의 관계에서 여성과 자연의 본래의 속성이 동일하고 남성의 문화와 본래의 속성이 동일하다는 점이다. 둘째 여성의 가정과 사회 내에서의 수동·억압적 대상으로서의 위치가 자연의 인간에 대한 수동적·억압적 대상으로의 위치와 같다는 점이다.

이 이론*에서는 자연과 인간이 관계를 맺는 방식이 여성과 남성이 관계를 맺는 방식과 비슷하다는 점을 전제로 한다. 즉, 자연과 여성은 인간과 남성이 목적을 위한 수단으로 사용하는 대상으로 타자에 대한 유용성을 전제로 하여 맺

---

* 생태학적 여성주의(eco-feminism)란 용어를 처음 사용한 사람은 프랑소와즈 도본느(Françoise D'Eaubonne)이다. 1974년에 출간된 「Feminisme ou la Mort」라는 저서에서 도본느는 인류가 이 지구상에서 살아남을 수 있는 길을 찾는 데 여성의 잠재력이 아주 크다는 점을 주장한 바 있다.

어진 관계라는 것이다. 또한 생태학적 여성주의 이론에서는 여성과 자연의 파괴를 야기하는 원인이 가부장제 구조와 밀접한 관계를 가진다고 생각한다. 이때의 가부장제적 구조란 차별적이고 도구주의적인 가치관을 주된 내용으로 하고 있다. 또 이 이론은 대안적인 세계와도 연결된다. 이러한 세계는 그 동안 여성주의 문학작품들이 그려 낸 여성해방의 유토피아적 대안에 그 뿌리를 두고 있다. 그러므로 이 대안적 세계를 건설하는 이념적 원리는 바로 여성성(feminity)이다. 이 여성성은 대안세계에서의 분권화, 비위계성, 직접민주주의의 구조, 지역 의존적 경제, 가부장제로부터의 해방 등으로 확대될 수 있다(D'Eaubonne, 1992).

사회운동 차원에서 여성운동과 사회운동은 반핵, 반군국주의 운동으로 자연스럽게 결합되었다. 이들 운동에서 여성의 참여가 환영받는 이유는 자연 및 사회에 대한 여성들의 해결방식이 친자연적이고 평화지향적이라는 점이다. 현재 생태학적 여성주의 이론에 대해서는 상반된 평가가 내려져 있다. 한편으로 중요성은 인정하지만 아직은 여성주의 이론 내에서 주변화된 이론이라는 주장이고, 다른 한편으로 제3의 여성해방의 물결이 될 것이라는 평가가 그것이다.

내용 요약

여성문제를 보는 여권론적 관점은 매우 다양한 이론적 편차를 지닌다. 크게는 자유주의적 관점, 마르크스주의적 관점, 급진주의적 관점, 사회주의적 관점과 복지주의적 관점으로 나눌 수 있다. 또한 이러한 주장을 모두 비판하면서 기존의 가치체계의 해체를 주장하는 포스트모더니즘의 입장에서 본 여성주의 이론이나 생태학과 여성주의 이론이 결합한 생태학적 여성주의 이론 등으로 더욱 다양해진 관점들을 볼 수 있다.

CHECK 생각해 봅시다

1. 여성문제를 보는 각각의 시각을 정리해 보고, 각각의 장·단점에 대해 생각해 봅시다.

2. 한국 사회의 여성문제는 어떠한 시각으로 설명할 수 있는지를 생각해 봅시다.

Part II

제 II 부

여성복지적 접근과 실천방법

welfare for woman

제 3 장

여성복지의 이해와 필요성

주요 용어 | 사회적 위험, 빈곤의 여성화, 가부장적 가치, 보호적 책임, 여성복지

1. 여성에 대한 의도적 개입의 필요

사회복지는 인간이 경험하는 고통과 그 고통의 구조·환경적 근원을 제거하는 데 관심을 가져 왔다. 인류역사에서 가장 오랫동안 인간을 괴롭혀 온 빈곤문제, 버려진 아동의 문제, 비행 및 가출청소년문제, 노인문제, 장애인문제 등 인간이 경험하는 문제를 중심으로 이의 해결을 모색하였다. 사회복지의 역사를 통해 보면 사회복지의 주류적 관심은 인간이 경험하는 문제를 중심으로 이루어졌고, 성(gender)을 중심으로 한 접근은 매우 미미하였다.

그러나 성차를 고려한 접근은 현상이나 문제를 바라보는 다양한 시각의 차이를 가르는 가장 큰 줄기이다. 여성은 남성과는 다르게 사회에서 자신의 삶을 경험하고, 이는 세상과 사건에 대한 규정을 달리하게 한다. 이러한 '차이'는 그 사회의 가부장적 가치와 성에 의한 불평등 구조를 반영한다. 우리는 현대 사회에서

의 사회복지의 필요성을 논할 때 '비복지(diswelfare)'와 '사회적 위험(social risk)'을 들어 이야기한다. 비복지란 개인의 복지를 저해하는 원인이 개인보다 전체에 있을 때 그러한 사회 전체적 요인들을 일컫는다. 그리고 이러한 비복지로 인해 다수의 사람들이 경험하는 위기상황을 '사회적 위험'이라고 한다. 이러한 관점에서 본다면, 성차는 현대 산업사회보다 훨씬 이전부터 존재해온 여성들의 비복지요인이고, 이로 인해 다수의 여성들이 사회적 위험에 노출되었다고 할 수 있다. 여성에 대한 의도적이고 사회적인 개입을 필요로 하게 만드는 사회적 위험의 조건은 다음의 네 가지로 요약할 수 있다.

1) 빈곤의 여성화

빈곤의 여성화(feminization of poverty)란 1970년대 말 피어스(D. Pearce)에 의해 처음 사용되었으며, 빈곤층에서 여성의 비율이 점차적으로 증가해 가는 현상을 일컫는다. 이는 여성이 주 부양자로서의 역할을 수행하는 여성가구주와 여성노인인 경우에 극명하게 드러난다. 이러한 '빈곤의 여성화' 현상의 가장 핵심적인 원인은 노동시장에서의 성차별이다. 이혼율의 증가로 인한 가족구조의 변화나 평균연령의 증가 등이 그 원인으로 지적되기도 하지만(김영란, 1997), 이들 요인은 노동시장에서의 성차별 현상에 부수되는 부차적 원인으로 보아야 한다. 높은 이혼율 때문에 여성의 노동시장 진입률이 높아진다고 해도 노동시장에서의 성차별적 구조가 개선되면 여성가구주의 경제적 수준은 높아질 것이고 빈곤의 여성화 현상은 둔화될 것이기 때문이다.

우리나라의 경우 여성가구주의 증가와 이들이 빈곤층에서 차지하는 높은 비율은 빈곤의 여성화를 보여주는 주된 지표이다. 이러한 여성가구주의 비율은 1975년 12.8%에서 꾸준히 증가하여 2005년에는 19.5%, 2006년에는 19.7%에 이르렀다. 가구의 생계를 책임지는 여성가구주는 1975년 85만 명에서 2006년 314만 5,000명으로 약 3.7배 증가하였다. 이는 남성가구주가 1975년 579만 8,000명에서 2006년 1,284만 4,000명으로 약 2.2배 증가한 것과 비교하면 큰 폭의 증가라 할 수 있다.

그리고 1990년대 생활보호대상가구에서 여성가구주가 차지하는 비율은 거택보호의 경우 60% 이상을 상회하고 있고, 자활보호는 40% 전후를 차지하면서

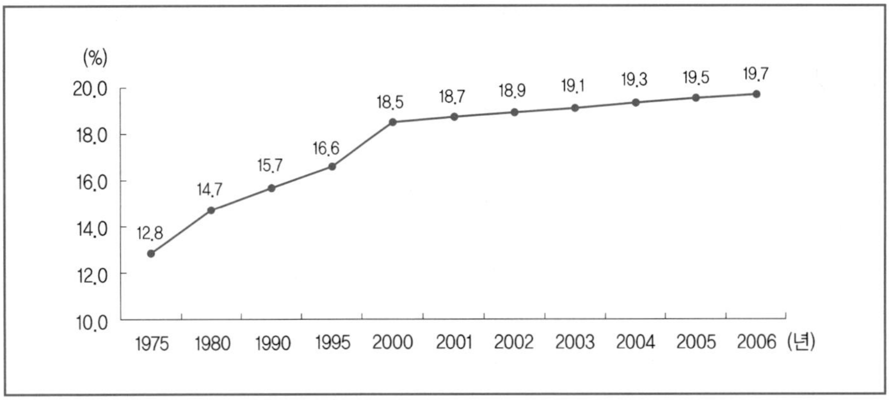

| 그림 3.1 | 여성가구주 비율 추이

매년 증가하였으며, 국민기초생활보장제도가 시행된 2000년 10월 이후 2000년대 초반의 일반수급자를 성별로 파악해 보면 여성이 60%에 가까운 수급대상임을 알 수 있으며, 이를 연령대로 살펴보면, 50대 중반 이후로 갈수록 제도의 수혜자임을 알 수 있다. 이는 결국 대부분의 여성 또는 여성가구주가 빈곤상황에 떨어져 있음을 단적으로 보여주는 증거이다.

| 표 3.1 | 성별 가구주 추이

(단위 : 천 가구, 천 명, %)

구 분	가 구*	여성가구주	남성가구주	여성가구주 비율
1975	6,648	850	5,798	12.8
1980	7,969	1,169	6,801	14.7
1990	11,355	1,787	9,568	15.7
1995	12,958	2,147	10,811	16.6
2000	14,312	2,653	11,659	18.5
2001	14,834	2,775	12,059	18.7
2002	15,064	2,845	12,218	18.9
2003	15,298	2,918	12,379	19.1
2004	15,539	2,995	12,544	19.3
2005	15,789	3,076	12,713	19.5
2006	15,989	3,145	12,844	19.7

자료 : 통계청(각 연도), 인구주택총조사보고서, 2001년 이후는 2002년 장래가구추계

* 1975년은 보통가구, 1980년 이후는 일반가구임.

| 표 3.2 | 국민기초생활보장 성별 일반수급자 현황

(단위 : 명, %)

연 도	계	남	여	여성비
2001	1,345,526	567,025	778,501	57.9
2002	1,275,625	533,167	742,458	58.2
2003	1,292,690	541,233	751,457	58.1
2004	1,337,714	562,074	775,640	58.0

자료 : 보건복지부, 2005

| 표 3.3 | 국민기초생활보장 성별·연령별 일반수급자 현황

(단위 : 명, %)

연 도	계	남					
		55~59	60~64	65~69	70~74	75~79	80세 이상
2001	1,345,526	25,710	28,423	29,626	22,739	16,990	17,858
		*9(%)	2.1	2.2	1.7	1.3	1.3
2002	1,275,625	24,163	28,428	29,264	22,933	16,286	14,264
		1.9	2.2	2.3	1.8	1.3	1.1
2003	1,292,690	25,714	28,149	30,260	23,982	16,455	14,908
		2.0	2.2	2.3	1.9	1.3	1.2
2004	1,337,714	27,791	27,869	30,965	25,548	16,932	15,417
		2.1	2.1	2.3	1.9	1.3	1.2

연 도	계	여					
		55~59	60~64	65~69	70~74	75~79	80세 이상
2001	1,345,526	35,267	54,255	69,022	68,412	53,232	56,393
		*2.6(%)	4.0	5.1	5.1	4.0	4.2
2002	1,275,625	31,379	53,709	68,160	69,479	53,560	55,305
		2.5	4.2	5.3	5.4	4.2	4.3
2003	1,292,690	31,324	52,137	69,184	70,758	55,635	59,345
		2.4	4.0	5.4	5.5	4.3	4.6
2004	1,337,714	31,913	49,679	70,094	72,412	59,394	61,586
		2.4	3.7	5.2	5.4	4.4	4.6

* 수급자 전체 중 연령대별 비율

특히 다른 어느 국가보다 여성에 대한 가부장적 가치가 확산되어 있고, 이로 인한 성차별적 사회경제 구조가 견고히 자리잡고 있는 우리나라 사회에서 홀로 살아가는 여성들의 빈곤화 현상은 매우 심각하다. 게다가 빈곤의 경험은 여성의 삶뿐만 아니라 이들의 자녀와 부양 성인에게도 지대한 영향을 미친다는 점에 문제의 심각성이 있다. 빈민이 된다는 것은 경제적 어려움만이 아닌 건강상태의 부실, 사회적 고립, 스트레스, 낙인, 무기력을 동시에 경험함을 의미한다. 그러므로 상대적 악조건에서 살아가는 여성의 보다 나은 삶을 위해서는 정부와 사회의 의도적 개입이 요구되며 이것이 여성복지가 필요한 이유인 것이다.

2) 임시고용의 여성화

임시고용의 여성화란 여성의 고용이 저임금·비숙련의 시간제 영역에서 증가하는 현상을 일컫는다. 임시고용에서 여성이 증가하는 현상은 여성고용을 불안정하게 만들고 쉽게 해고당할 수 있어 여성을 쉽게 실직상황에 떨어지게 할 수 있다.

2005년 현재 연령대별 여성의 경제활동참여율은 51.2%를 차지하고 있다. 20대 후반이 66.1%로 가장 높게 나타나고 있으며, 20대와 40대 연령층은 타 연령대보다 높은 60% 이상의 경제활동참여율을 보이고 있다. 그러나 취업여성 대부분이 저임금과 낮은 지위의 직업에 종사하고 있는 실정이다.

노동부의 노동통계연감(2005)에 의하면, 우리나라 여성경제활동 인구의 34.4%가 도·소매 음식숙박업에 종사하는 것으로 보고되었다. 이는 서구의 국가들과 비교해 보면 상당히 높은 수치임을 알 수 있다.

| 표 3.4 | 연령대별 경제활동참여율

(단위 : %)

구분	15~19	20~24	25~29	30~34	35~39	40~44	45~49	50~54	55~59	60+
2000	12.6	61.2	55.9	48.8	59.3	63.8	64.9	55.3	51.3	30.2
2001	12.7	62.0	57.6	49.1	59.8	63.6	64.4	56.6	50.7	30.0
2002	11.9	62.6	59.5	49.9	59.4	63.9	64.1	58.1	49.6	30.1
2003	11.4	61.8	60.7	49.9	58.3	64.1	61.6	55.6	49.1	27.8
2004	11.1	62.8	63.9	50.4	58.9	65.5	62.7	56.2	49.5	28.3
2005	10.3	62.6	66.1	50.2	59.0	65.6	63.1	58.3	49.1	28.1

자료 : 통계청, 통계정보시스템(KOSIS)

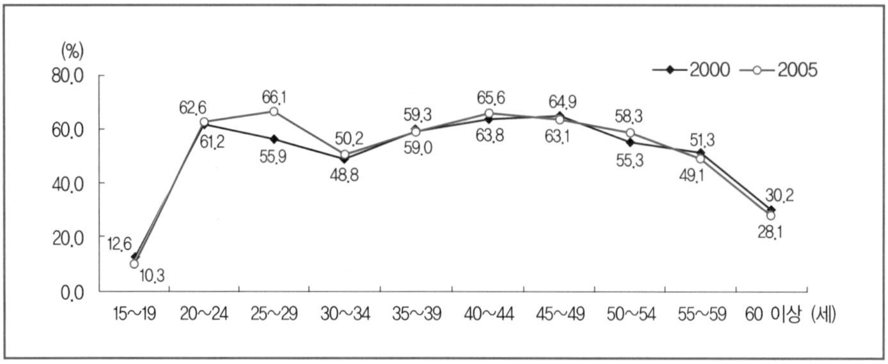

| 그림 3.2 | 여성의 연령별 경제활동참여율

자료 : 통계청, 통계정보시스템(KOSIS)

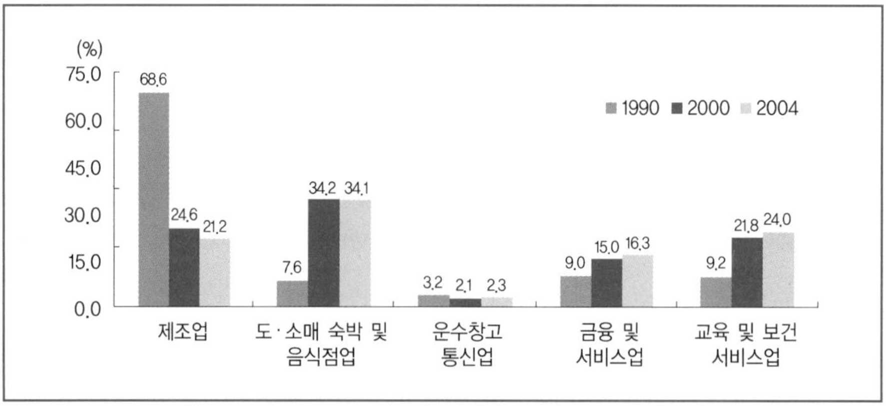

| 그림 3.3 | 산업별 여성근로자 비율

자료 : 통계청, 통계정보시스템(KOSIS)

| 표 3.5 | 각국의 도·소매 음식숙박업 여성취업자 분포(2002)

(단위 : %)

구 분	전 체	도·소매업	음식숙박업
한 국	100	20.2	14.8
핀란드	100	12.1	5.2
독 일	100	17.0	4.4
스웨덴	100	11.1	3.0
영 국	100	16.5	5.8
캐나다	100	17.2	8.5

자료 : ILO(2003, 2004), 노동통계연감

또한 우리나라의 여성노동자들은 도·소매 음식숙박업을 비롯한 서비스업 및 영세 식당산업과 가내 노동 등 주변적인 경제부문에 집중되어 있고, 이는 여성 직업의 게토화(ghettoization)를 촉발시키는 주요 요인으로 작용한다.

한편 시간제 노동은 여성에게 있어 직장과 가정을 병행할 수 있다는 이점을 가지고 있기 때문에 여성이 선호하는 근로형태이다. 2005년 여성취업자의 임금 근로자 비율은 67.1%이며, 이 중 상용직은 25.6%, 임시직은 30.2%, 일용직은 11.3%이다. 이러한 상황은 남성취업자와 비교할 때 임금근로자 비율은 1.1% 높

| 표 3.6 | 산업별 여성근로자 구성비

(단위 : %)

구분	여성 근로자	농림 어업	광업	제조업	전기 가스 수도업	건설업	도·소매 숙박 및 음식점업	운수창고 통신업	금융 및 서비스업	교육 및 보건 서비스업
1980	100.0	0.1	0.3	75.6	0.2	1.8	8.1	4.0	4.9	5.0
1990	100.0	0.1	0.2	68.6	0.2	1.8	7.6	3.2	9.0	9.2
1995	100.0	0.2	0.2	53.1	0.2	3.5	11.2	3.9	15.1	12.6
2000	100.0	0.2	0.1	24.6	0.1	1.9	34.2	2.1	15.0	21.8
2002	100.0	0.2	0.0	21.6	0.1	1.8	36.4	2.3	15.5	22.1
2003	100.0	0.1	0.0	21.7	0.1	1.9	35.1	2.2	15.8	22.8
2004	100.0	0.1	0.0	21.2	0.1	1.9	34.1	2.3	16.3	24.0

자료 : 통계청, 통계정보시스템(KOSIS)

| 표 3.7 | 취업자의 종사상 지위별 구성비

(단위 : %)

구 분	취업자	비임금 근로자	자영업주	무급가족 종사자	임금 근로자	상 용	임 시	일 용
여 성								
2000	100.0	38.5	19.2	19.2	61.5	19.1	28.5	13.9
2002	100.0	36.5	19.4	17.1	63.5	21.3	29.1	13.1
2004	100.0	33.4	18.6	14.8	66.6	24.4	30.6	11.5
2005	100.0	32.9	19.0	14.0	67.1	25.6	30.2	11.3
남 성								
2000	100.0	35.7	33.8	2.0	64.3	38.1	17.1	9.2
2002	100.0	35.7	34.0	1.7	64.3	37.8	17.0	9.5
2004	100.0	34.4	33.1	1.3	65.6	40.5	16.8	8.4
2005	100.0	34.0	32.8	1.3	66.0	41.1	16.4	8.5

자료 : 통계청, 통계정보시스템(KOSIS)

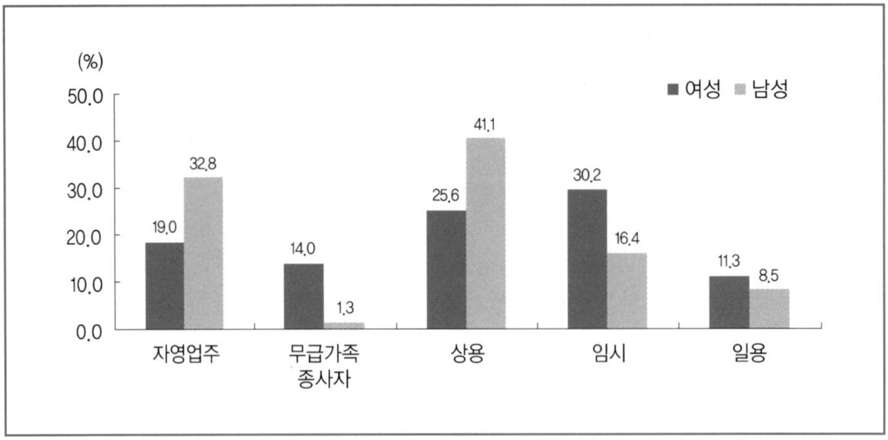

| 그림 3.4 | 성별 취업자의 종사상 지위별 구성비(2005)

자료 : 통계청, 통계정보시스템(KOSIS)

았고, 임시직과 일용직도 13.8%, 2.8%가 높았으나 상용직은 15.5%가 낮았다.

여성의 시간제 노동은 정규직 노동자에 적용되는 각종 급부(퇴직금, 월차 및 연차 등의 유급휴가)의 적용을 받을 수 없다는 의미뿐만 아니라 정규직 근로자와 거의 동일한 자격을 가지고 동일한 시간을 일하지만 정규직 임금의 60%에도 못 미치는 열악한 임금조건을 감수하고 있다는 의미인 것이다.

가내 노동은 여성직업의 게토화에서 가장 주변적인 노동형태로, 주로 여성들이 이에 종사하고 있다. 가내 노동자에 대한 공식적인 통계가 없어 그 규모와 추이를 확인하기는 어렵다. 다만 기업의 하청거래가 증가하고 있어 제조업 분야에서의 가내 노동자가 증가하고 있음을 추정할 수는 있다.

앞에서 살펴본 여성들의 노동현실은 임시고용의 여성화로 집약될 수 있으며, 이는 빈곤의 여성화를 가속시킬 뿐 아니라 여성의 삶의 질을 하락시키고 양성평등적 사회로의 진입에 강력한 장애요소로 작용한다. 따라서 여성들의 복지향상을 위한 정부와 사회의 여성에 대한 의도적 개입이 필요한 것이다.

3) 가부장적 가치와 불평등적 결혼관계

결혼생활은 일반적으로 남성에 비해 여성에게 큰 의미를 가지는 것으로 알려져 있다. 결혼생활에는 여성과 남성 간의 최소한의 역할분화가 나타나기 마련이다. 그러나 이러한 양측의 역할분화 중 많은 경우 여성이 불리한 위치에 있음이 드러난다. 부부의 역할분화 양상은 이들이 가진 지위를 반영한다.

구드(W. Goode)는 남편과 아내의 관계를 구조화하는 데는 다음의 네 가지 요소가 영향을 미친다고 보았다(Hanmer & Stathan, 1989).

첫째, 경제적 자원이다. 여성의 가사노동이 사회적 재생산의 다른 형태임에도 불구하고, 사회는 여성의 이러한 가사노동을 경제적 자원으로 인정하지 않는다.

둘째, 힘을 사용한 위협이다. 남성은 생물학적으로 여성에 비해 신체적 힘에서 우세하다. 따라서 남성은 여성에게 힘의 우위를 발휘할 가능성이 크며, 이는 대부분 폭력의 형태로 나타난다. 가족 내에서 매 맞는 여성, 성폭력피해여성이 증가하는 것은 이러한 힘의 위협을 보여주는 대표적인 현상이다.

셋째, 성적 지위 자체이다. 남성은 남성이라는 이유로 사회 내에서 여성보다 높은 사회적 지위를 점하는 경우가 대부분이다. 남성에게 사회생활은 매우 적절한 것이나 여성에게는 부차적인 것으로 인식된다. 아직도 여성의 사회생활이 이상하고 일탈적인 것으로 간주되는 경우가 있다. 노동계급의 남성은 단지 남성이라는 이유로, 중산층의 남성은 전문가라는 이유로 여성보다 우월한 대접을 받곤 한다. 그리고 이러한 여성의 지위는 결혼생활에 투영된다.

넷째, 사랑에 대한 인식이다. 여성의 남편과 아이에 대한 헌신은 타인을 위한 삶과 타인을 통한 삶으로 대표되는 봉사적 역할에 그 뿌리를 두고 있다. 남편과 가정 그리고 아이에 대한 사랑을 통해 여성은 남성과 종속적인 관계에 떨어질 가능성이 크며, 이러한 방식으로 사랑은 남성이 여성을 통제하는 하나의 메커니즘이 된다.

이렇게 여성은 가정에서 불평등한 결혼관계에 놓일 가능성이 크며, 이는 여성의 자아정체성에 부정적인 영향을 미쳐 여성의 삶의 질을 저하시키게 된다. 즉, 여성은 남편과의 관계에서 이미 불평등적 관계에 처할 조건을 가지고 있으므로 이들 조건에 대한 구조적 변화는 물론 임상적 차원에서의 능동적 원조가 필요한 집단이다. 따라서 여성의 결혼관계에서의 평등한 관계형성을 통해 삶의 질을 확보할 수 있도록 사회복지 차원에서 이들에 대한 보다 의도적이며 적극적인 개입이 요구되는 것이다.

4) 보호적 책임의 전담

여성에게 기대되는 막중한 사회적 책임 중의 하나는 아동과 요보호성인에 대한 '보호(care)'이다. 특히 여성에게 자녀보호는 여성의 그 어떤 상황과도 상관없이 여성의 몫으로 간주된다.

여성의 경제활동참여율이 2005년을 기점으로 50%를 넘은 오늘날에도 여성의 아동보호 책임은 사적이고 개인적인 것으로 여겨진다. 이는 훌륭한 부모가 되는 것은 전적으로 개인의 책임하에 있지 사회적 책임이나 노력과는 무관하다는 뿌리 깊은 전제와 관련이 있다. 특히 '좋은 엄마', '엄마의 책임'이라는 이데올로기는 여성이 아동에 대한 모든 보호를 제공해야 함을 내포하고 있다.

한편 현대 산업사회는 여성의 취업증가라는 피할 수 없는 사회적 현실에 직면하면서 가족의 보호기능을 사회로 이전시키는 제도적 장치를 발전시켰다. 각종 사회복지제도의 확대, 탁아의 사회화, 노인보호의 사회화 등이 그것이다. 그러나 우리 사회는 아직 사고의 변화가 사회적 현실의 변화에 못 미치고 있어 여성의 취업률 증가로 인한 가족생활의 변화를 완충하기 위한 제도적 장치를 충분히 구축하지 못하고 있다. 그 결과 아동 및 요보호성인에 대한 모든 보호적 책임을 여성에게 떠넘기고 있는 실정이다. 따라서 여성의 보호책임을 보조하거나 대신할 수 있는 탁아제도를 확산하고, 노인보호를 위한 사회적 제도를 확충하는 것이 여성의 삶의 질 향상을 위해 반드시 필요하다.

그런데 여성이 경험하는 정신장애의 상당수는 스스로에게 부여한 '좋은 엄마 신화'에 기인한다. 좋은 엄마가 되어야 한다는 강박적 사고는 이에 따른 많은 어려움을 수반케 하고 그 결과 자신의 자녀를 거부하고 싶은 강한 욕구에 사로잡히게 한다. 이러한 욕구는 여성으로 하여금 자녀의 요구에 분노로 반응하게 하며, 분노를 통제할 수 없을 때 정신적 와해상태에 빠지게 된다. 이처럼 사회적 변화와 무관하게 가부장적 가치가 지배적인 사회에서 여성이 겪는 삶의 경험은 남성과 차이가 있다. 전통사회에서 미덕으로 간주되어 온 가족원에 대한 여성의 보호역할은 사회적 변화와 함께 재구조화되어야 하고, 사회는 이를 뒷받침할 수 있는 사회복지 차원의 제반장치를 마련해야 한다.

2. 여성복지의 개념과 범주 및 접근방법

1) 여성복지의 개념

여성문제의 원인이나 해결방법에 대한 시각이 다양하므로 여성복지의 개념을 한마디로 정의하기란 쉽지 않다. 그러나 다양한 시각에도 불구하고 소극적으로는 여성의 현실적 불평등을 개선하고 적극적으로는 인간으로서 여성의 삶의 질을 향상시키는 데 기여해야 한다는 점은 여성을 위한 복지의 공통적인 출발점이 된다고 할 수 있다.

여성복지의 개념을 연구한 흐름을 보면, 여성복지가 사회복지의 한 분야로 자리매김하기 전부터 여성복지라는 용어는 이미 여러 분야에서 사용되고 있었다. 하지만 여성복지의 개념정의에 대한 시도나 합의를 위한 노력은 1990년대 후반에 들어서야 활발해졌다고 할 수 있다.

초기의 여성복지 개념은 '여성을 위한 복지'라는 일반적 개념이나 혹은 '여성에게 영향을 미치는 복지정책과 프로그램을 총칭'하는 것으로 사용되었고, 구체적인 현실적 움직임보다는 이념적이고 상징적인 개념으로 사용되었다. 그러나 여성복지가 사회복지의 한 분야로 자리잡기 위해서는 선언적인 의미나 이념적인 개념정의보다는 현실적이고 구체적인 개념이 포함되어야 한다는 주장이 제기되었다.

그러나 여성에 대한 사회적 접근의 한 형태인 여성복지에 대한 개념은 아직 정리되지 못한 채 모호한 상태이다. 그 이유는 첫째, '복지'의 범위를 어디까지로 한정할 것인가에 따라 그 포괄범위가 달라지기 때문이며, 둘째로 가족 내에서 여성의 역할에 대한 기대가 복합적이어서 그 포괄범위가 다를 수 있기 때문이다. 즉, 여성에게는 독립적 개인으로서의 역할뿐만 아니라 가족원을 보호하는 '보호자(carer)'로서의 역할 그리고 부양자에 의존하는 '의존자(dependent)'로서의 역할이 기대되고 있기 때문이다. 보호자로서의 역할은 요보호자인 아동과 노인에 대한 보호정책을 여성을 위한 정책의 일환으로 보게 함으로써 아동복지, 노인복지와의 중복을 불가피하게 한다(김인숙, 1997).

이러한 상황에도 여성복지에 대한 몇몇 개념정의가 존재한다. 한국여성개발원은, 여성복지란 "여성이 국가나 사회로부터 인간의 존엄성과 인간다운 생활을 할 권리를 동등하게 보장받음으로써 여성의 건강·재산·행복의 조건들이 만족스러워지는 상태를 의미하며 동시에 가부장적 가치관과 이에 기초를 둔 법, 기타 사회제도를 개선하는 것 등으로 여성의 인간다운 삶을 실현하기 위한 모든 실천적 노력을 포함하는 개념"으로 정의한다(한국여성개발원, 1990). 본 정의는 여성복지를 성평등의 실현이라는 이념적 목적과 함께 가부장적 사회제도 및 입법체계를 개선하는 구체적인 측면까지 포함하는 개념으로 보고 있다.

김미혜는 "여성복지란 여성이 국가나 사회로부터 남성과 동등하게 인간다운 삶을 누릴 수 있는 권리를 보장받으며, 이를 위해 가부장적 가치관과 자본주의에 의한 생산역할에 기초한 법과 기타 사회제도를 개선하여 양성평등의 사회를 실현하려는 모든 실천적 노력을 포함하는 개념"으로 정의하였다(김미혜, 1997). 한국여성개발원의 정의가 여성복지의 목표를 간접적으로 표현한 반면, 김미혜는 여성복지의 목표를 양성평등이라는 보다 직접적이고 분명한 용어로 표현하고 있으며 가부장적 가치에 더하여 자본주의적 생산가치가 반영된 법과 사회제도의 개선을 여성복지의 표적으로 설정하였다.

2000년대에 들어서면서 여성복지의 개념에 대한 정의들은 가부장제와 자본주의로 인해 나타난 성불평등의 타파를 통한 성평등 실현이라는 여성주의적 입장과 이를 구체적으로 실현하기 위한 사회제도 및 법체계뿐 아니라 여성 개인의 능력에 대한 관심과 사회복지적 방법을 통한 대인적 노력까지도 강조한다. 김인숙 등은 여성복지를 "여성이 국가나 사회로부터 남성과 동등하게 권리를 보장할 수 있도록 가부장적 가치관과 이에 근거한 각종 법, 사회제도를 개선하는 것뿐 아니라 여성 개인의 능력을 고양시킴으로써 여성의 인간다운 삶을 보장하기 위한 정책·실천적 차원의 모든 조직적 활동"으로 정의했고(김인숙 외, 2000), 조흥식 등은 "모든 여성이 한 사회의 구성원으로서 삶의 질을 영위할 수 있도록 여성의 욕구나 문제를 해결하기 위하여 사회구성원들이 공·사 차원에서 행하는 공동체적 노력"으로 정의하고 있다(조흥식 외, 2000).

앞의 논의를 정리해 보면, 여성복지란 "모든 여성이 인간다운 삶을 누리기 위해 가부장제와 자본주의와 같은 여성을 억압하는 기제를 제거하고 양성평등을 실현하는 것을 목적으로 하여 사회 전체가 모든 여성을 대상으로 거시적 측면과 미시적 측면에서 수행하는 모든 이론·실천적 노력을 의미하는 것"이라 할 수 있다. 여성정책이 여성의 삶의 다양한 영역과 관련된 정부의 정책이라고 한다면, 여성복지는 다양한 여성의 삶의 영역 중 '사회복지'와 관련된 부분으로써 정부의 정책뿐 아니라 민간차원의 제반 노력까지를 포함하는 실체인 것이다.

2) 여성복지의 범주

우리나라에서 여성복지의 시작은 잔여적이고 사후 대책적인 성격으로 이루어졌다. 1970년대까지 여성에 대한 사회복지적 접근은 성매매여성, 미혼모 등 요보호여성을 중심으로 실행되었고, 명칭도 '여성복지'가 아닌 '부녀복지'로 불렸다. 성매매여성이나 미혼모들은 사회에서 정해놓은 정상적인 범주에 들지 못하는 여성이기 때문에 이들에게 제공되는 부녀복지는 엄밀한 의미에서 사회복지라기보다는 사후에 다시 낙인을 찍는 과정이었던 것이다. '부녀'라는 용어 역시 여성을 독립적 개인으로 보지 않는 여성비하적이며 가부장적인 용어임에도 오랫동안 사용되었다.

1980년대에서 1990년대에 이르는 시기에는 복잡한 사회환경으로 인한 사회적 위험의 증가로 중년기 남성의 사망이 증가할 뿐 아니라 가족에 대한 가치관의 변화로 이혼이 늘어나면서 모자가정이 주목을 받았다. 전 시기의 성매매여성이나 미혼모가 요보호여성이었다면, 같은 요보호여성이지만 온정의 손길을 받을 만하다고 판단된 여성들은 정상적인 결혼상태에서 생계부양자를 잃은 모자가정이었다.

부자가정이 아닌 모자가정에 국가가 개입한 것은, 정상가족은 '부모 두 사람과 자녀를 중심으로 구성되며 남성은 부양자이고 여성은 의존자인 가족'이라는 가부장적 가치를 전제로 했기 때문이며, 부양자인 남성가장이 사망, 유기, 질병 등의 이유로 가족부양을 하지 못하면 경제적 곤란이 생길 것이라고 보았다. 따라서 이 시기의 모자복지는 여성을 독립적인 개인으로 본 것이 아니라 가장 없이 아이를 키우는 요보호여성들에게 모성역할을 잘 하라고 시혜를 베푸는 부녀복지에 지나지 않았던 것이다.

1990년대 중반부터는 여성 자신의 욕구와 자아실현 및 성평등을 지향하는 복지개념이 등장하였다. 여성운동에서 강력하게 제기했던 성폭력과 가정폭력 범죄자 처벌의 길이 열렸고, 여성복지를 위한 기본법인 여성발전기본법이 제정(1995. 12.)되었으며, 남녀고용평등법의 개정(1999. 3차 개정)과 남녀차별금지 및 구제에 관한 법률(1999)을 통해 남녀차별을 적극적으로 개선하려는 시도를 한 것이다. 더 나아가 양성평등 실현을 위해 2001년 여성부가 신설되었고, 2005년 여성부가 수행하는 기능 이외에 통합적 가족정책을 수립하고 각 부처의 가족정책을 수립·조정·지원하는 기능을 수행할 수 있도록 여성가족부로 개편되었다.

이 같은 흐름은 여성 대다수가 사적 영역에서 겪을 수 있는 문제인 성폭력과 가정폭력에 국가가 공적으로 개입하고, 성불평등을 적극적으로 극복해 나가며 불평등 타파뿐 아니라 궁극적으로는 여성의 삶의 질 향상을 위한 사회복지적 노력을 하겠다는 의미로 해석할 수 있다. 다시 말하면 전체 여성을 대상으로 복지를 제공한다는 의미에서의 여성복지를 추구한다는 것이다.

여성복지는 여성 전체가 겪는 여러 가지 문제에 대처함과 동시에 여성 자신의 일생에서 경험하는 다양한 삶의 형태에도 대처할 수 있어야 한다. 최근에는 여성복지의 범주를 주요 문제, 역할, 생애주기를 중심으로 구분하고 있다(김인숙 외, 2001).

(1) 주요 문제를 중심으로 한 구분

주요 문제를 중심으로 여성복지의 범주를 구분하면 노동과 빈곤문제, 성폭력과 아내폭력문제, 장애여성과 노인여성문제, 성매매와 미혼모문제 등으로 나누어 볼 수 있다.

여성복지의 문제를 주요 문제 중심으로 분류할 경우 문제를 경험하는 저소득 모자가정, 미혼모, 가출여성, 성매매여성, 학대받는 여성, 저임금 근로여성 등 요보호여성만으로 한정되는 단점이 있다. 그러나 주요 문제에 따른 구분이 요보호대상만으로 한정되는 결과를 반드시 낳는 것은 아니다. 가부장제 사회에서는 많은 여성이 아내폭력의 피해자가 될 수 있으며, 일반여성도 성매매여성으로 바뀔 가능성이 있기 때문이다.

또한 '요보호여성'이라는 용어의 사용은 이들 여성에게 심각한 낙인을 부여할 뿐 아니라 여성을 하대시하는 성차별적 인식의 반영이라고 할 수 있다. 요보호여성에 대립되는 개념으로서 정상적이고 문제가 없는 여성을 지칭하는 '일반여성'이라는 구분 또한 지나치게 애매하고 포괄적이다. 따라서 일반여성이라는 애매한 구분보다는 이들 여성이 가진 욕구를 중심으로 세분화하여 여성복지의 대상을 구분할 필요가 있다.

(2) 여성의 역할을 중심으로 한 구분

여성은 사회로부터 아동과 노인을 보호하는 역할을 기대받고 있다. 이 기대는 매우 강한 것이어서 여성의 삶에 직접적인 영향을 미친다. 국가가 가족복지 또는 여성복지를 통해 서비스를 제공하는 것도 이러한 여성에 대한 보편적 기대를 반영한다. 예를 들어 모자가정 자녀에 대한 교육비 지원, 탁아비용 보조, 직업알선 등이 여기에 해당된다. 이들 서비스는 여성에게 부과된 짐을 덜어 주는 역할을 한다는 점에서 여성복지 대상영역으로 간주된다. 이러한 점에서 여성복지는 가족복지 혹은 아동복지와 중복되는 부분이 없지 않다. 이처럼 여성의 역할을 중심으로 한 여성복지 대상의 구분은 여성복지의 정체성을 흐리게 하는 측면이 있다. 그러나 여성복지가 여성 삶의 현실에 기반하여 다양한 정책과 접근이 이루어져야 한다고 할 때, 여성의 역할에 대한 기대를 고려한 대상의 설정은 필요한 것이다.

따라서 여성의 역할에 대한 복지서비스는 여성만이 아니라 사회와 남성이 함께 양육자 역할을 해야 한다는 전제에서 출발해야 한다. 이를 위해 우선 가족 내의 보살핌노동과 가사노동을 남녀가 함께 하려는 인식의 전환이 필요하며, 저소득층 모자가정 외에도 전체 가정에 모성수당 지원, 보육서비스 확대, 여성의 부담을 줄이는 재가복지 및 지역사회복지 강화, 제대로 시행되지 않는 남성의 육아휴직을 사회적으로 정착시키는 조치를 취해야 하는 것이다.

(3) 생애주기를 중심으로 한 구분

여성의 생애주기를 중심으로 하여 여성복지의 대상을 구분하는 것은 문제를 중심으로 한 구분보다 여성의 삶의 연속선상의 다양한 영역을 포괄할 수 있고, 문제를 가진 여성뿐만이 아닌 일반여성들을 포함할 수 있어 여성복지의 대상을 설정하는 데 매우 유용한 기준이다. 생애주기를 중심으로 한 구분이란, 출생에서 사망에 이르는 전 과정을 특성에 따라 단계별로 구분하고 각 단계에서 여성의 욕구 및 사건을 중심으로 여성복지의 범주를 정하는 것을 말한다. 생애주기에 대한 접근은 크게 두 차원에서 가능하다. 첫째, 보편적이고 규범적인 생의 사건들로 구성된 측면이고, 둘째, 주기 동안의 위기적 사건들과 관련된 측면이다. 여성이 생애주기에서 보편적이고 규범적인 생의 사건은 교육생활, 직업생활, 가족생활로 구성된다.

생애주기 동안의 위기적 사건들은 여성에 대한 가정 내 폭력, 이혼, 가족원의 갑작스런 사망, 여성의 실직, 여성 혹은 가족원의 장애, 요보호성인의 발생 등을 들 수 있다. 이상과 같이 생애주기를 중심으로 한 구분은 주기 동안의 보편적 사건이든 위기적 사건이든 여성의 전 생애를 연속선상에서 포괄한다는 점 외에 여성의 가족 내에서의 역할과 연관됨을 알 수 있다. 다시 말하면 여성복지의 대상은 여성의 가족 내 역할과 무관할 수 없기 때문에 가족복지의 대상영역과 다소 중복될 수 있다. 이 부분이 여성복지가 가족복지의 하위영역으로 시작되었다는 주장의 근거이다. 그러나 사회복지제도가 갖는 성격이 사회를 유지시킨다는 여타 제도들과 일부 중복되면서 동시에 독자적인 영역을 확보하고 있는 것처럼 여성복지 또한 마찬가지로 보아야 할 것이다.

앞에서 살펴본 것처럼 여성복지의 대상은 여성의 생애주기와 여성이 가진 욕구를 중심으로 구분하는 것이 바람직하다. 이 두 기준은 여성복지의 대상을 특정한 문제를 가진 여성만을 대상으로 하는 것이 아니라 일반여성까지 포괄할 수 있다는 점에서 유용성을 가진다. 마찬가지로 여성이 경험하는 문제를 욕구라는 차원에서 바라봄으로써 여성의 극단적이고 정형화된 문제만이 아니라 일련의 연속선상에 있는 다양한 문제들을 여성복지의 대상으로 삼을 수 있다는 점에서 매우 유용하다.

3) 여성복지의 접근방법

사회복지에서 사용되는 접근방법은 전통적으로 정책과 임상의 두 가지로 구분된다. 여기에 여성의 특수상황을 고려한 운동적 접근을 추가해 볼 수 있다.

(1) 정책적 접근

여성복지에 대한 정책적 접근은 여성복지정책으로 불린다. 여성복지정책은 여성을 위한 정책이나 법, 제도와 관련된 정부의 정책으로 여성정책의 한 분야, 즉 여성정책의 하위 개념으로 사용된다.

여성복지에 대한 정책적 접근은 정부의 제반 정책과 법, 제도 등을 개선하고 만들어 가는 일련의 거시적 차원의 조직적 활동으로 볼 수 있다. 1995년에 제정된 여성발전기본법은 우리나라 여성정책 수립의 근간이 되었고, 정부기구 내에 여성 관련 정책수립을 위한 부처인 여성가족부(2001. 1. 29. 여성부로 출범, 2005. 6. 23. 여성가족부로 개칭)를 두고 있다. 여성발전기본법은 "개인의 존엄을 기초로 하여 남녀평등의 촉진, 모성의 보호, 성차별적 의식의 해소 및 여성의 능력개발을 통하여 건강한 가정의 구현과 국가 및 사회의 발전에 남녀가 공동으로 참여하고 책임을 분담할 수 있도록 함을 그 기본이념으로"하고 있으며(여성발전기본법 제2조), "여성정책에 관한 기본계획(이하 '기본계획'이라 한다)을 5년마다 수립하여야 한다"고 명시하고 있다(여성발전기본법 제7조).

여성복지정책은 여성 개인의 욕구충족을 일차적 표적대상으로 하는 정책과 여성의 '보호자'로서의 역할을 지원하는 정책, '의존자'로서의 여성차별적 정책으로 구분할 수 있다.

여성 개인의 욕구충족을 일차적 표적대상으로 하는 우리나라의 복지정책으로는 성매매여성과 가출여성, 성폭력피해여성과 일반여성을 위한 복지정책을 들 수 있고, 보호자로서의 역할을 지원하는 대표적 정책은 미혼모 및 저소득 모자가정에 대한 지원과 영·유아 보육정책을 들 수 있다. 그리고 의존자로서의 여성차별적 복지정책으로는 공적부조정책과 국민연금, 산재보험, 고용보험 등에 나타나 있다. 이처럼 여성 개인의 욕구충족을 일차적 표적대상으로 하는 여성복지정책과 보호자로서의 여성역할을 지원하는 정책은 주로 사회복지서비스 형식을 통해 이루어지고 있고, 의존자로서의 여성차별적 복지정책은 사회보험과 공적부조의 형태로 이루어지고 있다(김인숙 외, 2001).

(2) 서비스적 접근

서비스적 접근은 욕구를 가진 여성에게 필요한 다양한 서비스를 직접적으로 제공하는 것을 의미한다. 여성복지에 대한 서비스적 접근은 여성 중심적 상담, 시설보호서비스와 각종 프로그램을 통한 지원을 들 수 있다.

서비스적 접근에서는 주로 심리·정서적 수준에서 개입하는 여러 가지 다양한 기술과 기법이 중요하다. 그동안 사회복지 영역에서 여성을 대상으로 이루어진 서비스적 접근이 여성주의적 관점이 없을 뿐 아니라 개입과 대책에 대한 사회복지의 독특한 정체성을 보여주지 못한 것이 사실이다.

① **여성 중심적 상담**

최근 들어 여성의 고유한 특성과 조건을 고려하여 여성복지적 차원에서 이루어지는 기술적 접근이 활발해지고 있는데 대표적인 것이 여성 중심적 상담이다. 여성중심적 상담은 기존의 많은 임상적 접근에 여성 중심적 관점을 첨가하여 여성의 문제해결을 도우려는 방법이다. 따라서 인지치료나 정신분석적 접근을 비롯한 이론적 접근을 여성의 관점에서 재해석하여 활용하는 것이다. 여성 중심 상담은 여성이 경험하는 위기상황을 해결할 수 있도록 돕는 문제해결 중심의 개인상담 및 전화상담과 집단모임을 통해 여성을 의식화하는 집단상담의 한 형태인 '의식고양(CR : Consciousness Raising)'으로 구분된다. 여기에 더하여 최근에는 여성 스스로에게 힘을 부여함으로써 문제를 해결해 갈 수 있도록 하는 '능력고양(empowerment)'에 관심이 집중되어 있다.

② **시설보호서비스**

여성이 자립하기 어렵거나 열악한 환경조건 때문에 독립적 삶이 불가능한 경우 모자보호시설, 모자자립시설, 미혼모시설, 일시보호시설, 성폭력피해시설 등에서 시설보호서비스가 제공된다. 예를 들어 모자보호시설은 무주택 저소득 모자가정을 대상으로 일정기간(3~5년) 동안 주거에 대한 부담을 덜어 주고 저소득 모자세대의 자립을 유도하기 위해 생활상담교사가 상담지도를 제공한다. 입소한 저소득 모자가정은 생활보호대상자 가운데 시설보호대상자로 분류되어 3년 이내의 기간 동안 생계비, 교육비 및 직업훈련기간 중의 생계비, 생업자금 융자, 영구임대주택 입주알선 등의 서비스를 받으며, 퇴소할 경우 다시 저소득 모자가정으로 등록되어 생계비를 제외한 자녀양육비 및 교육비, 생업자금 융자 등의 서비스를 제공받을 수 있다.

③ **각종 프로그램을 통한 지원**

여성의 경제·사회적 욕구를 충족시키기 위하여 지원되는 각종 프로그램이다. 여기에는 여성의 경제적 지원을 위한 직업알선과 직업훈련프로그램, 재취업훈련프로그램, 탁아프로그램과 이들의 사회·정서적 욕구충족을 위한 교육프로그램과 지도력 향상 및 자기표현을 위한 각종 훈련프로그램이 있다.

그러나 여성을 위한 시설보호서비스가 입소자들의 자활에 충분한 도움이 되지 못하며, 사회복지기관에서도 클라이언트의 상당수가 여성임에도 불구하고 여성들의 사회·정서적 욕구충족을 위한 프로그램이 거의 이루어지지 않고 있다(김인숙 외, 2001).

(3) 운동적 접근

여성복지의 접근방법은 사회복지의 일반적인 접근방법에 따라 주로 정책적 접근과 서비스적 접근(실천적 접근)으로 구분되지만, 최근 여성의 특수한 상황을 고려한 운동적 접근이 논의의 대상이 되고 있다.

사회복지 분야에서 운동적 접근의 필요성은 일찍부터 인식되어 왔다. 그러나 운동적 접근을 공식적인 사회복지 접근의 방법론으로 체계화하지는 못했다. 사회복지를 권리로 인식하자는 복지권 운동(welfare rights movement)이나 사회복지 각 분야에서 이루어지는 운동적 접근이 이를 말해 준다. 사회복지운동이란 전 국민을 포함한 사회복지 관련 당사자들(사회복지전문가, 사회복지대상자, 노동자 등)의 적극적인 참여와 행동을 통해 사회복지의 목표를 달성해 가는 과정으로서 사회복지대상자 스스로 그들의 복지에 대한 권리를 사회 내에 실현시키고자 하며 국가에 대한 요구운동의 성격을 지닌 것이다.

우리나라에서는 1990년대부터 시민운동과의 연계를 통해 사회복지의 쟁점을 공론화하고 이를 운동으로 이끌어 내려는 움직임이 싹트기 시작했다. 빈민운동과 지역운동 그리고 장애인운동은 사회복지 분야에서의 운동적 접근의 필요성을 보여 주고 있다.

여성복지 분야는 사회복지의 다른 어떤 분야보다 그 대상의 폭이 넓을 뿐 아니라 문제의 근원이 성차별적 이념, 가치, 정책, 제도 등으로 인해 생기는 경우가 대부분이다. 이러한 이유로 오래 전부터 그 구조적 틀을 변화시키기 위해 여성운동적 접근이 이루어졌다. 여성운동적 접근이 그 동안 사회복지 내에서 충분히 수용되지 못한 것이 사실이나 우리나라의 현실에서 그 동안 이루어진 여성복지 관련 법과 정책형성에 여성운동계의 역할이 컸음을 부인할 수 없다. 따라서 여성운동계의 사회복지에 대한 기여측면에서 본다면 시민운동과 사회복지가 연계하듯이 여성복지와 여성운동과의 연계가 반드시 필요하며, 그 실천 모델의 개발이 시급한 것이다.

내용 요약

1. 여성에 대한 의도적 개입이 필요한 이유는 빈곤의 여성화, 임시고용의 여성화, 가부장적 가치와 불평등적 결혼관계, 보호적 책임의 전담으로 나누어 설명할 수 있다.
2. 여성복지란 "모든 여성이 인간다운 삶을 누리기 위해 가부장제와 자본주의와 같은 여성을 억압하는 기제를 제거하고 양성평등을 실현하는 것을 목적으로 하여 사회 전체가 모든 여성을 대상으로 거시적 측면과 미시적 측면에서 수행하는 모든 이론·실천적 노력을 의미하는 것"이라 할 수 있다.
3. 여성복지의 접근은 정책적 접근, 서비스적 접근, 운동적 접근으로 나누어 설명할 수 있다.

CHECK 생각해 봅시다

1. 여성에 대한 의도적 개입이 필요한 이유에 대해 생각해 봅시다.
2. 여성복지의 개념을 정리하고 그 범주를 어떻게 잡을 것인가에 대해 생각해 봅시다.
3. 여성복지의 접근방법을 정리해 봅시다.
4. 여성주의 사회복지와 전통적 사회복지의 차이점에 대해 생각해 봅시다.
5. 사회복지학의 영역에서 여성이 오랫동안 관심의 대상이 되지 못한 이유에 대해 생각해 봅시다.

제 4 장

여성복지와 임파워먼트

주요 용어 | 무능력감, 세력화, 강점지향적 관점, 자기결정권

1. 임파워먼트의 이해

임파워먼트(empowerment)의 개념을 정의하기 위해서는 임파워먼트와 능력 그리고 무능력감(powerlessness)의 의미와 그 관계를 검토할 필요가 있다.

1) 임파워먼트의 개념

임파워먼트와 능력의 관계를 살펴보면, 임파워먼트는 어의적으로 '능력'에서 파생하였다. 능력의 개념정의는 시대와 관점에 따라 상이하고 개념도 차원을 달리한다. 첫째, 능력의 전통적 개념을 사전적 정의에서 찾는다면, 능력은 타인에 대한 통제나 영향력 소유, 법·사무적인 권리 또는 물리적인 힘이다. 둘째, 임파

워먼트 관련 사회사업 실천 문헌에서 발견할 수 있는 능력의 개념이다. 여기에서 능력은 세 가지로 정의된다. 즉, 필요로 하는 것을 얻는 능력, 다른 사람들의 생각, 느낌, 행동, 신념에 영향을 미치는 능력 그리고 가족, 조직, 지역사회와 같은 사회체계의 자원배분에 영향을 미치는 능력이다.

또한 능력과 무능력의 관계는 생태체계적 관점에서 잘 설명되고 있다(신영화, 1999). 핀더휴즈(E. Pinderhughes)의 '개인과 사회환경 간의 적응적 적합성(goodness of fit)'이 이를 잘 설명하고 있다. 즉, 무능력감은 필요한 자원을 제공하는 거시체계 과정의 실패로 인하여 적합성이 불충분할 때 발생한다는 것이다. 키퍼(Kieffer, 1984)에 의하면, 무능력감은 개인과 환경 간의 지속적인 상호작용의 구성체이며, 그것은 자기비난, 일반화된 불신감, 사회적 영향을 미칠 수 있는 자원으로부터의 소외감, 경제적으로 취약한 경험, 사회·정치적 투쟁에서 무능력감과 결합한다.

이렇게 임파워먼트는 '결핍된 상태' 혹은 '무기력한 상태'를 전제하고 있다. 그리고 이러한 상태는 개인적인 문제가 아닌 사회·구조적인 문제인 것이다. 박탈된 집단은 개인적인 결함 때문에 무기력한 것이 아니라 무기력한 집단에 속해있기 때문에 능력을 상실한 것이다. 임파워먼트 이론은 기본적으로 거시적 갈등이론에 기초하고 있지만 가지지 못한 자들의 집단이나 무기력한 집단 자체에 초점을 맞추는가 아니면 그 집단에 속한 구성원 개개인에 초점을 맞추는가에 따라 개념정의의 수준을 달리할 수 있다.

구티에레즈(Gutierrez, 1990)는 임파워먼트에 대한 접근을 세 가지 수준으로 나누고 있다. 거시적 수준에서 임파워먼트는 집단적인 정치적 파워를 증대시키는 과정이며, 미시적 수준에서는 구조적 질서의 실제적 변화 없이 증대된 힘과 통제력에 대한 개인적 느낌을 개발하는 것이고, 다른 하나는 이 두 가지 접근의 간격을 좁히려는 시도이다. 즉, 어떻게 개인의 능력고취가 집단적 능력고취에 기여하는가 혹은 집단파워의 증대가 어떻게 개인 성원들의 기능을 고양시키는가하는 문제를 규명하려는 것이다.

거시적 수준에서 임파워먼트 이론은 사회는 서로 다른 수준의 자원에 대한 파워나 통제력을 소유하고 있는 분리된 집단들로 구성되어 있다고 가정하는 갈등 모델에 근거하고 있다(Gutierrez, 1990). 그리고 임파워먼트는 사람들이 그들의 삶에 영향을 미치는 요인들에 대한 통제를 추구한다는 측면에서 정치적 투쟁으로 파악된다. 임파워먼트는 정신적, 육체적, 문화적, 성적, 법적, 정치적, 경제적 그리고 기술적 압박에 대한 공격으로 설명되며 사회문제는 개인적 결함보다는 성원들의 욕구에 대응하는 사회적 실패에서 비롯된다고 보는 것이다.

한편 개인적 관점에서의 임파워먼트는 삶의 한 측면을 통제할 수 있다고 느끼는 것이다. 이는 삶에 영향을 미치는 제도를 변화시킬 능력을 가지고 있다거나 통제할 힘이 자신에게 있다고 느끼는 것이다. 토레(Torre, 1985)는 문헌검토를 통하여 다양하게 사용되고 있는 임파워먼트의 개념을 세 가지 수준으로 분류하였다. 첫째, 개인의 성장과 사회적 변화를 이끄는 발전적 과정을 의미하며, 둘째, 자존감과 자기통제력, 자기능력에 대한 확신이 높은 상태를 말하며, 셋째, 교육과 정치사회화 등의 사회운동으로 얻어진 자유를 뜻한다. 토레의 첫 번째 분류는 구티에레즈의 거시적 접근과 미시적 접근 간의 간격을 좁히려는 통합적 접근의 의미와 일맥상통한다. 즉, 개인적 차원의 성장이나 변화를 지향하는 사회행동에의 참여와 연결시킴으로써 수준들 간의 통합을 시도한다.

앞에서의 논의를 정리해 보면 임파워먼트는 클라이언트가 필요한 자원을 얻거나 통제하도록 원조하는 것을 강조하며, 의사결정에서 클라이언트를 참여시키는 것과 자립적으로 기능하는 데 필요한 지식과 기술들을 획득하도록 원조할 것을 주장한다.

2) 임파워먼트의 개념적 틀

앞에서 살펴본 것과 같이 구티에레즈는 사회사업 실천을 통하여 클라이언트 자신들이 스스로 비판적 의식을 키워나가는 것이 임파워먼트라고 설명하고 있다. 즉, 클라이언트는 자신들의 문제에 대해 자신의 탓 혹은 자신의 무능이 문제의 원인이라고 생각하는 것을 줄여나가는 것이며, 변화를 실현하기 위해서는 변화의 책임이 개인에게 있음을 인식하는 것이라고 설명하고 있다. 그리고 자신의 문제뿐 아니라 사회문제에 대해서도 비판적인 자기효용성을 강화하는 일 등을 세력화의 목표로 세워 놓는다.

이러한 세력화의 목표를 수행하기 위해서는 집단의 활용이 중요하다. 특히 클라이언트는 자신과 비슷한 상황에 있는 사람과 함께 할 때 더 많은 지지를 받고 교육이 효과적으로 이루어지므로, 능력고취를 목적으로 하는 의식향상집단은 성, 인종, 민족성, 성적 취향이 같은 성원이 도움이 되는 것으로 밝혀졌다(Gutierrez et al., 1995).

한편 학대받는 여성 및 소수집단을 대상으로 일하는 실천가들은 능력고취에 효과적인 실천요소로서 비판적 의식의 개발에 초점을 두는 교육과 클라이언트의 참여, 강점에 초점두기를 강조한다. 파슨스(Parsons)는 세 가지 차원에서 임파워먼트를 규정하고 있다. 첫째, 클라이언트 개인의 성장과 이들 개인의 성장으로 인해 사회변화를 가져올 수 있는 개인적인 능력의 개발과정, 둘째, 클라이언트 개인의 자긍심, 자기효용과 원만한 조정과 같은 성숙한 감정을 결정짓는 심리적인 차원의 문제, 셋째, 구조적으로 남아있는 억압을 변화하기 위해 시도되는 집합적인 행동 등 임파워먼트의 대상과 개입방법들에 대해 각기 다른 차원으로 설명하고 있다.

| 표 4.1 | 세력화의 내용, 과정 및 목표

구분	환 경	요보호대상 클라이언트	중재구조	집합행동
내용	사회제도 (사회정책, 프로그램, 사회경제적 구조)	개인, 가족, 소집단 등이 포함	하위문화로서의 소규모집단, 대규모집단, 세력화가 이루어진 집단 등 혹은 사회기관까지 포함	사회·정치적인 행동, 정치적인 세력화
과정	정치활동, 집합적 행동에 대한 반응	각각에게 직접 혹은 간접적으로 지지 지지를 통해 현실화하거나 함께 활동하는 사람들을 돕기 위해 지지하고 중재하는 것	구조를 강화하기 위해 각 체제 간 협조하고 중재를 수행	억압적·비정의적 구조를 변화시킴. 세력화에 대해 직접적으로 장애가 되는 요인을 없앰으로써 사람이 지원, 기회 또 다른 선택에 접근할 수 있도록 허용하는 것
목표	사회경제적 정의에서 제도적인 힘과 사회적 공해를 줄이는 일 세력화체계를 만들어 나가는 사회경제적인 구조와 제도를 변화시키는 일	클라이언트들의 현실을 재구성·재창출·재명명하는 것 즉, 세력화	클라이언트들의 현실적인 잠재력을 돕기 위한 강화중재구조와 정당치 못한 사회·경제구조에 대한 도전	모든 사람이 정치적인 세력화를 통한 환경과의 관계를 최대한 조절할 수 있도록 함.

자료 : 김인숙 외(2001), 재인용

이러한 내용을 중심으로 리(Lee, 1994)는 임파워먼트의 개념적인 틀을 제시하고 있다. 즉, 임파워먼트의 체계는 사회 환경, 클라이언트인 개인 혹은 집단 그리고 집합적 행동 및 이들을 연결하는 중재구조로 이루어져 있다. 이들 각 체계 간의 연결은 사회복지사에 의해 이루어지며, 사회복지사는 각 체계들을 중재하고 조정하는 역할을 수행하고, 임파워먼트 체계를 연결시키고 통합을 추진하는 역할을 한다. 이들 사회복지사의 역할은 전문적인 목적과 가치에 기초하고 있으며, 이론 중심의 지식과 실천의 원리, 역할, 과정, 기술 등을 포함하는 다양한 사회복지적인 요인들로 이루어진다.

2. 여성과 임파워먼트

임파워먼트는 강점을 강조하며 문제에 부딪혀 있는 클라이언트도 잠재능력과 자원을 가지고 있다고 본다. 잠재된 자원인 본인의 강점을 활용해 문제를 해결하고 삶에 대한 결정을 내릴 수 있도록 힘을 실어주는 것이다. 임파워먼트는 과정이며 동시에 결과로, 이들이 힘을 키워나가는 과정이며 그 결과로서 힘을 가지게 된다.

앞 절에서 살펴본 임파워먼트의 개념은 전반적인 사회복지 실천의 기법으로 도입되는 추세이며, 그 실천대상도 경제·사회적으로 취약한 소외계층인 여성 및 장애인, 노인, 만성 정신장애인들뿐 아니라 사회복지 실천의 전 대상으로 확대 적용되고 있다.

여성은 사회복지에서 중요한 클라이언트로 간주되어 왔고, 여성에 대한 임파워먼트 실천이 불평등과 피억압적인 상황에 처한 여성문제에 관여하게 되는 경우가 대부분이므로 앞으로도 지속적으로 사회복지 실천의 주 주제가 될 것이다.

이러한 접근은 1960년대와 1970년대 여성운동의 발전과 맥을 같이하고 있으며, 사회복지 실천에서도 여성주의적 접근에 의한 사회복지의 형태로 발전해 왔다. 1980년대 중반 이후에는 여성을 동일한 집단으로 보기보다는 인종·계층을 달리하는 다양한 여성집단들의 경험에까지 관심이 확대되었다. 여성주의자들이 남성경험의 관점에서 일반화된 학문에 비판을 가한 것과 마찬가지로 백인여성들의 경험을 모든 여성에게 확대해석하는 것에 대해 이의를 제기하게 된 것이다. 즉, 젠더뿐만 아니라 역사적 차별·억압과 연관된 인종, 민족, 계급, 성적 지향, 연령, 능력, 기타 요소의 영향도 검증되어야 한다는 것이다.

대부분의 여성들은 권력과 힘의 부재를 경험한다. 여성들이 경험하는 힘과 권력의 부재는 여성들의 개인적 요인뿐만 아니라 사회적이고 정치적 과정을 통해서 형성된다. 오늘날의 현대인들은 경제적 불안정, 정치적 영역에서의 경험 부족, 정보에 대한 접근성의 부족, 경제적 지지 결여, 추상적이고 비판적인 사고에 대한 훈련 부족, 신체적이고 정서적인 스트레스 등으로 스스로 무력해지며 힘과 권한의 부재를 경험하게 된다.

이러한 현대 사회에서의 여성문제는 개인적인 차원에서의 심리적 문제뿐만 아니라 사회적 차원에서 자원분배의 불평등과 정치적 과정에서의 소외라는 양면성을 지닌다. 여성을 위한 임파워먼트에서는 제도적인 성차별과 규범이 어떻게 여성 개인의 선택과 자아발전을 제한하고 억압하는지 분석을 통해 인식하도록 돕는다. 이러한 구체적인 과정으로는 여성으로서의 자아에 대한 의식의 발전, 자기비하의 감소와 변화에 대한 열망, 변화에 대한 개인적 책임인식과 수용, 집단의식과 비판의식의 발달과정을 거친다. 이러한 실천의 결과로 여성들은 자기효능감이 증가되며 자기비난이 감소되고 자존감이 향상되어 집단의식이 개발되는 결과를 가져온다.

일상생활 속에서 소외와 피억압적인 상황에 속해 있는 사람들은(예를 들어 쉼터를 찾은 매 맞는 여성, 유색인종, 빈곤한 여성세대주 등) 그렇지 않은 집단의 사람들과는 다른 경험을 하게 된다. 대부분의 피억압자들은 침묵하게 되고 복종하는 모습을 나타내거나 자신의 생각과 사고를 정리하거나 표현하는 능력이 부족하며, 가족이나 이웃들과의 상호 협조망이 부족하며 개별적이거나 집단적인 행동이 줄어들게 되고, 이외에도 다른 대처능력의 결여를 가져오게 된다. 즉, 개인과 환경의 상호 작용 속에서 통제력을 상실하게 되고, 통제력의 상실은 곧 심리·사회적인 적응을 방해하며 오랫동안 방치되는 경우에는 심각한 무능력(powerless)을 초래하게 된다.

무력화(powerlessness), 즉 개인의 능력약화를 초래하는 원인은 몇 가지 요소로 이루어져 있다. 경제적 불안정, 정치적 분야의 경험부족, 정보에 대한 접근성의 부족 혹은 결여, 비판적이거나 반대의 입장에서 생각할 수 있도록 하는 교육의 부재와 훈련부족, 심리·정서·신체적인 스트레스에 대한 대처능력 결여, 타인과의 상호 교류를 가능하게 만드는 협동심의 결여 등을 포함하고 있다(Cox, 1989).

무력화된 개인은 사회가 만들어 낸 피해자임에도 불구하고, 무력화의 원인을 자신의 탓으로 돌리며 자신들의 가치를 부정적으로 낙인하고 칭함(labeling)으로써 자신들을 더욱 피해자로 몰아간다. 학대관계에서 떠나지 못하고 머물러 있는 아내 학대피해자에게 공동의존자(co-dependency)라는 부정적인 명칭을 붙이거나, 피해여성이 남성과의 관계에서 남성의 억압에 눌려 살고 있음에도 이러한 억압을 자신의 탓으로 돌리는 것이 그 예이다.

이러한 무력감을 극복하기 위해 사회복지사는 임상적인 측면에서 무력한 클라이언트를 조기에 발견하고, 무기력의 사정과 함께 클라이언트를 효과적으로 도울 수 있는 방안을 모색하게 된다.

여성에 대한 임파워먼트 접근의 예로 '학대받는 여성에 대한 개입'을 들 수 있다. 피학대여성의 경우 학대경험이 없는 여성에 비해 우울과 불안, 무기력, 낮은 자아존중감이 빈번히 나타난다. 이러한 우울과 자아존중감은 폭력의 빈도, 심각성, 피해의 정도에 따라 높은 상관관계를 가지며, 부정적인 감정이 형성된 후의 변화는 쉽게 극복되지 않는 것으로 조사되고 있다. 또한 두려움, 죄의식, 수치심, 자기불신, 자신의 능력에 대한 자신감 상실, 자신과 환경에 대한 통제감의 상실로 인해 무기력해진다. 이러한 무기력 때문에 피학대여성들은 자신을 통제하는 능력이 부족해질 뿐만 아니라 타인에 의해 통제를 받게 되는 경우에 대한 대처능력 또한 현저히 떨어지는 것으로 나타난다.

무력화된 여성에 대한 구체적인 위기개입과 안전에 대한 전략을 세워줌으로써 그 동안 여성들이 겪었던 무능력에서 자신의 상황을 통제할 수 있다는 자기효용을 높여줄 수 있으며, 자신이 처한 상황의 심각성과 위험성에 대해서 보다 현실적이고 적극적으로 대처할 수 있는 가능성을 인식시키는 효과가 있는 것이다(박미은, 1996).

3. 임파워먼트 실천

1) 사회복지적 임파워먼트의 특징

일반적으로 사회복지 실천에서 강조되며 특히 무능력을 경험하고 다소 비자발적인 클라이언트를 대상으로 하는 임파워먼트 실천에서 특히 강조되는 내용이다.

(1) 클라이언트 강점의 사정과 활용

무엇보다 클라이언트가 처해 있는 상황에서 무능력의 정도와 이를 극복하는 데 필요한 힘에 대한 정확한 사정이 중요하다. 즉, 무능력의 근원이 무엇이며 이로 인해 심리·사회적 기능 수행상 어떤 부정적인 영향을 미쳤는지를 알아본다. 상실된 힘을 회복하는 과정에서는 클라이언트의 장점과 잠재력을 적극 활용하여 자기비난과 자신에 대한 부정적인 평가에서 벗어나도록 돕고, 문제해결과정에서는 클라이언트의 내면의 동기나 정서적인 힘, 잠재력을 활용할 뿐만 아니라 클라이언트에게 기회나 자원을 제공하는 가족, 친척, 이웃, 관련 기관 등의 공식적이거나 비공식적인 자원을 동원한다. 사정 과정에서는 클라이언트를 병리적으로 보지 않고 상황적인 억눌림과 고통으로 인해 무기력을 경험하고 있다 할지라도 그들은 여전히 능력과 가능성, 가치, 희망을 갖고 있는 존재로서 간주한다. 사회복지사는 지속적으로 강점지향적인 관점(strength perspective)을 유지하려는 확고한 신념과 이를 클라이언트에게 모델링하는 자세가 요구된다.

(2) 자기결정권의 존중과 개별화

임파워먼트 실천에서는 클라이언트와 사회복지사의 관계에서 힘의 균형을 줄이고, 클라이언트의 자발적이고 주도적인 문제정의를 수용함으로써 자신의 상황을 이해할 수 있으며 나아가 해결책에 대한 결정권을 소유하고 있음을 인정해야 한다.

클라이언트는 원조과정에 참여하기 시작하는 시점에서부터 새로운 문제해결 방법을 찾고 독립적으로 자신의 삶을 통제해 가는 전 과정에서 주도권을 갖고 있으며 이는 곧 클라이언트 각자의 독특성과 책임성을 인정하는 것이다. 결국 클라이언트가 통제력을 획득한다는 것은 그 자신과 환경에 대한 선택의 능력, 즉 결정의 능력을 회복하고 행사하는 것이므로 선택의 내용과 방법이 그의 판단에 의해 개별화되는 것은 당연하다. 따라서 사회복지사는 클라이언트 자체를 변화시키기보다는 스스로 통제력을 회복하여 변화하도록 도와야 하는 것이다.

(3) 상호 협력적인 원조관계

임파워먼트 실천에서 클라이언트와 사회복지사와의 관계는 상호 협력, 신뢰, 동의, 힘의 균형을 기반으로 이루어진다. 사회복지사는 클라이언트가 결정하는 어떠한 사항에 대해서도 존중하며, 결정과정에 어떠한 강요나 일방적인 선택이 개입되어서는 안 된다. 때문에 개입은 응급상황을 제외하고는 클라이언트의 참여속도에 맞추어 진행되어야 한다.

상호 협력적인 실천은 사정에 기초한 개입을 선호하며, 문제발생의 요인을 병리나 일탈, 심리적 결함보다는 클라이언트의 통제력을 방해하는 상황의 역동성과 통제력 상실로 인한 부정적인 결과에 중점을 둔다(Cowger, 1994). 이때 사회복지사는 가능케 하는 자(enabler), 조직가(organizer), 자문가(consultant), 사례관리자(case manager)로서 개입한다.

임파워먼트 지향 실천의 목적이 무력한 집단이 의존을 극복하고 환경과의 교류에서 힘을 갖도록 돕는 데 있다. 개인이 절망에서 행동으로 움직여 가는 과정에서 나타나는 중요한 변화산물은 자기효능의 증가, 자기비난의 감소 및 자존감의 향상, 집단의식 및 비판의식 개발, 변화에 대한 개인적 책임이라 규정할 수 있다.

2) 임파워먼트 실천과정

임파워먼트 실천과정은 크게 대화, 발견, 개발의 세 단계로 나누어진다. 대화단계의 주요 활동은 공유로 클라이언트와의 협동적인 관계에서 도전과 지원, 능력을 파악한다. 발견단계는 탐색작업으로 정보수집, 능력과 자원 확인을 포함한다. 개발은 강화단계로 자원과 기회획득과 역량강화, 성공의 인식을 포함한다.

이러한 실천과정의 틀은 관계형성을 파트너십으로, 문제는 도전인식과 강점파악으로, 사정은 자원탐색으로, 목표설정은 해결방안 구상으로, 평가는 성공의 인식으로, 종결은 성공의 통합으로 바뀌게 된다(황성철, 2002). 토레(Torre)는 임파워먼트를 위한 개입과정으로 강점사정, 교육, 집합성을 들고 있다. 토레의 강점사정은 대화단계의 공유에 해당하며 도전을 밝히고 자원과 능력을 식별하는 단계로 강점사정이 중요한 부분이다. 교육은 발견단계의 탐색으로 정보를 수집하며 파악되지 않은 능력과 자원을 확보하는 과정이다. 집합성은 개발단계의 역량강화에 해당한다(Parsons, 1991).

대화단계의 공유하기에서는 강점사정이 중점을 이룬다. 강점사정은 클라이언트가 갖는 자신감, 강점, 극복기술들을 포함한다. 클라이언트에 대한 사정에서 본인이 가지는 자원과 강점을 개인·가족·사회적 차원에서 면밀히 분석한다. 여기에서 중요한 점은 본인 스스로가 상황을 보고, 느끼며 의미를 부여하는 것이 사정의 초점이 된다는 것이다. 이와 같은 강점과 자원에는 개인의 신체적이고 인지적인 능력뿐만 아니라 기술이나 지식, 경험, 인간관계망으로 중요한 타자, 자원봉사단체, 지역사회집단, 공적자원 등을 포함한다. 강점사정에서는 클라이언트가 도전을 극복해 나가고 자립할 수 있다는 능력을 믿어주고 용기를 북돋워 주는 것이 중요하다. 이러한 과정을 통해 클라이언트 스스로가 문제를 해결해 나가도록 돕는 것이다.

발전단계의 탐색에는 클라이언트들의 잠재된 자원과 역량을 찾아내는 과정으로 교육과 정보제공이 중요한 부분을 차지한다. 따라서 당면한 문제를 비판적 시각에서 바라보고 이해할 수 있도록 도우며 힘을 얻기 위해서 요구되는 지식과 기술 및 정보를 습득할 수 있도록 돕는다.

개발단계의 강화에는 다양한 활동이 포함될 수 있으며, 아직까지 활용되지 못한 부가적 자원과 역량을 확립하는 단계이다. 클라이언트들이 개인적으로 힘과 능력을 갖추는 것 못지않게 자신들이 직면한 도전극복과 사회참여를 위해서 집단적 힘을 키우고 사회운동에 참여하는 것이 중요하다. 이러한 집합성은 자조집단을 형성함으로써 스스로를 돕는 일에서부터 네트워크 구성을 통한 집단행동에 이르기까지 다양한 형태를 가지며, 정치적 과정에의 참여도 포함한다.

실천과정에서 사회복지사는 비위계적으로 클라이언트와 관계하며 동료 내지 협력자로서의 역할을 하고 상호적인 자기노출을 한다. 개별 클라이언트의 강점과 자원을 파악하고 이러한 자원을 통해 클라이언트들이 힘을 얻을 수 있도록 돕는다. 또한 사회복지사는 클라이언트 집단을 위한 정책과 서비스를 요구하기 위한 네트워킹 과정과 정보를 제공하며, 정치적 과정과 사회적 활동에 참여할 수 있는 여건을 마련해 나갈 수 있게 돕는다.

| 표 4.2 | 임파워먼트 모델의 개입과정

단 계	활 동	전 략	과업들
대 화 (dialogue)	공유하기 (sharing)	클라이언트가 기존에 가지고 있는 것으로 알고 있는 역량 및 자원 구체화하기	1. 상호 협력적인 관계 확립하기 2. 기존 지식 명확히 하기 – 클라이언트의 인지(도전과 강점) – 사회복지사의 인지 (클라이언트 체계에서의 역할) 3. 아는 것 다루기 4. 초기 방향 정하기 5. 관계를 위한 계약하기 및 사정에 동의하기
발 견 (discovery)	탐색하기 (searching)	클라이언트가 그들이 가지고 있다는 것을 모르는 자원 탐색하기	1. 가지고 있으나 쉽게 드러나지 않는 것 확인하기 2. 부가적인 정보와 사실에 대한 경험과 사고 연결하기 3. 강점을 사정, 확인, 표현하기 4. 대인 상호적인 정보 연결하기 5. 자원체계 탐색하기 6. 그 밖에 클라이언트 체계의 욕구 결정하기(목표설정) 7. 해결로 이끌어 주는 계획 개발하기 8. 변화를 위한 계약하기
개 발 (develop–ment)	강화하기 (strengthen–ing)	클라이언트 체계가 아직 활용하지 않은 부가적인 자원이나 역량사정 확립하기	1. 클라이언트 욕구 구체화하기 2. 클라이언트가 사용하지 않으나 존재하는 자원 사정하기(개인적/대인상호관계적/조직적/지역사회·사회적) 3. 새로운 자원과 기회 만들기 4. 결론을 위한 계약으로 이끌어가기

자료 : 황성철(2002), 재인용

내용 요약

1. 여성을 위한 임파워먼트에서는 제도적인 성차별과 규범이 어떻게 여성 개인의 선택과 자아발전을 제한하고 억압하는지 분석을 통해 인식하도록 돕는다. 이러한 구체적인 과정으로는 여성으로서의 자아에 대한 의식의 발전, 자기비하의 감소와 변화에 대한 열망, 변화에 대한 개인적 책임인식과 수용, 집단의식과 비판의식의 발달과정을 거친다.
2. 무력화된 여성에 대한 구체적인 위기개입과 안전에 대한 전략을 세워줌으로써 그동안 여성들이 겪었던 무능력에서 자신의 상황을 통제할 수 있다는 자기효용을 높여줄 수 있으며, 자신이 처한 상황의 심각성과 위험성에 대해서 보다 현실적이고 적극적으로 대처할 수 있는 가능성을 인식시키는 효과가 있는 것이다.
3. 사회복지적 임파워먼트의 특징은 클라이언트 강점의 사정과 활용, 자기결정권의 존중과 개별화, 상호 협력적인 원조관계로 정리해 볼 수 있다.

CHECK 생각해 봅시다

1. 임파워먼트의 개념을 여성과 연관시켜 정리해 봅시다.
2. 무력화된 개인이 무력감을 극복할 수 있게 하기 위해서는 어떤 도움이 필요한가에 대해 생각해 봅시다.
3. 여성에 대한 임파워먼트 접근의 예를 찾아보고, 이에 대한 개입의 과정을 정리해 봅시다.

제 5 장

여성복지와 의식향상(CR)

주요 용어 | 의식향상, CR 집단, 자아존중감

1. 의식향상집단의 생성

1) CR 집단과 여성운동

CR(Consciousness-Raising) 집단의 내용을 올바르게 이해하기 위해서는 여성운동과의 관련성을 살펴보아야 한다. 20세기 중반 이후의 여성운동가들은 여성만의 특유한 문제를 해결하기 위하여 여성전용의 CR 집단을 추천하였다. 이들은 상담자의 다수가 남성인 반면 도움을 필요로 하는 내담자의 대부분은 여성이었기 때문에 여성으로 하여금 상담을 통하여 기존의 성역할 고정관념에 적응하게 함으로써 전통적인 상담은 여성들에게 해가 되어 왔다고 주장한다(Brodsky, 1977). 즉, 전통적인 상담기법은 여성의 여성됨을 무시함으로써 여성의 성장에 방해가 되었다고 주장하면서 인간적인 차원에서 여성의 심리 등에 대한 깊은 지식과 여성에 대한 정확한 정보를 근거로 여성을 위한 새로운 상담기법이 활용되어 등장하기 시작한 것이다. CR 집단이 여성학적 시각에 핵심이 되는 데는 몇 가지 이유가 있다.

첫째, CR 집단은 여성들로 하여금 그들만의 경험에 가까이 접근하여 스스로 그 경험을 이해하는 수단이 된다. 이전의 남성 중심적이며 남성의 시각에서 여성을 규정했던 논리와는 달리 CR 집단에서는 개인의 느낌과 경험을 이야기함으로써 여성들은 자신을 알고 여성의 시각에서 여성을 이해하게 된 것이다.

둘째, CR 집단은 서로 이야기를 나누는 것에서 끝나는 것이 아니라 이론적 분석까지 한다. 이러한 작업을 통해 여성들은 지금까지 자신만의 문제로 알아왔던 것이 사실은 외적 원인에 기인하며, 그렇기 때문에 본인뿐 아니라 다른 사람에게도 공통적일 수 있다는 것을 알게 된다. 즉, 자신이 가진 문제의 원인이 사회구조에 기인함을 발견하게 되는 것이다. 브로드스키(Brodsky, 1977)는 개인의 내적인 심리적 역동관계가 아닌 본인의 환경이 그가 가진 문제에서 중요한 역할을 한다는 가정에서 CR 집단이 출발한다는 점을 강조하였다.

셋째, CR 집단은 여성들이 활약할 정치적 활동을 위한 힘의 근원이 된다. CR 집단을 통해서 가정 혹은 사회 내에서 부당 대우를 받는 여성들의 문제에 참여한 여성이라면 이러한 문제를 겪고 있는 여성을 위한 일에 적극적으로 나설 수 있다. 왜냐하면 이들은 의식향상뿐 아니라 다른 사람도 도울 수 있는 개인적 내지 집단적 힘을 개발할 수 있다는 것을 알고 있기 때문이다.

즉, 의식향상훈련은 여성을 위한 의식화로 여성들이 직면한 삶의 조건과 문제들이 여성 개인의 문제이기보다는 여성들이 처해 있는 사회제도적이고 구조적인 모순에서 나온 문제라는 것을 인식하도록 돕는 것이다.

1970년대의 새로운 여권운동은 기존의 상담이론과 기법, 그 평가도구 등에 의문을 제기했을 뿐 아니라 여성의 생활양식이나 작업환경, 양성 간의 관계 등 여성의 삶의 여러 부분에 걸쳐 많은 영향을 주었다. 특히 상담자 혹은 내담자로서의 여성에 대한 변화가 있었고 따라서 여성내담자들은 강간, 임신, 가정폭력과 같은 여성 특유의 문제와 관련된 상담을 위하여 남성보다는 여성상담자들을 더 원하게 되었다. 이때 여성들 간에 성행했던 것이 소규모 토의집단(rap group) 혹은 자조집단(self-help group)이었다. 이들은 여성들끼리 만나 대화하며 특유의 경험을 나눌 필요가 있다고 생각하였고 그런 과정을 통하여 서로 도움을 주고받을 수 있다고 믿었다.

다시 말하면 여성들만의 집단을 통하여 집단적 억압을 발견할 뿐 아니라 여성문제가 전적으로 개인적이라는 통념을 깨고 사회에 만연되어 있는 여성의 억압에 관한 진상을 여성 스스로 발견하는 것이 가능하다. 또한 집단 경험에는 개인상담에서 심어주는 자기비난도 없으며 권위적인 인물에 의존하지 않고도 자신의 삶을 스스로 책임지는 것도 배우게 되는 것이다.

이 중 가장 두드러진 것이 CR 집단이다. 카샥(Kashak)은 모든 여성에게 영향을 주는 억압의 사회적 형태를 여성학적 시각으로 분석하는 것이 여성 중심적 상담의 특수한 기법이라면 이러한 분석의 가장 대표적인 예가 CR이라고 지적하고 있다(정소영, 1995). 여성 중심적 상담에서는 여성의 삶을 여성학적 시각에서 분석하는 것이 필수적이기 때문이다. 특히 기존의 제도를 평가하고 개선해서 대안을 제공하기 위해서는 남녀차별적 사회에서 여성을 억압하는 본질을 올바르게 이해하는 것이 필요하며, CR 집단은 여성들의 의식을 향상시켜 그 본질을 이해하는 데 기여하였다.

2. 의식향상집단의 개념과 특성

1) CR 집단의 개념

여성의 성역할에서 야기된 여성의 문제를 해결하기 위해서는 전통적 상담에 대한 대안이 CR이다. CR은 개인적 변화, 문화의 변화를 위해 조직되며 주로 4~12명으로 구성된 소집단으로써, 적어도 주 1회 정도 약 2~5시간씩 모이며, 3개월~2년 이상 지속되는 경우도 있다. 이 집단의 주된 목적은 구성원으로 하여금 성별 고정관념화된 사회화에 의해 자신이 어떤 영향을 받았으며, 여성과 같은 소수집단에 대해 문화가 어떻게 강화해 주는지 깨닫게 해주는 것이다. 따라서 CR 집단이란 여성들의 심리적 고립감을 극복하고 여성들의 공통된 경험을 서로 나누며 성역할 행동에 동조하라는 사회의 압력을 찾아내어 보다 새롭고 충분히 인간적인 목표를 유도해 내는 기회를 제공해 주는, 여성들을 위한 교육적 토의 집단이며, 집단 재교육 내지는 재사회화의 기능도 한다. CR은 본질적으로 대면 집단의 기능도 보유하고 있다.

로바우(Rohrbaugh)는 여성들이 자신의 태도나 가치관, 혹은 인생의 중대결정을 할 때, 특별히 이 사회에서 여성의 역할이라는 보다 넓은 사회적 틀과 관련시켜 해결하려 할 때 CR이 효과적이라고 주장한다. 이외에도 CR은 재사회화의 기술로서 특히 여성의 갈등해소를 위한 상담에 대한 대안이 되어 여성의 인식을 개발시키는 데 효과적이며 여성의 재사회화와 개인적 변화를 위한 효과적 기제인 것이다(Brodsky, 1981).

2) CR 집단의 특징

CR 집단은 여성에게 중요한 개인적 변화를 가져다주며 개인적 변화의 기제로서 재사회화의 기능을 한다는 점에서 집단상담과 유사하나 그 고유의 특징은 아래와 같다.

(1) 이념적 특성

CR 집단에서는 개인이 가진 문제란 그가 속한 사회·문화적인 현상에 그 뿌리가 있음을 알게 해줌으로써 사회는 '변화'시킬 필요가 있는 것임을 강조한다. 이때 제도적 구조와 사회의 규범, 개인의 행동과 태도 등은 분석을 위한 하나의 틀을 제공할 뿐이다. 다른 정보가 보충적 자료로 제공되기는 하지만 회원들의 개인 경험이 문제를 이해하기 위한 핵심요인인 것이다.

(2) 동료 동등성

전통적인 상담에서는 철저히 계층적이어서 주로 남성인 상담자의 전문성에 전적으로 의존하며 상담과정도 상담자의 통제하에 있는 반면, CR 집단에서는 모든 자원, 힘과 책임을 회원들이 똑같이 나눈다. 또한 개인의 변화를 위해 그가 가진 잠재력을 충분히 개발하려 하기 때문에 불평등과 파괴적인 경쟁을 지양하고 개인의 지식과 기술을 동등하게 추출하려는 의도에서 지도자가 따로 없다.

여성들끼리 자매애(sisterhood)를 귀하게 생각하고 개인경험의 중요성을 인정한다. 그러므로 집단의 구조는 극히 자율적이며 회원들은 서로 지지하고 도우며 비판하지 않는다. 지도자 없는 경험을 통해 오히려 여성의 지도력 양성이 가능하다고 보기도 한다(정소영, 1995).

(3) 과정의 특이성

집단상담이 변화의 과정에서 집단 내의 인간관계를 강조하고 개인적인 요인을 탐색하는 것을 바탕으로 행동이나 태도의 수정을 목적으로 하는 반면, CR 집단은 수정보다는 개인적인 성장의 과정을 중요하게 본다. 여성이 보다 큰 사회집단의 한 부분으로 자신을 이해하는 힘이 증가함으로써, 또 자신의 문제를 보편적인 사회적 여건 내에서 볼 수 있게 됨으로써 변화가 일어난다. CR 집단의 경험을 통하여 사회변화를 위해 전과 다른 행동을 한다고 해도 CR 집단의 목표는 행동 그 자체가 아니라 증가된 인식의 변화인 것이다(Brodsky, 1977).

(4) 장소의 유연성

집단상담이 개인이 가진 문제를 그의 내적 역동관계에서 설명하려 하나 여성학적 시각에서 볼 때, 이는 개인의 문제를 설명하기 위한 적응기제의 역할을 해왔기 때문에 남성 위주의 문화가 주입시키고 싶었던 가치관과 행동을 그대로 배어들게 하는 데 불과하다. 그러나 CR 훈련은 긍정적인 인간의 특성을 포괄하기 위해 고정관념에 의한 성역할보다는 빠르게 변하는 사회에 적절하게 대처할 수 있는 유연한 특성이 더 중요함을 알게 한다. 따라서 CR 집단을 옹호하는 사람들은 여성문제를 해결하기 위하여 개인과 사회를 둘 다 고려해야 한다고 주장하면서 많은 여성들에게 재사회화와 개인적 변화를 위한 효과적 기제인 CR 훈련을 여성을 위한 집단상담의 좋은 대안으로 소개한다.

크레베츠(Kravetz)는 CR 훈련의 효과를 자아인식과 자아존중감의 증가, 전통적인 성역할과 남녀차별주의의 영향에 대한 인식과 동료 여성과의 공동성에 대한 인식 증가, 동료 여성과의 관계 및 연대감의 증가, 여성의 경험과 여성에 대한 억압을 사회·정치적으로 분석하는 능력의 개발, 대인관계 및 역할의 변화, 여성에게 가능한 기회와 선택을 변화시키기 위한 과업이나 지역사회활동에의 참여 등으로 요약된다.

3. 의식향상 훈련과정

의식향상훈련은 여성을 위한 의식화로 여성들이 직면한 삶의 조건과 문제들이 여성 개인의 문제이기보다는 여성들이 처해 있는 사회제도적이고 구조적인 모순에서 나온 문제라는 것을 인식하도록 돕는 것이다. 의식향상 훈련과정은 아래의 네 과정으로 구성되어 있다.

1) 개 방

지지적이고 온화한 분위기에서 여성으로서의 개인적 경험을 나누면서 친밀감과 신뢰감을 형성한다. 여성문제에 대한 인식과 사회적 행동으로서의 출발점은 개인적 경험인 여성으로서의 삶의 모순을 인식하고 벗어나기 위한 노력으로, 자신의 삶을 개방하는 것에서 출발한다. 개방(opening)은 여성 특유의 경험들과 부정적이고 수치스러운 경험에 대해서도 개방할 수 있는 용기를 가짐으로써 개인만의 문제가 아니라는 것을 알 수 있는 출발점이 될 수 있다. 이렇게 개인의 사적인 경험을 개방할 수 있기 위해서는 지지적인 분위기와 개방하는 것에 따르는 불안과 위험을 최소화할 수 있는 친밀감과 신뢰감의 형성이 이루어져야 한다. 최근 조직 내에서 발생하는 성희롱이나 성폭행문제를 혼자만의 경험으로 묻어버리지 않고, 믿고 신뢰할 수 있는 관계와 여건에서 자신의 경험을 안심하고 숨김없이 드러내고 나누는 것이 그 예이다.

2) 공 유

사회적이고 문화적인 상황에서 여성의 위치를 찾으며 주관적인 경험을 객관적으로 분석해 봄으로써 여성문제의 사회적 근원을 인식하게 됨에 따라 응집력이 강화된다. 여성들이 개인적인 경험을 드러내고 나누다 보면 혼자만의 문제가 아니라는 것을 인식하게 되며 그러한 문제가 여성들에게 보편적으로 일어나고 있다는 것을 알게 된다. 이러한 과정을 통해 개인문제가 사회문제로 인식의 전환이 이루어지며 문제를 해결하기 위해 모두가 힘을 합쳐야 한다는 것에 대한 공감대가 형성된다. 조직 내에서의 성희롱이나 성폭력의 개인적 경험을 나누다 보면 그 문제가 개인만의 문제가 아님을 인식하게 되고 이에 대한 대처 방안을 찾게 된다.

3) 분 석

여성의 성역할 분업을 재검토하며 사회에서 여성의 위치에 대한 분석(analysis)을 통해 개인적인 경험을 통합한다. 여성들이 당면한 문제들이 어디서 기인하는 것인지를 사회구조적으로 분석해 보며 그 원인을 파악해 보는 과정이다. 재취업 혹은 여러 가지 사회활동참가 등이 본인의 의지에 따라 확인되고, 이러한 구체적인 요구를 가지지 않은 구성원에게는 자신의 내면적인 욕구에 따라 새로운 시점에서 생활방법을 생각하도록 한다. 이 과정에서 집단구성원들은 개인적인 측면에서 바라보기보다는 사회에서 여성의 평가절하된 위치에 초점을 맞추어 이를 객관적인 입장에서 이해하고 분석하게 되는데, 이 단계에서 여성구성원 간의 개인적인 경험들이 통합된다.

4) 요 약

집단구성원들은 그들 내부에 잠재되어 있는 능력에 대해 새로운 통찰을 갖게 되며 여성의 잠재력을 완전히 실현하기 위해 집단 자체를 사회적 제도를 변화시키기 위한 수단으로 보게 된다. 여성들은 어떤 계기를 통해서 자신 속에 잠재되어 있는 힘과 능력을 발견하는 경우가 흔하다. 이러한 과정은 혼자서가 아니라 함께 집단으로 이루어지면 좀 더 쉽게 해결에 이르기도 하며 자신만을 위해서가 아니라 사명감을 가질 때 좀 더 큰 힘과 능력을 발휘할 수 있게 된다. 다시 말하면 집단 내의 상호 작용을 통하여 자신들의 문제가 끊임없이 검토된다. 지지와 공감, 반발 등에 자신은 어떠한 대응을 하고 있는가, 부정이나 비판에는 어떠한가, 상대편을 괴롭힌 마음, 분노, 실망 등을 어느 정도 받아들이고 있는가 등의 질문을 자신에게 그리고 상대편에게 묻는 상호 작용이 되풀이되면서 아무것도 할 수 없었던 여성들이 역량을 소유한 생활을 향하여 자기개혁을 주도해 나가게 된다.

이렇게 볼 때 의식향상은 "클라이언트가 수혜자가 아니라 자신의 당면과제를 알고 자신의 삶을 형성하는 사회·문화적 현실에 대한 인식과 이러한 현실을 기반으로 행동하는 것에 의해 현실을 변화시킬 수 있는 능력 등에 대한 인식을 깊게 하는 과정"이다(사회복지대백과사전, 1998).

의식향상집단을 위한 기본적 기술은 문제제기 대화로 다음과 같은 질문을 던진다. '나는 누구인가?', '누가 말하는가?', '이러한 정의로부터 누가 이익을 보는가?', '무엇이 변해야 하며 어떻게 변해야 하는가?'이다.

앞에서 살펴본 것처럼, 의식향상은 단순히 정보와 분석을 제공하는 것이 아니라, 실천가들이 타인들로 하여금 자신의 분석을 발전시킬 수 있는 조건을 창출하는 과정에서 가장 잘 성취된다. 한 집단 내에서 소속감 및 사회권력에 대한 잠재력을 경험하고 그러한 권력을 요구하는 데 필요한 유대감과 기술을 발전시키는 것이 가능하다.

내용 요약

1. CR 집단이 여성학적 시각에 핵심이 되는 이유는 다음과 같다. 첫째, CR 집단은 여성들로 하여금 그들만의 경험에 가까이 접근하여 스스로 그 경험을 이해하는 수단이 된다. 둘째, CR 집단은 서로 이야기를 나누는 것에서 끝나는 것이 아니라 이론적 분석까지 한다. 셋째, CR 집단은 여성들이 활약할 정치적 활동을 위한 힘의 근원이 된다.
2. 의식향상의 훈련과정은 개방(opening) → 공유(sharing) → 분석(analysis) → 요약(summary)의 순이다.

CHECK 생각해 봅시다

1. CR 집단이 집단상담과 다른 점을 생각해 봅시다.

2. CR 집단의 특성에 대해 생각해 봅시다.

Part III

제 III 부

여성복지정책

welfare for woman

제6장

여성정책과 여성복지정책

주요 용어 | 여성정책, 여성복지정책, 요보호여성, 여성복지수요

여성정책은 여성문제의 특수성으로 인해 다른 정책과는 달리 정치·경제에서부터 교육·문화에 이르기까지 모든 분야의 국가정책과 관련된다. 이에 여성정책은 여성문제를 둘러싼 사회 제 세력 간의 권력관계, 여성문제에 대한 사회적 인식과 합의수준에 따라 패러다임에서부터 실천에 이르기까지 달라질 수 있다. 또한 여성정책의 발전은 여성문제를 정책의 의제로 제기하는 것 자체가 여성운동이 성장하는 정치적 상황과 맞물려 있기 때문에 여성의 세력화나 여성운동의 발전과 일정한 함수관계를 갖는다. 따라서 여성의 세력화나 여성발전의 정도에 따라 여성정책은 국가와 행정체계의 주변에 머무르기도 하고 주류화를 모색하기도 하는 것이다.

여성정책은 특정한 시기에 특정한 사회적 맥락에서 여성과 국가가 상호 개입하는 '역사적 구성물(historical construct)'로 규정할 수 있다. 따라서 여성정책을 의미하는 용어나 개념, 범주 역시 국가나 시기에 따라 변화하는 것으로 볼 수 있다.

우리나라에서 여성정책의 개념과 범주가 변화하기 시작한 것은 여성운동이 여성정책에 본격적으로 개입하기 시작한 1980년대 중반부터이다. 해방 이후 1980년대 중반까지 여성정책은 부녀복지란 이름으로, 여성문제에 대한 인식 없이 요보호여성의 보호와 복지증진을 위해 선도사업의 일환으로 실시되었다. 부녀복지 다음으로 여성정책을 뜻하는 용어로 등장한 것은 여성복지이다. 여성복지는 1980년대 중반 이후 여성운동이 발전하고 'UN 여성차별철폐협약' 비준국이 되면서, 정책대상을 요보호여성에서 일반여성으로 확대해야 하는 시점에서부터 사용되기 시작하였다. 즉, 여성복지는 여성차별문제가 제기된 상황에서 전통적인 여성관을 수용하며 부녀복지를 고수하고자 하는 지배담론과 정책에 여성주의적 관점을 도입하려는 입장이 각축하는 상황에서 양측의 주장을 부분적으로 수용하여 채택된 용어이다(강남식, 2003). 즉, 여성정책은 정책에 젠더 관점을 결합함으로써 여성만을 대상으로 하는 것이 아니라 궁극적으로 남녀평등 실현을 목표로 하는 성평등정책으로 전환되었다.

앞의 논의에 기반해 여성정책은 '모든 여성이 인간다운 삶을 누리도록 가부장제, 자본주의와 같이 성차별을 유지·강화하는 기제를 제거하고, 양성평등을 실현하는 것을 목적으로 한, 정부나 민간의 모든 여성을 대상으로 한 법·제도 등 거시적이고 구조적인 차원과 함께 여성 개인의 능력고양을 위해 임상적이고 미시적인 차원에서 수행되는 이론·실천적 노력'으로 정의할 수 있다.

한편 여성복지를 위한 정책은 여성부를 중심으로 한 여성정책과 복지분야의 여성복지정책이 있다. 여기에서 "여성정책이란 여성의 자유롭고 평등한 사회참여를 가로막는 장애요인들을 파악하고 그것을 제거하려는 노력이며, 전면적인 여성억압이나 성차별문제를 해결하려는 의도적 개입의 총체(이혜경, 1990)"라는 포괄적인 정의와, "여성정책이란 정치, 경제, 사회, 문화 등 모든 분야에서 여성의 지위와 권익을 향상시켜 남녀가 평등한 사회를 이룩하려는 포괄적인 국가정책(변화순, 1992)"이란 정의는 '성평등 사회를 이룩하려는 국가정책'에 강조점을 두고 있는 것이다. 여성정책과 여성복지정책의 관계를 규정한 김인숙은 "여성정책이 여성 삶의 다양한 영역과 관련된 정부의 정책이라 한다면 여성복지는 여성의 삶의 영역 중 '사회복지'와 관련된 부분으로써 정부의 정책뿐만 아니라 민간 차원의 제반 노력까지 포함하는 실체(김인숙, 2001)"라고 설명하고 있다.

여성정책 기본계획의 목표를 살펴보면 남녀평등의 촉진, 여성의 사회참여 확대, 여성의 복지증진으로 되어있다. 이러한 여성정책의 목표는 '남녀평등의 촉진은 성평등을 이루기 위한 제반 노력'이며, 여성의 사회참여 확대는 가부장제 하에서의 여성의 배제를 극복하고 늘어나는 여성의 참여욕구를 실현하기 위한 측면으로 볼 수 있다.

여성복지정책을 요보호여성을 주 대상으로 하는 정책으로 개념을 규정하는 것은 여성복지정책에 대한 협의적 개념규정으로 볼 수 있다. 여성복지정책을 광의로 해석하면 그 대상과 범주는 훨씬 넓어진다. "여성복지정책 대상을 요보호여성, 근로여성, 일반여성으로 분류하고, 여성복지정책의 표적으로 여성을 1차 대상으로 하는 정책, 여성을 모성적 측면에서 보는 정책, 여성의 삶에 영향을 미치는 기타의 정책으로 구분하였다"면 이는 여성정책을 광의로 해석한 것으로 볼 수 있다. 즉, 여성복지정책을 광의로 해석하면 여성정책과 여성복지정책은 공통부분이 더 확대되며 협의로 해석하면 요보호여성들을 위한 지원에 초점을 둔 정책이라고 할 수 있다.

한편 여성복지의 증진은 요보호여성들의 욕구와 문제해결을 위한 복지적 개입을 의미한다. 요보호여성들을 대상으로 한 개입의 내용은 성매매, 가정폭력, 성폭력에 대한 개입과 저소득층의 자활사업과 비정규직 여성근로자들의 건강과 국민연금 가입을 위한 사업 등으로 되어 있다.

이렇게 여성정책에서도 요보호여성에 대한 정책이 이루어지고 있으며 요보호여성 중에서도 특히 '성'이나 '성차별'과 관련된 요보호여성들을 중심적으로 포함하고 있지만 여성 모두의 삶에 영향을 주는 성평등과 여성의 사회적 참여 등의 사업에 중점을 둔다는 것을 알 수 있다.

내용 요약

1. 여성정책은 '모든 여성이 인간다운 삶을 누리도록 가부장제, 자본주의와 같이 성차별을 유지·강화하는 기제를 제거하고, 양성평등을 실현하는 것을 목적으로 한, 정부나 민간의 모든 여성을 대상으로 한 법·제도 등 거시적이고 구조적인 차원과 함께 여성 개인의 능력고양을 위해 임상적이고 미시적인 차원에서 수행되는 이론적·실천적 노력'으로 정의할 수 있다.
2. 여성정책은 요보호여성에 대한 정책이 이루어지고 있으며 요보호여성 중에서도 특히 '성'이나 '성차별'과 관련된 요보호여성들을 중심적으로 포함하고 있지만 여성 모두의 삶에 영향을 주는 성평등과 여성의 사회적 참여 등의 사업에 중점을 둔다는 것을 알 수 있다.

CHECK 생각해 봅시다

1. 한국 사회의 여성정책의 특성을 시기별로 정리해 봅시다.

2. 여성복지증진의 의미에 대해 생각해 봅시다.

제7장

여성복지 관련 법

주요 용어 | 여성복지 관련 법, 여성발전기본법, 남녀고용평등법, 모성보호 관련 법

1. 여성복지 관련 법의 이해

1) 여성복지 관련 법의 개념

여성복지가 사회복지의 한 분야임을 고려할 때 사회복지와 사회복지법 체계에 대한 이해는 여성복지법에 대한 이해를 강화시킨다. 특히 사회복지는 사회가 그 구성원의 복지를 보장해 주는 것이고, 그 보장은 법적 근거에 의하는 것인 만큼 사회복지와 법과의 관계는 불가분의 관계인 것이다. 대부분의 국가에서는 '여성복지법'이라는 단일 형식의 법이 아닌 '여성복지 관련 법'으로 존재한다.

학문적 관점에서 이러한 여성복지 관련 법을 개념화하고, 이에 근거하여 여성복지 관련 법을 체계화한 연구는 흔치 않다. 여성복지법의 연구에서 '여성복지'와 '여성복지법'의 개념에 대한 합의가 매우 중요한데, 그것은 여성복지가 무엇

인가에 대한 개념이 정리되어야 여성복지법 전반에 관한 문제와 그 해결을 논할 수 있는 이론적 바탕을 제공할 수 있기 때문이다. 더 나아가 여성복지가 사회복지의 한 분야임을 고려할 때, 사회복지와 사회복지법에 대한 이해는 여성복지법에 대한 이해의 정도를 강화시킨다(이소희 외, 2001). 나아가 여성복지제도가 진정한 '법관계'로 존재할 때 비로소 국가와 국민 사이에 여성복지에 관한 권리·의무관계가 형성되며, 법과 여성복지는 '법을 통한 여성복지'라는 관계를 형성하게 되는 것이다(윤찬영, 1998).

김엘림은 여성복지법을 "사회복지 관계법 중에서 특히 여성의 복지와 지위에 관한 법의 총체"라고 정의하고 있고(김엘림, 1990), 현외성은 "여성복지법은 여성복지정책 혹은 여성정책의 실현과 관련된 제반 법률을 의미하며, 넓은 의미의 여성복지법이란 현대 사회에서 인간다운 생활을 유지하기 위해 필요한 물질·비물질적 사회서비스를 제공하는 공·사적 노력의 총화를 규정짓는 법규정"이라고 개념정의하고 있다. 이는 여성복지의 기본 목적이 '기본적인 생존권 보장과 삶의 질 향상'이며(현외성, 2001), 이러한 목적은 '사회적 책임으로 구현'됨을 잘 설명하고 있는 것이다.

2) 여성복지 관련 법의 체계

여성복지법은 사회복지법에 포함되므로 사회복지법의 분류체계에 준할 수도 있지만, 사회복지법의 분류체계라는 관점에서도 사회복지법의 정의와 범주 등에 대한 견해 차이가 커서 이에 준하는 것에도 어려운 점이 있으며, 더 나아가 여성이라는 대상별 특성을 간과하기 쉬운 문제점도 가지고 있다.

김엘림에 의하면, 사회복지법 체계에 준한 여성복지법의 체계분류는 학자에 따라 다양하므로 어떠한 체계를 따를 것인가 하는 문제가 생기며, 주요 영역별 체계와 대상별 체계로 구분하여야 한다고 설명하고 있다. 즉, 주요 영역별 체계는 기본법 및 사회보장법으로 구성되며, 대상별 체계는 요보호여성, 근로여성, 일반여성, 농·어촌 여성으로 구분한 후 이를 중심으로 공통 관련 법과 개별 관련 법으로 구분하고 있다(김엘림, 1990). 이러한 분류체계에 따르면 기본법으로는 여성발전기본법이 해당되며, 국민기초생활보장법, 국민연금법, 의료보험법,

의료보호법 등은 사회보장법에, 모자복지법, 모자보건법, 영유아보육법 등은 사회복지서비스법에 포함된다. 한편 사회보장 관련 법으로는 근로기준법, 남녀고용평등법 등이 포함될 수 있다.

그러나 이렇게 분류할 경우 대상별 체계에서는 1990년대에 제정된 법의 종류

| 표 7.1 | 여성복지 관련 주요 법률

법률명	주요 내용	제정일자(개정일)
여성발전기본법	모든 영역에 있어서 남녀평등을 촉진하고 여성의 발전을 도모	1995. 12. 30.(1998. 2. 28.)
모자복지법	모자가정의 생활안정과 복지증진	1989. 6. 1.
모자보건법	모성의 생명과 건강을 보호하고 건전한 자녀의 출산과 양육 도모	1986. 5. 10.(1994. 12. 22.)
영유아보육법	영·유아의 심신보호와 건전한 교육을 통하여 건강한 사회구성원으로 육성	1990. 12. 31.(1997. 12. 24.)
성폭력범죄의 처벌 및 피해자보호 등에 관한 법률	성폭력범죄의 처벌 및 피해자 상담·보호	1994. 1. 5.(1997. 8. 22.)
윤락행위 등 방지법	윤락행위 등의 방지와 요보호여성의 선도	1961. 11. 9.(1995. 1. 5.)
가정폭력방지 및 피해자 보호 등에 관한 법률	가정폭력 피해자에 대한 상담·보호	1997. 11. 18.
일제하 일본군 위안부에 대한 생활안정지원법	일본군위안부로 강요당한 자에 대한 생활안정 지원	1993. 6. 11.
국인연금법	노후소득보장 및 여성의 연금수급권 보장	1986. 12. 31.(1995. 8. 4.)
의료보험법	임신·출산 의료보험 급여	1994. 1. 7.(1997. 1. 13.)
남녀고용평등법	고용에 있어서 여성차별 금지의 법제화	1987. 12.(1998. 4. 시행)
남녀차별금지 및 구제에 관한 법률	대표적이고 발전된 형태의 법제도적인 남녀평등 보장장치	1999.2.(1997. 7. 시행)
정부조직의 여성부 설치규정 신설	여성정책의 기획 및 산재한 여성정책의 조정, 이행상황을 점검	정부조직법을 개정(2005. 3. 24.) 6·23 여성가족부 출범

자료 : 김영화 외(2004). 현대 사회와 여성복지. 수정·보완

에 한정되며, 대상별 분류의 근거도 모호하게 된다. 따라서 최근에 제정된 그리고 법제정의 배경상 여성복지관계법에 포함된다고 보는 '성폭력범죄의 처벌 및 피해자보호 등에 관한 법률', '가정폭력 방지 및 피해자보호 등에 관한 법률', '가정폭력범죄의 처벌 등에 관한 특례법', '일제하 일본군 위안군에 대한 생활안전 지원법', '여성기업인 지원에 관한 법률' 등을 분류하기가 어려워지는 점이 있다.

이렇게 여성복지법을 체계화하는 데에는 여러 가지 문제가 있으나, 여성복지관계법의 체계를 '기본법'과 '관련법'이라는 수직체계를 근간으로 하여 개별법을 다시 요보호여성을 중심 대상으로 하는 법으로 구분하고자 한다. 여기에서 모든 여성을 직접적인 대상으로 하는 법은 법의 명칭이나, 목적 및 법의 적용대상에서 여성이 명시되는 법을 말하며, 요보호여성을 중심 대상으로 하는 법이란 법의 제정 배경이나, 사회적 배경을 고려할 때 요보호여성이 주요 대상임을 시사하는 법을 말한다.

2. 여성복지법의 기본틀 : 여성발전기본법

1) 여성발전기본법의 의의

1995년 12월 제정된 여성발전기본법은 헌법의 남녀평등의 이념을 구현하기 위해 국가와 지방자치단체의 책무 등에 관한 기본적인 사항을 규정함으로써 정치·경제·사회·문화의 모든 영역에서 남녀평등을 촉진하고 여성의 발전을 도모함을 목적으로 한다.

여성발전기본법은 헌법상의 평등권 명령 실현을 위한 국가의 의무를 구체화한 행정법으로 여성복지를 포함한 포괄적인 여성정책에 관한 기본법이다. 여성발전기본법은 헌법의 하위법으로서 다른 개별법들과 형식적인 효력은 같기 때문에 여성 관련 개별법에 대해 형식적인 우월성을 가지고 있지는 않다. 그러나 기본법으로서의 성격을 가지고 있으므로 개별법에 대한 해석상의 지침으로서,

또는 입법정책적 방향제시의 기능을 갖는다는 점에서 차이가 있다. 또한 법률해석의 차원에서 실질적인 효력의 우월성이 인정될 수도 있다.

이렇게 볼 때, 여성발전기본법은 전체 여성관계법의 체계 내에서 헌법과 각 영역에서의 남녀평등과 여성발전을 구체적으로 도모하는 개별적 법의 중간에 위치한 것으로 볼 수 있으며, 동시에 이 법은 국내법과 같은 효력을 가지면서 모든 영역에서의 여성차별을 철폐하기 위하여 국가가 취해야 할 조치를 명시하고 있는 UN 여성차별철폐협약과는 보완적 관계를 가진다고 볼 수 있다(이소희 외, 2001).

또한 다른 개별법들과 마찬가지로 본 법에서도 여성 자신의 복지에 대한 여성 자신의 책임과 국가의 책임을 규정하고 있다는 점이다. 즉, 여성은 국민복지에 대한 자신의 책임을 인식하고 그 실현을 위해 노력하여야 하고, 국가 및 지방자치단체는 남녀평등의 촉진, 여성의 사회참여 확대 및 복지증진을 위하여 필요한 법·제도적 장치의 마련과 이에 필요한 재원을 조달할 책무를 진다고 규정한다.

한편 본 법이 실효성을 거두기 위해서는 각종 위원회의 기능의 정립과 내실화, 위원구성의 전문성과 대표성 강화, 운영의 정례화와 결과 공개, 각 지방자치단체에 여성발전위원회 설치, 법의 시행을 담당하는 행정기구의 강화와 연계성 제고, 여성발전기금의 내실화와 공정성 확보를 위한 제도적 장치가 필요하며(김엘림, 1990), 현행 남녀차별법령의 개정 및 폐기와 남녀평등과 여성발전을 촉진하기 위한 입법 및 법적 보완이 지속적으로 이루어져야 한다.

2) 여성발전기본법의 내용

여성발전기본법은 남녀평등과 여성발전의 실현을 위한 전략으로서 아래의 항목들을 열거하고 있다.

첫째, 잠정적 여성우대조치로서, 국가와 지방자치단체에서 여성의 참여가 현저히 부진한 분야에 대하여 여성의 참여를 촉진하기 위해 잠정적으로 여성을 우대하는 정책을 실시할 수 있는 재량권을 부여한다. 이것은 법률상의 평등, 기회의 평등에서 더 나아가 사실상의 평등, 결과의 평등까지 실현할 수 있는 잠정적 특별조치이다.

둘째, 여성의 사회참여 확대로 이를 도모하기 위한 국가나 지방자치단체의 책무에 대해 규정한다. 그 내용으로는 위원회 등 정책결정과정에서 여성의 참여확대 방안을 강구할 것, 여성의 정치참여를 확대·지원할 것, 여성의 공직참여 확대를 위한 여건을 조성할 것, 여성의 고용참여를 확대할 것 등이다.

셋째, 여성의 모성보호로 여성의 임신, 출산, 수유기간 중의 보호를 모성보호라 규정하고 모성에 대한 특별보호와 이를 이유로 한 불이익 금지, 취업여성의 모성보호 비용에 대한 사회분담화 등에 대해 규정하고 있다.

넷째, 여성의 복지증진으로, 저소득 모자가정, 미혼모, 가출여성, 요보호여성의 발생예방과 선도보호뿐만 아니라 사회구조의 변화에 따른 여성복지수요에 부응하기 위한 시책을 강구할 책무를 국가와 지방자치단체에게 부과함으로써 종래의 잔여주의적 복지정책을 탈피하고 보편주의적 복지정책을 지향한다. 또한 농어촌여성과 여성노인의 복지증진도 고려한다.

다섯째, 성차별의식의 해소로, 가정교육, 학교교육, 사회교육에서의 남녀의식평등교육뿐 아니라 대중매체의 성차별에 관련된 내용의 개선을 통하여 성차별의식을 해소할 것을 국가와 지방자치단체의 책무로 부과한다.

그 외에 여성의 권익증진, 여성단체사업의 지원, 여성의 능력개발 등의 사업에 사용할 목적으로 여성발전기금의 설치 등을 규정한 조항과 국가 및 지방자치단체는 여성단체의 조직과 활동에 필요한 행정적 지원을 할 수 있다고 명시한 여성단체 지원조항 등이 포함되어 있다.

이렇게 여성발전기본법은 여성의 복지와 권익증진에 관한 기본법적 성격을 가지고 있으며, 모자복지법이나 영유아보육법 등은 국가에 의한 서비스적 의미를 지니며, 가정폭력방지 및 피해자 보호 등에 관한 법률의 경우는 형사법적인 성격과 서비스법적인 성격을 동시에 가진다(이주영, 1990).

3. 남녀고용평등법

전후 사회의 가장 격심한 변화 중 하나는 여성이 노동시장에 참여하게 된 것이고, 특히 기혼여성의 사회참여가 증가하여 일하는 여성의 생활에는 취업과 결혼, 어머니로서의 역할 등이 포함되었다. 즉, 여성은 취업으로 인해 자녀양육과 노동시장에 참여하는 일을 동시에 하게 되었다. 하지만 대부분의 여성들은 좋은 조건의 직장에서 제외되고 시간제 노동이나 낮은 봉급을 받는 등 취업에서 여러 가지 차별을 받고 있다.

1987년에 제정된 남녀고용평등법은 헌법에 명시된 평등이념에 따라 고용에 있어서 여성이라는 이유만으로 남녀를 차별하는 고용관행을 바로잡고, 모성을 보호하기 위해 육아휴직 등을 제도화하였다. 이와 같이 남녀고용평등법의 주요 취지는 노동시장에서 여성의 취약한 위치와 모성을 보호함으로써 근로여성의 지위향상과 복지증진에 기여함을 목적으로 제정된 단일법이다.

1) 남녀고용평등법의 제·개정 추이

한국 사회의 중대한 양대 과제는 산업화와 민주화였고, 여성의 노동시장 진출과 남녀평등의 요구는 그러한 과제의 단적인 표출이었다. 그리고 이러한 요구가 정치적으로 수렴된 것은 1980년대 후반 사회 전반의 민주화 과정에서였다. 이렇게 남녀고용평등법의 제정에는 당시의 민주화운동, 군사독재의 퇴진, 국민의 정치력 향상, 당시 정권의 국민 무마용 입법이라는 다양한 요소들이 공존하였다.

더불어 국제적인 상황도 중요한 영향을 미쳤다. 한국은 1979년 UN이 채택한 여성차별철폐협약에 1980년 서명하고, 1984년 비준함으로써 본 협약은 국내법과 동일한 효력을 갖게 되었고, 협약의 내용에 남녀고용평등을 위한 입법이 의무가 되었던 것이다. 남녀고용평등법의 제정은 이미 상당한 기세로 약진하고 있던 여성의 사회진출에 커다란 변화를 가져 온 중대한 계기가 되었다.

변화하는 국내·외 상황과 여성운동의 영향으로 결실을 맺은 남녀고용평등법은 지금까지 여러 차례의 개정과정을 거치면서(1989, 1995, 1999, 2001, 2005) 많은 관련 법령과 제도를 만드는 촉매 구실을 하며 남녀평등사회를 이루어 가는 중심축의 역할을 하고 있는 것이다.

남녀고용평등법은 1987년 12월에 제정되어 정착되기 전인 1989년 4월 제1차 개정이 이루어졌다. 사실 본 법은 이전 총선에서 내건 가족법 개정 등 성차별 제거의 공약을 이행하지 않은 정부 여당이 1987년 12월 16일의 대통령 선거를 앞두고 행한 선거용 입법의 일환으로 제정된 점을 간과할 수 없다(윤후정·신인령,

2001). 제1차 개정의 주요 내용은 첫째, '사업주가 근로자의 성별, 혼인, 임신 등의 이유로 합리적 이유 없이 채용 또는 근로조건 차별의 금지한다', 둘째, '모성보호는 차별로 보지 않는다', 셋째, '현존하는 차별을 해소하기 위한 잠정적인 우대조치는 차별이 아니다'라고 하는 등 차별에 대한 정의를 내리고, 아울러 동일가치 노동에 대한 동일임금 규정, 성차별 분쟁에서의 사용자의 입증책임, 육아휴직기간의 근속년수에의 산입과 불이익 금지 등의 내용을 담고 있다.

그러나 새로이 발생하고 있는 차별현실을 법이 규제하지 못하고 있다는 판단 아래 제2차 개정운동이 1994년경부터 시작되어 1995년 8월 제2차 개정이 이루어졌다. 제2차 개정의 주된 내용은 모집채용 시 직무수행에 불필요한 용모, 키, 체중 등의 조건제시 금지(제6조), 후생복지 관련 금품 및 자금융자 등의 차별금지(제6조의3), 육아휴직 시 노동자를 배우자로 둔 남성으로의 확대(제11조), 고용문제조정위원회의 고용평등위원회로의 개칭 등이었다.

제2차 개정운동 당시 핵심적 요구사안이었던 '간접차별 및 성희롱금지조항' 신설이 무위로 그침에 따라 제3차 개정운동은 필연적이었고 1996년 7월 당시 야당의 평등법 개정안 제출을 계기로 개정운동은 본격화되었다. 1999년 1월 공포 후 즉시 시행된 제3차 개정법의 주요 내용은 첫째, '사업주가 여성 또는 남성 어느 한 성이 충족하기 현저히 어려운 인사에 관한 기준이나 조건을 적용하는 것을 남녀고용평등법의 차별로 보도록 한다', 둘째, '사업주에게 성희롱과 관련하여 피해근로자에게 고용상의 불이익한 조치를 하지 못하도록 하고, 이를 위반할 경우 500만 원 이하의 벌금에 처하도록 한다', 셋째, '노동부장관은 고용평등에 관한 실효성을 확보하기 위하여 필요한 경우 고용평등 이행실태, 기타 조사결과 등을 공표할 수 있도록 한다' 등이다.

2) 남녀고용평등법의 과제

제3차 개정에도 많은 문제점을 안고 있었던 남녀고용평등법에 실질적 변화를 위해 '여성노동법 개정 연대회의'가 구성되었고, 2000년 8월 남녀고용평등법 제4차 개정안을 국회에 제출하였다.

본 개정안이 취지는 "첫째, 현행법이 여성에 대한 차별만을 금지·처벌하도록 되어 있는 한계가 있으므로 차별 관련 법조항이 남녀 모두에게 적용될 수 있도록 '여성'이라는 표현을 '성별'로 바꾸어야 한다. 둘째, 제3차 개정 시 신설된 '간접차별' 정의 규정이 모호하여 실효성이 적으므로 간접차별의 성립요건을 구체적으로 제시하여 실제적인 법 적용이 이루어지고 고용 전 과정 중에 발생되는 간접차별에 대한 규제 규정으로 개정하여야 한다. 셋째, 현행법은 직장 내 성희롱에 대한 정의규정에서 의무주체를 '사업장 내에 있는 사람'으로 한정하고 있어 실제 빈번히 발생하고 있는 '업무와 관련된 제3자'에 의한 성희롱을 규제할 수 없으므로 이러한 사안에 대한 사업주의 성희롱 예방책임, 피해자에 대한 사업주 보상, 보호조치 의무조항 등을 신설해야 한다. 넷째, 직장 내 성희롱과 함께 직장 내 폭언·폭행문제가 여성근로자의 노동권을 심각하게 위협하므로 이를 처벌·예방할 수 있는 법적 조치를 마련하여야 한다"는 것이었다(여성노동법 개정 연대회의, 2000).

이후 2001년의 개정은 직장과 가정생활의 양립을 지원할 수 있는 육아휴직제도를 개선하고 직장 내 성차별 및 성희롱을 해소하기 위해 성희롱 예방교육 및 구제절차를 강화하며, 남녀고용평등에 관한 분쟁의 예방과 조정을 위해 고용평등상담실의 설치·운영 및 명예고용평등감독관제도를 도입하는 등 실질적인 모성보호 및 남녀고용평등을 구현하기 위한 제도적 장치를 마련하려는 것이었다. 2005년의 개정은(12. 30.) 저출산·고령화 사회로의 진전에 따라 여성인력의 적극적 활용이 중요한 정책과제로 대두되고 있는 반면, 각종 성차별적 인식과 관행으로 여성의 경제활동참여율이 저조한 실정을 개선하기 위하여 적극적 고용개선조치의 도입 근거를 마련하고, 직장 내 성희롱과 관련하여 피해주장을 제기한 근로자의 보호강화를 위하여 실효성 있는 법적 근거를 마련하는 한편, 육아휴직 활성화를 위하여 육아휴직 신청요건을 확대하는 등 현행 제도의 운영상 나타난 미비점을 개선·보완하려는 것이었다.

이러한 개정의 과정에서 알 수 있듯이 남녀고용평등법에 의한 고용평등 및 여성복지의 문제가 실질적으로 효과를 거두기 위해서는 기업체에 대한 지원과 더불어 위반 시의 강제조치와 벌칙규정의 강화가 필요하며 궁극적으로는 여성의 근로관계에 관한 제 규정(근로기준법과 남녀고용평등법)을 통합하는 작업이 필요한 것이다.

4. 모성보호 관련 법

1) 모성보호 관련 법의 제·개정

여성은 헌법상 경제적 생활영역에서 차별받지 아니하고(제11조), "근로에서 특별한 보호를 받는다(제51조)." 또한 근로기준법은 사용자가 남녀 근로자를 차별대우 할 수 없도록 하며(제5조), 도덕상 또는 보건상 유해·위험한 사업에서 사용하지 못하도록 규정함으로써(제51조) 여성의 노동을 보호한다.

근로관계에서 여성에 대한 차별은 직·간접적으로 심각한 것이 현실이다. 여성은 취업기회상의 차별, 임금차별, 채용조건상 차별, 신분보장상의 차별 등 각종 성차별의 열악한 조건 속에 놓여 있다.

노동시장에서 여성고용의 문제점으로는 여성인력의 능력개발 및 가사부담의 과중, 채용 및 근로조건 등에 있어서 남녀차별 관행, 가사와 직장생활을 병존할 수 있도록 지원하는 각종 제도의 미비 등이다(윤홍선, 1995). 따라서 이러한 장애요인들을 극복하고 새로운 세계 경제질서하에서 국가경쟁력을 강화하기 위해서도 여성근로자의 지위향상과 이에 대한 행정기관의 뒷받침 및 법제도적 보장이 급한 과제였던 것이다.

이렇게 모성보호법률이란 남녀고용평등법, 근로기준법, 고용보험법 등 모성보호를 규정하고 있는 법률로, 모성보호법률의 목적은 '모성보호는 여성의 사회참여 확대 추세에 부응하는 법·제도적 기틀 마련을 통해 보다 많은 여성들이 국가발전에 기여하도록 하기 위한 것'이다.

1953년 5월 10일 제정된 근로기준법은 '여자와 연소자'의 보호에 관한 별도의 장을 두어 여성근로자를 특별보호하는 규정들을 마련하고, 사용자가 이를 위반하면 벌칙에 처하도록 하였다. 그러나 보호규정들이 정교하지 않고 현실과도 맞지 않아 실효성이 거의 없었다. 또한 여성의 출산휴가기간 동안의 임금을 전적으로 사업주에게 부담시켜 사업주들이 여성의 고용을 회피하거나 임신·출산하는 여성을 퇴직시키는 문제가 지속적으로 발생하였다.

이러한 문제를 해결하기 위해 근로기준법의 여성보호 규정들이 2001년 8월 14일 대폭 개정되었다. 동년 11월부터 시행된 이 개정법안은 국제화·지식정보화·남녀평등화가 본격화되는 새로운 세기를 맞이하여 국제노동기준에 부응해 남녀평등과 임산부에 대한 모성보호를 강화하는 한편, 모성보호만을 목적으로 하지 않으면서도 여성의 취업을 제한하거나 금지해 온 여성보호 규정은 완화하여 여성의 일할 기회를 확대하고 법의 실효성을 강화하였다는 점에 의의가 있는 것이다.

이러한 모성보호법률 개정의 기대효과는, 모성보호제도가 정착되어 자녀양육의 부담이 경감된다면 여성의 사회참여 비율은 획기적으로 높아질 수 있다는 것이다. 생명의 재생산과 관련된 생물학적·사회적 모성에 대한 보호로서 특히 모성보호는 가정과 직장을 병행해야 하는 근로여성에게 중요한 문제이다. 또한 모성보호 사회분담화는 세계적인 추세이기도 하다. 2001년 6월 국제노동기구(ILO) 총회에서 모성보호 기준을 강화하는 협약 개정안이 통과되어 출산휴가 최저기준이 12주에서 14주, 권고기준이 14주에서 18주로 확대되었다. 모성보호가 강화되면 일하고자 하는 여성이 원하는 시기에 직장을 포기하지 않으면서 아이를 갖고 출산할 수가 있고, 기업은 유능한 여성인력을 활용할 수 있어 경쟁력을 제고시킬 수 있는 것으로, 우리 사회에서 심각한 사회문제로 대두된 '저출산·고령화'의 문제를 풀어나가는 하나의 열쇠가 될 수 있을 것이다.

2) 모성보호 관련 법의 내용

개정된 모성보호 규정의 주요 내용은 다음과 같다.

(1) 출산휴가의 확대

2001년 11월 1일 이후 출산하는 여성근로자의 산전·후 휴가일이 60일에서 90일로 확대되었으며, 산후 휴가를 최소 45일 사용하도록 하고 있다. 그리고 종전 법은 휴가기간 동안 사용자가 임금을 전액 지급하였으나 개정법은 90일 중 60일만 사용자가 지급하고 30일분에 대해서는 고용보험과 정부재정에서 지급하도록 하여 모성보호 비용을 사회에서 부담하도록 한다.

한편 논란의 대상이 되는 유급생리휴가의 문제는, 존폐여부에 관하여 많은 논란이 있었으나 2001년 법 개정 당시에는 개정되지 않았다. 2003년 9월 주 5일 근무제가 도입됨에 따라 생리휴가 규정에서 '유급'이라는 단어가 삭제되었다.

이에 따라 2004년 7월 1일부터 주 5일제 근무제가 시행되는 사업장에서는 여성들이 생리휴가를 사용하면 임금이 삭감될 수 있게 되었다.

(2) 유급육아휴직 신설

생후 1년 미만의 영아가 있고 해당 사업장에서 1년 이상 재직한 경우 1년 이내의 육아휴직을 신청할 수 있다. 우리나라 법에서 육아휴직제를 처음으로 도입한 법은 남녀고용평등법이다. 1987년 12월 제정 당시 여성근로자가 1세 미만의 자녀의 양육을 위해 휴직을 신청하는 경우에 사업주가 육아휴직을 제공하도록 규정하였으나, 2001년 8월 개정 시 자녀양육문제나 가사노동에 남녀가 공동참여하고 책임을 나누어야 한다는 인식에서 적용대상을 남성근로자로 확대하였다. 또한 "사업주는 육아휴직을 이유로 해고, 기타 불리한 처우를 하여서는 아니 되며, 육아휴직기간 동안은 당해 근로자를 해고하지 못한다. 다만 '사업을 계속할 수 없는 경우에는 그러하지 아니하다'라는 규정을 두고 있으며 '사업주는 육아휴직 종료 후에는 휴직 전과 동일한 업무 또는 동등한 수준의 임금을 지급하는 직무에 복귀시켜야 한다. 육아휴직기간은 근속기간에 포함한다'라고 규정하고 있다.

(3) 출산휴가 및 육아휴직급여

개정된 법에 의해 출산휴가가 늘어남에 따라 늘어나는 30일분 급여의 하한선은 최저임금으로 하고 상한선은 135만 원이다. 급여를 수령하려면 출산휴가가 끝난 뒤 6개월 이내에 신청서를 관할 직업안정기관에 제출하면 된다. 또한 산전·후 휴가는 고용보험에서 지급되기 때문에 해당 근로자가 휴가 개시 시점에서 90일 이상 고용보험에 가입해야 혜택을 볼 수 있다.

한편 육아휴직자는 월 20만 원의 급여가 지급되며, 사업주에게는 월 20만 원의 육아휴직 장려금이 고용보험과 정부재정에서 지급된다. 급여기간은 산후 휴가 45일을 제외한 10.5개월이고 2001년 11월 1일 이후 육아휴직을 개시하는 자부터 적용된다. 육아휴직급여 또한 동일 사업장에서 1년 이상 근속자가 고용보험에 6개월 이상 가입한 뒤 육아휴직을 30일 이상 받았을 경우 지급된다. 단 고용보험 적용 사업장임에도 사업주 또는 근로자가 고용보험에 가입하지 않았을 경우 근로자가 신청하는 경우에는 소급해 고용보험에 가입조치한 후 급여를 지급한다.

(4) 여성의 연장근로, 야간·휴일근로 제한규정

특정 직종에 여성의 사용을 금지하거나 제한하는 경우는 두 가지가 있다. 첫째, 도덕상 또는 보건상 유해·위험한 사업이다. 이전 법에서는 모든 여성이 사용되는 것을 금지하고 시행령에서 6개의 사용금지 직종을 규정하였으나, 개정법은 임신 중이거나 산후 1년이 경과하지 않은 임산부와 18세 미만자를 도덕상 또는 보건상 유해·위험한 사업에 사용하지 못하게 하고, 임산부가 아닌 18세 이상의 여성은 임신 또는 출산에 관한 기능에 유해·위험한 사업에만 사용하지 못하게 하였다. 둘째, 갱내 근로에 관한 사항이다. 이전 법에서는 모든 여성의 갱내 근로를 일절 금지하였으나 개정법은 보건·의료, 보도·취재, 복지, 조사, 관리감독 등의 업무를 수행하기 위하여 일시적으로 필요한 경우는 예외로 하는 규정을 신설하였다.

한편 근로시간 제한규정으로는 첫째, 법정근로시간 외 근로에 대해 이전 법은 모든 18세 이상의 여성에 대하여 단체협약이 있는 경우라도 1일에 2시간, 1주일에 6시간, 1년에 150시간을 초과하는 시간 외 근로를 금지했으나, 개정법은 그 보호대상을 산후 1년이 경과하지 않은 여성으로 한정하고, 임신 중인 여성근로자는 금지시키는 것을 원칙으로 하였다. 둘째, 심야업(밤 10시부터 아침 6시 사이의 근로) 및 휴일근로에 대해 이전 법은 모든 여성에게 원칙적으로 금지하고 노동부 장관의 인가와 근로자의 동의가 있어야 허용하였으나, 개정법은 임산부와 18세 미만자에 대하여 금지하되, 18세 미만자와 산후 1년 미만의 여성의 동의가 있는 경우와 임신 중의 여성이 명시적으로 청구하는 경우에 노동부 장관의 인가를 얻어 허용하도록 하였다. 그리고 사용자에게 노동부 장관의 인가를 얻기 전에 근로자의 건강과 모성보호를 위하여 연장근로의 시행 여부와 방법 등에 관하여 근로자 대표와 성실하게 협의할 의무를 부과하였다.

이렇게 모성보호 관련 법은 많은 시행착오를 거치면서 정착되어 왔다. 우리 사회에서 모성보호의 사회적 비용분담 방안에 관한 논의는 모성보호를 약자로서 여성에 대한 보호가 아닌 사회적 재생산 차원에서의 요구와 권리로 인식하는 것이다. 또한 '경제력은 곧 인권'이라고까지 일컬어지는 현대 자본주의 사회에서 여성의 경제력 신장은 여성의 노동기회와 밀접히 연관되어 있으며, 그것은 곧 차별 없는 고용구조를 통해서만 실현될 수 있다. 모성보호 관련 법은 여성이 가정과 직장생활을 병행할 수 있는 여건을 마련하기 위해 개정된 법이니만큼 진정한 모성보호를 확보하기 위해서는 여전히 해결해야 할 과제가 많이 남아 있다.

내용 요약

1. 여성복지법은 여성복지정책 혹은 여성정책의 실현과 관련된 제반 법률을 의미하며, 넓은 의미의 여성복지법이란 현대 사회에서 인간다운 생활을 유지하기 위해 필요한 물질·비물질적 사회서비스를 제공하는 공·사적 노력의 총화를 규정짓는 법규정이다.
2. 여성복지 관련 기본법으로는 여성발전기본법이 해당되며, 국민기초생활보장법, 국민연금법, 의료보험법, 의료보호법 등은 사회보장법에, 모자복지법, 모자보건법, 영유아보육법 등은 사회복지서비스법에 포함된다. 한편 사회보장 관련 법으로는 근로기준법, 남녀고용평등법 등이 포함될 수 있다.

CHECK 생각해 봅시다

1. 여성복지 관련 법의 내용을 정리해 봅시다.
2. 모성보호 관련 법의 내용 중 모성보호 확보를 위해 해결해야 할 과제에 대해 생각해 봅시다.

제 8 장

여성복지서비스 전달체계

주요 용어 | 복지전달체계, 행정체계, 집행체계, 사회복지전담공무원 사회복지사무소

1. 여성복지서비스 전달체계의 개념

여성복지서비스 전달체계는 사회복지서비스와 그 전달체계에 관한 개념으로부터 파악해 볼 수 있다. 사회복지서비스에 대해 '사회보장기본법'에서는 '국가 지방자치단체 및 민간부분의 도움을 필요로 하는 모든 국민에게 상담·재활·직업소개 및 지도, 사회복지 이용 등을 제공하여 정상적인 사회활동이 가능하도록 지원하는 제도'라고 정의하였고, 박영란 등은(1997) '인간 상호 간의 접촉을 통해 인간의 심리·사회적 기능의 향상을 도모하고 현실적으로 발생되는 생활상의 곤란이나 장애에 대하여 그 기능상의 문제요인을 해결하고 재활을 촉진하는 대인서비스'라고 설명하였다.

그리고 사회복지 전달체계란 사회복지서비스의 공급자와 소비자(클라이언트) 간을 연결시키기 위한 조직적 장치이다(Gilbert & Specht, 1993). 길버트(Gilbert)

와 스펙트(Specht)는 사회복지정책의 수립과정에서 기본적으로 고려되어야 할 요소로 사회적 할당, 사회적 급여, 복지서비스의 전달 및 재정을 지적하였는데 이 중에서 서비스의 전달체계는 사회적 급여를 어떻게 할당하느냐의 문제, 즉 할당의 방식에 관한 여러 전략 등의 선택과 관련이 있는 것이다. 한편 박영란 등은 사회복지서비스 전달체계는 '사회복지서비스를 클라이언트 또는 고객에게 전해주기 위하여 꾸며진 사회적 조직체'라고 설명하면서, 이러한 전달체계는 좁은 의미에서는 서비스 전달자와 서비스를 제공받는 자와의 대면적 상호 관계를 통하여 일정한 장(setting)에서 서비스를 전달(실천)하는, 즉 서비스 전달업무를 실제로 "집행"하는 사회적 체계라고 덧붙였다. 그러나 넓은 의미에서의 사회복지 전달체계는 상부의 행정체계로부터 규제, 지원 및 감독을 받으며 서비스를 전달한다. 따라서 서비스 전달체계를 이해하려면 전달자와 고객이 상호 관계를 이루면서 서비스를 직접 전달하는 절차는 물론 서비스 전달을 기획, 지원 및 관리하는 행정체계도 동시에 연계해서 이해해야만 한다.

이렇게 여성복지가 준용하는 사회복지에서의 전달체계란 사회복지서비스의 공급자와 소비자 간을 연결시키기 위한 조직적인 장치라고 볼 때, 여성복지 전달체계란 '여성복지서비스를 둘러싼 조직적인 장치'라고 정의할 수 있다.

한편 사회복지 전달체계는 운영 주체적 차원과 구조·기능적 차원으로 분석 가능하다. 사회복지 전달체계는 운영주체에 따라 공적 전달체계와 사적 전달체계로 구분된다.

공적 전달체계는 정부나 공공기관이 직접 관리·운영하는 것을 말하고, 사적 전달체계는 민간 또는 민간단체가 직접 관리·운영하는 것을 말한다.

공적 사회복지 전달체계와 관련하여, 법률에 의해 규정된 서비스 관련 프로그램은 크게 사회보험, 공공부조, 사회적 서비스로 구분될 수 있다. 이들 서비스의 전달을 담당하는 정부의 부처로는 보건복지부, 문화관광부, 행정자치부, 여성가족부, 국방부, 노동부, 법무부 등 다양하게 분산되어 있으며, 핵심적인 사회복지서비스는 주로 보건복지부와 행정자치부를 통해 전달되고 있다.

1990년대 이후 지방자치제의 본격적 실시와 함께 지역사회의 중요성이 증대하고 있고, 사회복지서비스를 제공함에 있어 지역사회의 자원연결과 민간과의 유기적인 관계가 중요하며, 이를 통한 서비스의 효과를 극대화시킬 수 있다는 점을 고려할 때, 공공 사회복지서비스는 민간 사회복지와 상호 보완과 공존의 관계를 모색해야만 하는 것이다.

또한 사회복지서비스 전달체계를 구조·기능상으로 보면 행정체계와 집행체계로 구분할 수 있다. 사회복지서비스 조직은 구조상으로 서비스 전달을 기획, 지원 및 관리하는 행정체계와 전달자가 소비자와 상호 접촉을 가지면서 서비스를 직접 전달하는 집행체계로 구분할 수 있다.

공적 사회복지서비스 전달체계는 보건복지부→특별·광역시·도→시·군·구→읍·면·동→대상자로 연계된 조직의 체계로 되어 있다. 이러한 과정에서 보건복지부에서 시·군·구에 이르는 체계는 서비스를 계획·지시·지원·관리·감독하는 업무를 주로 하는 행정체계인 것이고, 읍·면·동과 대상자 간의 체계는 최일선에서 구체적인 서비스를 제공하는 업무를 주로 하기 때문에 집행체계인 것이다.

사회복지 전달체계의 기능을 행정기능과 서비스 기능으로 나눈다면 행정기능은 서비스의 전달업무를 원활히 하기 위한 기능이고 서비스 기능은 클라이언트나 소비자의 욕구에 응하여 서비스를 직접 제공하는 기능이라 할 수 있다. 따라서 사회복지서비스 전달체계는 전달자와 수혜자가 상호 관계를 이루면서 서비스를 직접 전달하는 절차는 물론 서비스 전달을 기획, 지원 및 관리하는 행정체계도 동시에 연계되어야 하는 것이다.

앞에서 언급된 바를 원용하여 여성복지서비스 전달체계를 계획·지원·관리하는 행정체계와 서비스를 직접 전달하는 집행체계로 구분하여 파악할 수 있을 것이다.

2. 여성복지서비스 전달체계의 원칙

앞에서 살펴본 것처럼 여성복지서비스 전달체계는 사회복지서비스 전달체계와 직접적으로 관련되어 있다. 그런데 오늘날의 여성복지서비스를 포함한 사회복지서비스는 서비스의 유무에서 더 나아가 서비스의 '질'을 고려하고 있다. 즉, 서비스를 제공받는 클라이언트에게 적절한 서비스가 얼마나 효율적으로 전달되었으며, 그로 인해 클라이언트의 욕구와 문제해결에 어느 정도 기여하였는가를 보는 것이다. 이러한 관점에서 길버트(Gilbert)와 스펙트(Specht)는 이상적인 사회복지서비스 전달체계란 서비스가 통합되고(integrated), 지속성이 있으며(continuous), 접근이 용이하고(accessible), 책임성이 있는 것을(accountable) 제시하였다. 이러한 원칙 외에도 학자들에 따라 전문성, 적절성, 평등성, 노력성 등의 원칙을 제시하고 있다(박경숙 외, 1992 ; 황성철, 1994 ; 최성재 외 1995 ; 송근원 외, 1996).

따라서 제 원칙들을 여성복지서비스에 적용하면 아래와 같다. 중요한 사실은 각각의 원칙들이 독립적으로 작용하는 것이 아니라, 서로 유기적 관련성하에서 이루어진 것이며, 이러한 과정을 통해 서비스의 효율성을 기할 수 있게 되는 것이다.

1) 통합성의 원칙

사회복지서비스 이용자의 문제는 많은 경우 복합적이고 상호 연관되어 있기 때문에 이러한 문제의 해결을 위한 서비스도 서로 연관되어야 한다. 통합성이란 이용자의 복합적인 문제해결을 위해 동시에 투입되는 여러 가지 다른 종류의 서비스가 서로 유기적 관계를 맺으면서 수혜자의 욕구에 적합하게 주어지는 것을 의미한다. 예를 들어 청소년의 가출문제는 가족 구성원들의 개인별 문제, 학교와 집 주변 교우들과의 교제, 성문제 등과 연관되어 있는데 이러한 문제를 해결하기 위한 서비스들이 한 조직 내에서 제공되더라도 서비스 간의 상호 연계와 협조가 되지 않는다면 그 청소년의 문제는 효과적으로 해결될 수 없다. 또는 서비스들이 서로 다른 기관에서 제공되는 경우라면 기관 간의 상호 연계와 협조는 더욱 중요하다. 기관 간에 상호 연계와 협조가 잘 이루어지고 서비스가 통합적으로 제공되기 위해서는 한 행정책임자 아래에서 서비스들이 제공되고 서비스 제공장소(조직)들이 지리적으로 상호 근접해 있어야 하며 서비스프로그램 간 또는 서비스조직 간에 상호 유기적인 연계와 협조체제가 갖추어져 있어야 한다.

2) 지속성의 원칙

지속성이란 사회복지서비스가 단절됨이 없이 대상자에게 개입부터 치료나 보호의 목적을 완수할 때까지 지속적으로 주어져야 함을 의미한다. 한 개인의 문제나 욕구를 해결하는 과정에서 필요한 서비스의 종류와 질이 달라져야 하는 경우가 많은데, 한 개인이 필요로 하는 다른 종류의 서비스와 질적으로 다른 서비스를 지역사회 내에서 계속적으로 받을 수 있도록 그러한 서비스들이 상호 연계되어야 한다. 쉼터 여성들의 직업훈련프로그램과 직업알선프로그램과의 연결이 그 예가 될 수 있을 것이다.

이러한 지속성의 원칙이 잘 적용되기 위해서는 같은 조직 내의 서비스프로그램 간의 상호 협력이 잘 이루어져야 할 뿐만 아니라 지역사회 내의 사회복지서비스 조직 간에도 유기적인 연계가 잘 이루어져야 할 것이다.

3) 접근용이성의 원칙

접근용이성이란 서비스대상자가 서비스를 얼마나 용이하게 받을 수 있는가 하는 것을 의미한다. 사회복지서비스는 그것을 필요로 하는 사람들이면 누구나 쉽게 이용할 수 있어야 하기 때문에 클라이언트가 접근하기에 용이하여야 한다. 클라이언트가 서비스에 접근하는 데는 여러 가지의 장애요인이 있을 수 있는데 주요한 장애요인으로는 서비스에 관한 정보의 결여 또는 부족, 지리적 장애, 심리적 장애, 선정절차상의 장애, 자원부족 등이 있다. 따라서 사회복지조직의 서비스 전달은 이러한 장애요인들을 가능하면 제거하여 클라이언트가 서비스의 제공장소에 쉽게 접근하여 서비스를 받을 수 있도록 설계되어야 한다.

4) 적합성의 원칙

적합성이란 전달체계에 있어서 서비스에 대한 환경적 요구와 운영실태의 일치성 여부를 가늠하는 평가의 기준이다. 전달체계는 지역주민의 욕구에 부응하는 사업을 수행할 의무가 있으며, 이는 지역사회의 특성과 주민의 요구에 어느 정도 부합하는 사업을 수행하는가로 측정될 수 있다. 또한 적합성이란 서비스의 양과 질이 클라이언트나 소비자의 욕구충족과 서비스의 목표달성에 충분해야 함을 의미한다. 예를 들어 소득보장을 위한 급여가 최저생계비 수준에도 못 미친다든가, 상담서비스가 단순한 조언에 그친다거나, 서비스 제공기간이 너무 짧다든가 하면 소비자는 욕구를 충족할 수 없을 뿐 아니라 서비스의 목표를 달성하기 어렵게 된다. 이러한 적합성의 원칙은 재정형편상 제대로 지키기 어려울 경우가 많고 그 적합성의 수준에 대해서도 논란이 있을 수 있다.

5) 전문성의 원칙

여성복지서비스를 포함하는 사회복지서비스 제공업무는 그 특성에 따라 반드시 전문가가 하지 않아도 되는 부분도 있지만 핵심적인 주요 업무는 반드시 전문가가 담당해야 한다. 사회복지 분야의 종사자도 전문성의 정도에 따라 전문가, 준전문가, 비전문가로 구분될 수 있다. 여기에서 전문가란 자격이 객관적으로 인정된 사람으로 자신의 전문적 업무에 대한 권위와 자율적 결정권 및 책임감을 지닌 사람을 말한다. 사회복지 분야에서는 사회복지사, 의사, 간호사, 보육사, 물리치료사, 작업치료사, 영양사 등의 여러 전문가가 참여하고 있지만 그 중에서 사회복지사가 가장 보편적인 전문가이다. 사회복지서비스는 헌신적 자세나 열의 봉사정신 등으로 해나갈 수 있는 업무가 아님을 분명히 해야 한다.

6) 평등성의 원칙

특별한 경우 소득수준이나 연령에 의한 제한을 하는 외에는 기본적으로 성별, 연령, 소득, 지역, 종교, 지위에 관계없이 모든 국민에게 사회복지서비스를 제공하여야 한다. 오늘날의 사회에서는 사회적 변화에 의하여 개인의 경제적 형편에 관계없이 많은 문제들이 개인에게 발생하고 있다. 부부간의 문제, 청소년비행, 산업재해 및 교통사고에 의한 장애문제, 성폭력문제 등은 소득이 높고 낮음에 관계없이 모든 사람들 특히 여성과 그 가족에게 발생하고 있기 때문에 국가는 사회복지서비스를 이런 모든 사람들에게 공평하게 제공하여야 한다.

7) 포괄성의 원칙

일반적으로 사람들의 욕구는 다양할 뿐만 아니라 한 가지의 문제는 다른 여러 문제와도 연관되어 있다. 따라서 다양한 욕구 또는 다양한 문제를 동시에 또는 순차적으로 해결하기 위해서 다양한 서비스를 필요로 한다. 또한 서비스의 포괄성을 달성하기 위해서는 한 사람의 전문가가 여러 문제를 다루거나(일반화 접근법, generalistic approach), 각각 다른 전문가가 한 사람의 각각의 문제를 다룰 수도 있고(전문화 접근법, specialistic approach), 여러 전문가들이 한 팀이 되어 문제를 해결할 수도 있다(집단접근 방법, team approach).

그러나 일반화 접근법은 전문성이 약해질 수 있고, 전문화 접근법은 문제의 진단과 서비스 간의 통합조정이 어려워질 수 있으며, 집단접근법은 전문가들의 갈등이 있을 수 있는 단점이 있다. 여기에 새롭게 개발된 방법으로는 복합적이고 다양한 문제를 가진 개인의 문제를 해결하는 데 있어 한 전문가가 책임을 지고 계속적으로 필요한 서비스와 전문가를 찾아 연결시켜 주고 적절한 서비스를 받을 수 있도록 하는 사례관리방법(case management)이 있다.

8) 책임성의 원칙

사회복지조직은 복지국가가 국민의 권리로 인정한 사회복지서비스를 전달하도록 위임받은 조직이므로 사회복지서비스의 전달에 대하여 책임을 져야 한다. 사회복지조직이 책임을 져야 할 주요 내용으로는 서비스가 수혜자의 욕구에 적절히 대응하고 있는가, 서비스의 전달절차가 적합한가, 서비스가 효과적이고 효율적인가, 서비스 전달과정에서의 불평과 불만의 수렴장치는 적합한가 등으로 사회복지조직이 구체적으로 책임을 지는 대상은 중앙정부 및 지방정부와 서비스의 수혜자가 되어야 한다.

3. 여성복지서비스 전달체계의 현황

여성복지서비스 전달체계는 1946년 9월 14일 법령 제107호 부녀국 설치령에 의해 보건후생부 내에 부녀국이 설치된 것을 계기로 시작되었다. 이후 수차례의 기구 개편을 통해 1994년에는 보건사회부를 보건복지부로 개칭하였으며, 그 동안 30여 회의 직제 개정을 거쳐 오늘에 이르고 있다.

1) 중앙과 지방의 행정조직체계

여성복지 업무는 다양한 행정부처들과 관련되어 있다. 여성복지와 관련된 주무부서는 보건복지부로, 저출산고령사회정책본부를 중심으로 일반여성과 요보호여성에 대한 복지업무를 담당하고 있다. 이 외에도 여성가족부의 가족정책국, 보육정책국, 권익증진국과 노동부 고용정책본부의 고용평등심의관의 여성고용팀이 여성복지 관련 업무를 담당하고 있다.

여성복지 전달체계는 〈그림 8.1〉에서와 같이 중앙부처인 보건복지부의 사회복지정책본부와 저출산고령사회정책본부를 중심으로 지방자치단체 행정체계 내 가정복지국 여성복지과 혹은 가정복지과 여성복지계 및 여성복지상담소와 여성복복지시설을 통해 서비스가 전달된다.

여성복지서비스 업무에 있어 주무부처인 보건복지부의 정책총괄관은 기획총괄팀, 저출산대책팀, 노후생활팀, 인력경제팀, 고령친화산업팀으로 나뉘어 저출산·고령사회의 문제 전반을 기획·운영하고 있으며, 노인정책관은 노인정책팀, 노인지원팀, 노인요양제도팀, 노인요양운영팀으로 나뉘어 노인보건·복지의 제반 문제를 다루고 있다. 또한 인구아동정책관은 인구여성정책팀, 출산지원팀, 아동안전권리팀, 아동복지팀으로 나뉘어 인구 및 출산지원 관련 종합계획의 수립 및 조정, 출산지원에 관한 정책의 개발 및 지원, 아동의 안전·권리정책에 관한 종합계획의 수립 및 조정, 아동복지정책에 관한 종합계획의 수립 및 조정에 관한 일을 담당하고 있다.

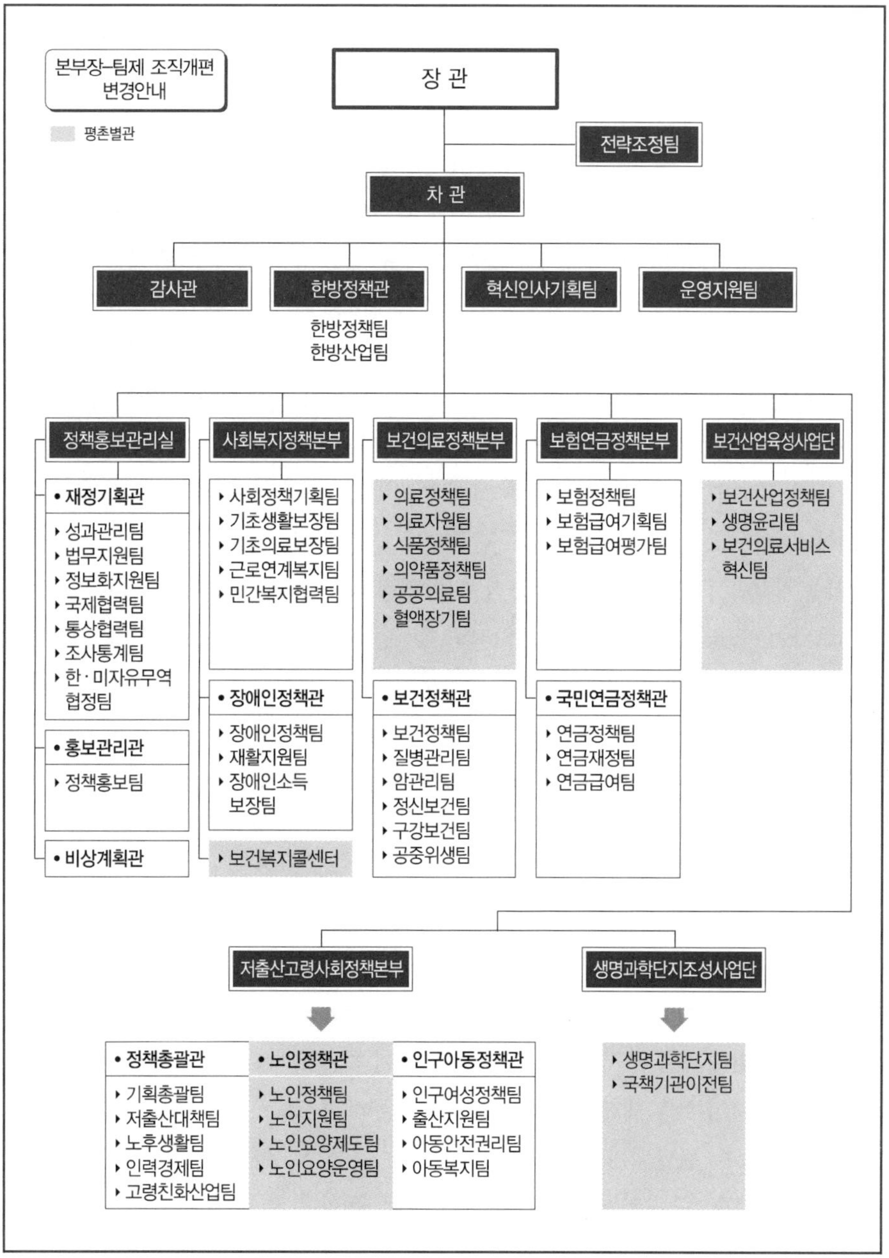

| 그림 8.1 | 보건복지부 조직도

자료 : 보건복지부, 2006

한편 지방자치단체의 내부행정체계에 소속되어 있는 가정복지국 내 여성복지과나 가정복지과 내 여성복지과·계 등은 여성복지 관련 법인의 인·허가 업무, 여성보호시설의 지원 육성업무, 여성상담요원의 지도·감독 업무 등과 새마을 여성회 운영지도, 여성관계 단체의 지도·감독 및 여성단체 지원업무, 여성회관 및 여성복지관 운영지도 등의 업무를 다루고 있다.

이렇게 중앙과 지방의 여성복지업무 조직의 현황에 대해 요약하면 아래와 같다. 첫째, 여성복지사업 시행에 있어서 조직체계상 사업에 관한 내용은 보건복지부가 결정하지만, 실제적인 서비스 전달이나 지도·감독 등의 일선 업무는 지방자치단체 내 행정부서들이 담당하는 이원적 체제로 운영되고 있다. 이러한 이원적 체계는 지방분권화와 함께 변화를 맞이하고 있다. 즉, 지방자치단체들은 지역특성 및 지역욕구에 부응하는 사업을 전개하기 위해 노력하고 있다. 이에 여성복지 업무도 담당부서를 새로 만들거나 재조직하는 등 자율적인 조직운영이 가능해지면서 기존의 중앙집중식 지방행정체계 속에 소속된 여성복지 전달체계보다는 자율적으로 운영되고 있다고 할 수 있다. 그러나 지방자치단체의 조직개편이나 구성 및 예산지원 등이 중앙부서의 권한에 속해 있어 지방자치단체의 자율성이 제한되고 있는 한계점을 가지고 있다.

둘째, 지방화의 전개에 따라 지방자치단체별로 조직개편이 가능해졌고, 이에 따른 부서 간의 통폐합 및 업무조정의 과정 속에서 여성업무를 담당하는 부서명이 바뀌거나 축소 혹은 통합되기도 하는 경향을 보이고 있다.

셋째, 시·도의 광역자치단체나 시·군·구의 기초단체까지만 여성복지 담당부서 혹은 담당자가 있을 뿐 행정체계의 최일선 단위인 읍·면·동에서는 여성복지 고유의 행정체계를 갖지 못하고 있다. 서비스대상자를 가장 가까이에서 접할 수 있는 행정단위에 담당부서 혹은 담당자가 없기 때문에 시·군·구 이후에는 실질적인 여성복지업무에 대한 행정력이 미치지 못하여 그 결과 다른 사회복지서비스 업무와 함께 전달되거나 사업이 시행되지 못해 업무가 축소되는 경우도 나타나고 있어 여성복지서비스 고유의 전문성과 특성은 물론 서비스 욕구를 지니고 있는 여성에게도 절대로 서비스가 전달되지 못할 수도 있다.

넷째, 여성복지서비스를 전달함에 있어 지역성이나 전문성을 보완하는 지원체계로 설치된 각종 위원회가 제 기능을 하지 못하고 있다. 각종 위원회는 여성복지과 등 여성업무 관련 부처 내 업무담당자들이 상호 업무파악 및 협조를 위해 활용하도록 하고 있으나 현실감각이 떨어지는 인력의 구성, 실제적인 업무조정 및 교류가 이루어지기는커녕 관례화되거나 유명무실해지는 등 제대로 운영되지 못하고 있다.

2) 여성복지 담당 인력

여성복지와 관련되어 있는 인력들은 보건복지부와 지방의 행정에 소속되어 있는 별정직 혹은 일반직 공무원인 여성복지 과장과 계장, 별정직 공무원인 여성복지상담원(모부자복지법상에는 모부자복지상담원이 명시되어 있으나 여성복지상담원이 겸임하고 있음), 사회복지전문요원들이 있다.

여성복지 과장이나 계장은 지방 행정체계에 속해 있는 공무원으로, 보건복지부는 국가공무원 임용령에 의해, 지방자치단체는 지방공무원 임용령에 의해 채용 및 배치된다. 이들은 여성복지사업 기획, 관리 및 평가, 행정적인 업무, 인사관리, 여성복지업무와 관련된 외부활동 등의 업무를 다룬다.

여성복지상담원은 여성복지상담원 임용 및 배치에 관한 규칙에 의해 채용 및 배치되는 지방별정직 공무원이다. 상담원은 수석상담원과 일반상담원으로 구별된다.

모부자복지상담원은 모부자복지법상 임용규정이 명시되어 있으나 여성복지상담원이 겸임하거나, 아동복지지도원이나 사회복지 행정을 담당하고 있는 공무원이 겸하도록 하는 수준으로 운영되고 있다.

이러한 사회복지전담공무원은 국민기초생활보장 등 사회복지 업무의 효율적·전문적 수행을 위해 1987년부터 저소득층 밀집지역의 읍·면·동에 배치되기 시작하였다. 당시에는 별정직 사회복지전문요원으로 임용되었으며, 1992년 사회복지사업법을 개정하여 사회복지전문요원을 두는 법적 근거 및 배치기준을 마련하였고, 지방공무원 임용령을 개정하여 사회복지 직렬(사회복지 5~9급)을 신설하였다. 2000년에는 별정직 사회복지전문요원을 일반직 사회복지 직렬로 전환하여 재임용하였다. 사회복지전담공무원은 배치 첫 해인 1987년 49명으로 시작하여 2000년 국민기초생활보장제도의 시행을 계기로 대폭 확충되었고, 참여정부에 들어와서는 2005년도에 1,830명을 신규 충원하여 2005년 12월 현재 총 정원 9,920명이다.

| 표 8.1 | 연도별 사회복지전담공무원 정원현황

(단위 : 명)

구 분	1987	1991	1992	1994	1999	2000 ~2001	2002	2003 ~2004	2005*
신 규	49	1,676	481	519	1,200	1,300	2,590	-	1,830
누 계	49	2,000	2,481	3,000	4,200	5,500	8,090	8,090	9,920

자료 : 보건복지부, 2006 주요업무참고자료

| 표 8.2 | 사회복지전담공무원 시·도별 실제 배치현황

(단위 : 명)

시·도별	현 원	시·도별	현 원
서울	991	강원	444
부산	621	충북	385
대구	437	충남	583
인천	428	전북	627
광주	242	전남	882
대전	256	경북	866
울산	123	경남	676
경기	1,412	제주	121
계	9,094		

자료 : 보건복지부, 2006 주요업무참고자료, 2005년 12월 31일 현재

사회복지전담공무원은 현재 일선 읍·면·동에서 복지정책의 집행과 관련하여 주민들과 접촉하는 최일선 창구의 역할을 하고 있다. 따라서 이러한 역할을 수행하기 위해서는 주민의 모든 어려움을 함께 나눌 수 있는 자세와 함께 지역복지의 중추인력으로 지역사회의 복지욕구를 파악하고 소외계층에 대한 관심을 고조시키면서 자원을 동원하는 역할도 수행하여야 한다. 이를 위해서는 사회복지전담공무원의 전문성 강화를 위한 보수교육과 근무여건의 개선이 시급하다. 즉, 직급별 교육형태를 통해 급변하는 사회복지 수요에 능동적으로 대처하고 혁신역량과 진전에 따른 지역복지 역량을 강화하는 교육이 필요한 것이다.

---

* 2005년도 1,830명은 충원 예정인원
(사회복지직으로 전환된 뒤 부녀아동상담원 890명을 포함한 숫자)

그동안 사회복지전담공무원은 꾸준히 충원되었으나 장애인·노인·아동·보육·청소년 등 사회복지서비스 대상자가 급격히 증가하고 있고, 차상위계층 보호를 포함한 사회양극화 해소 대책, 저출산·고령화 대책 등으로 인한 복지수요에 미치지 못하고 있다.

3) 사회복지사무소의 운영

사회복지사무소 설치에 대한 논의가 시작된 1980년대 초 이후, 1992년 사회복지사업법에 '복지사무전담기구'에 관한 규정을 신설함으로써 법적 근거를 마련하였고, 2003년 들어 참여정부의 국정과제인 '참여복지와 삶의 질 향상'을 위해 '사회복지사무소 설치 등 사회복지 전달체제 개편'이 주요 과제로 제시됨에 따라 2004년 7월부터 사회복지사무소 시범사업을 추진하였다.

앞 절에서 살펴본 것처럼 현재 우리나라의 공공복지 전달체계는 보건복지부, 여성가족부 등 중앙부처의 서비스가 시·도, 시·군·구를 거쳐 읍·면·동의 사회복지전담공무원을 통해 복지대상자로 전달되고 있다. 그러나 중앙의 복지행정조직은 전문화되고 있는 반면 시·군·구의 복지행정조직은 잦은 인사이동과 전문성 부족으로 중앙의 정책을 단순히 읍·면·동에 전달하는 역할만을 수행하고, 지역특성이나 주민의 복지수요를 반영하는 정책을 개발하고 시행하는 것이 어려워 지역마다 획일적인 서비스만 이루어지고 있다.

이러한 문제의 해결책의 일환으로 추진된 정부정책이 사회복지사무소의 개소이다. 사회복지사무소는 시·군·구 소속의 행정기구로 해당지역의 사회복지에 관한 시무를 전담하고 지역주민의 복지를 책임지는 기관이다. 2004년 7월부터 2년간 전국 9개 시·군·구에 시범적으로 설치·운영 중이며 단계적으로 확대될 것이다.

사회복지사무소는 시·군·구별로 1개소를 설치하는 것을 원칙으로 하고, 대도시·중소도시·농어촌 등 지역 유형별로 조직형태 및 인력배치를 탄력적으로 운용하도록 설계하였다. 즉, 시·군·구청의 기존 사회복지과를 확대·개편하여 사회복지사무소 소속으로 2~3개 과를 두고, 여기에 기존의 사회복지과 행정공무원 및 읍·면·동사무소 등에 근무하는 사회복지전담공무원을 배치하였다. 또한

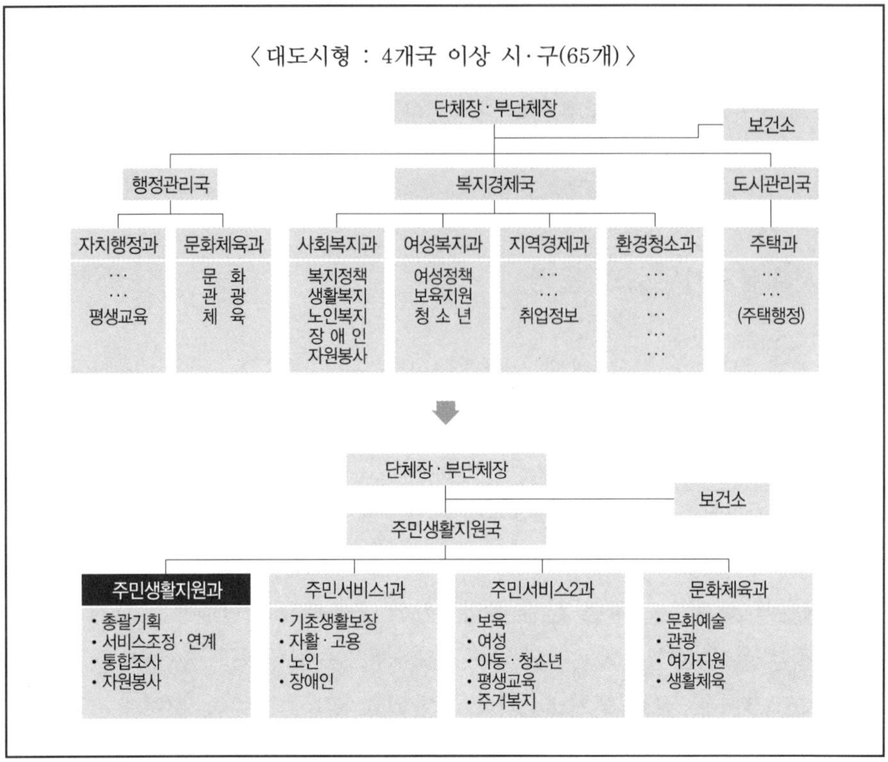

| 그림 8.2 | 시·군·구 본청 개편(예시)

주민이 이용하기 편리하도록 읍·면·동에도 복지상담창구를 개설하여 1명 이상의 공무원을 배치하도록 하였으나 시행지역의 여건에 따라 다양한 형태를 보이고 있다.

사회복지사무소의 업무는 원칙적으로 시·군·구청의 사회복지과·가정복지과와 읍·면·동사무소에서 담당하던 사회복지 업무를 이관하여 담당하는 것으로 하되, 분야별로 전담팀을 구성하여 업무의 전문성을 강화하고 지역사회 복지기획의 기능강화를 목표로 하고 있다. 지금까지 읍·면·동별로 하던 공통 행정업무는 통합·집중하고 대상자별 서비스는 전문화하는 방향으로 팀별 분담체계를 갖춤으로써 복지업무의 효율화·전문화를 기하고 있다.

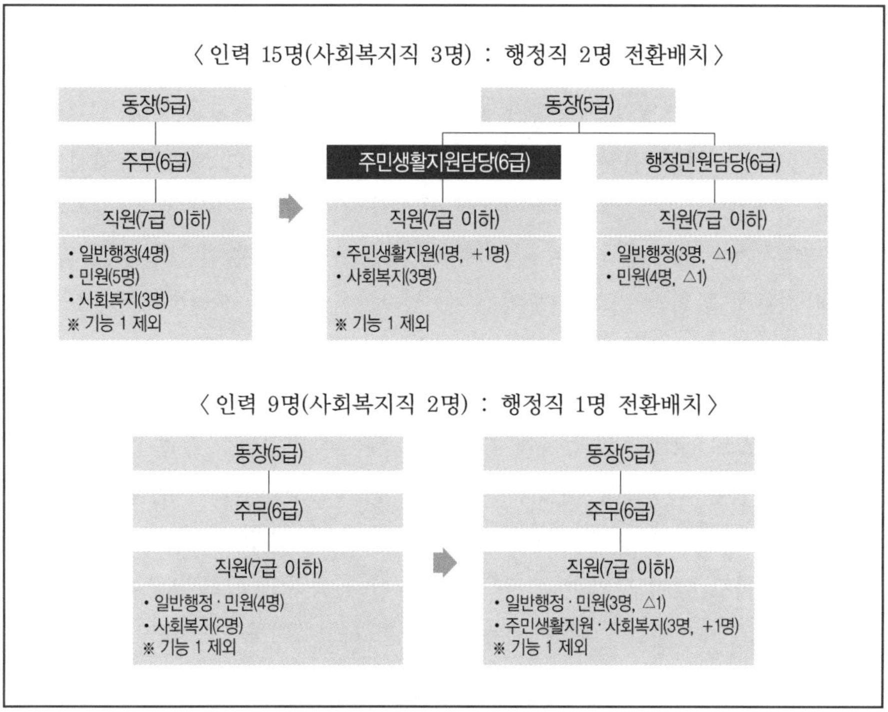

| 그림 8.3 | 동사무소 개편(예시)

4) 여성복지 전달체계상의 문제점

현행 사회복지 전달체계에서 서비스 전달의 효과성에 관련한 많은 문제점이 지속적으로 제기되어 왔다. 무엇보다도 사회복지 기능이 여러 중앙부처에 분산되어 있어 전문적이고 통합적인 서비스의 전달기능을 수행하는 데 어려움이 있고, 지방 수준에서도 지방자치단체의 보건사회국과 가정복지국, 보훈처의 지방보훈청, 노동부의 지방노동청 등으로 다원화되어 있다.

현 상황에서 나타나고 있는 사회복지 전달체계의 문제점은 다음과 같다.

첫째, 대부분의 사회복지서비스는 중앙정부에서 기본정책과 계획을 수립하고 이를 수행하기 위한 지침을 하달한다. 중간·하부기관은 그 지침에 따라 업무를 수행하는 상의하달식으로 전달되고 있다. 이러한 행정편의 위주의 체계에서는 중간 또는 하부조직에서 수혜대상자의 욕구나 지역의 욕구에 자율적이며 능동적으로 대처하기 어렵도록 되어 있어 서비스의 적절성, 통합성 및 포괄성을 달성하기 어렵다고 할 수 있다.

둘째, 사회복지 행정의 지방행정 체계에의 편입으로 기초생활보장, 의료급여, 사회복지서비스 등의 전달을 위한 행정체계가 행정자치부의 지방행정체계에 편입되어 수행됨으로써 사회복지서비스의 특성과 전문성을 전반적으로 살리지 못하고 있다. 거의 대부분의 경우 사회복지전담공무원이 종합행정 업무를 겸임함으로써 전문성 발휘의 기회가 줄어들 수 있다. 이로 인한 사회복지서비스 전달업무의 효과성, 책임성, 업무만족도가 저하되는 문제가 나타나고 있다.

셋째, 시·도 및 시·군·구 사회복지 업무담당자의 비전문성과 순환보직에 의한 업무수행으로 사회복지 업무에 대한 전문지식과 소명의식 부족 등으로 복지서비스 정책집행 과정에서 문제해결자 또는 전문가로서 역할이 취약하다. 전문성이 부족한 지방 사회복지 행정조직 관리자들이 복지행정, 예산 등을 기획, 지도, 감독을 하고 있어 다양한 복지욕구에 대한 신속하고 탄력적인 대응이 어렵다. 이러한 문제의 해결을 위해 전문성을 갖춘 사회복지사의 양성 및 충원과 지속적인 보수교육이 필요하다.

넷째, 사회복지서비스는 통합적으로 제공되어야 한다는 원칙에 비추어 현재의 공공사회복지 전달체계는 관련 부서들이 각각 분리 설치되어 있어 통합성이 대단히 낮다고 할 수 있다. 이와 같은 서비스의 단편성은 클라이언트의 문제를 통합적으로 해결하지 못해 서비스의 효과성과 효율성을 약화시키므로 이를 해결할 통합적 전달체계가 시급하다고 할 수 있다.

내용 요약

1. 사회복지 전달체계란 사회복지서비스의 공급자와 소비자(클라이언트) 간을 연결시키기 위한 조직적 장치이다.
2. 여성복지와 관련되어 있는 인력들은 보건복지부와 지방의 행정에 소속되어 있는 별정직 혹은 일반직 공무원인 여성복지 과장과 계장, 별정직 공무원인 여성복지상담원(모부자복지법상에는 모부자복지상담원이 명시되어 있으나 여성복지상담원이 겸임하고 있음), 사회복지전문요원들이 있다.
3. 길버트(Gilbert)와 스펙트(Specht)는 이상적인 사회복지서비스 전달체계란 서비스가 통합되고(integrated), 지속성이 있으며(continuous), 접근이 용이하고(accessible), 책임성이 있는 것을(accountable) 제시하였다.

CHECK 생각해 봅시다

1. 사회복지사무소의 운영 실태를 파악해 보고, 문제점을 정리해 봅시다.

2. 사회복지 전달체계상의 문제를 여성복지와 연관시켜 생각해 봅시다.

제 9 장

여성과 사회보험

주요 용어 | 국민연금, 주변부 수혜집단, 성격리 현상, 건강보험, 성차별적 가족, 산재보험, 산재발생률, 실업보험제도, 실업급여, 산전후휴가급여

사회보험은 가입자의 기여를 기초로 강제적 적용의 원칙과 손실의 결합의 원칙에 입각한다. 이렇게 위험을 분산하는 보험장치는 불확실성에 관한 문제를 해결하는 기능을 하며, 사회구성원의 심리·경제적 안전을 사회가 단위가 되어 보장하게 한다. 그렇다면 여성의 위험은 얼마나 보장되고 있는가? 이에 우리 사회의 4대 보험인 국민연금, 의료보험, 산재보험, 고용보험을 여성주의적 관점에서 살펴보기로 한다.

1. 국민연금과 여성

국민연금제도는 국민의 노령·폐질 또는 사망 등과 같은 사회적 위험이 발생한 경우에 가입자의 기여금과 사용주 또는 국가의 부담금을 주된 재원으로 하여

연금급여의 실시를 통한 장기적 소득을 보장함으로써 국민의 생활안정과 복지증진에 기여함을 목적으로 하는 사회보험의 하나이다(김인숙 외, 2001).

여성은 취업구조상 결혼과 육아로 인해 재취업의 경우가 줄어들고, 자녀의 성장에 따라 시간제 근로나 임의적용에 해당하는 형태의 취업이 이루어진다. 또한 같은 사업장에 취업하더라도 근속기간이 짧고 퇴직시기가 빠르며 임금수준이 낮다. 이러한 노동시장의 현실은 아무런 보완장치 없이 그대로 사회보험에 반영되고 있다.

우리나라의 연금제도는 기초연금 없이 소득비례로만 구성되어 있고, 10년 이상의 가입기간이 요구되는 연금체계에서 취업기간이 남성에 비해 짧은 여성은 불리할 수밖에 없다. 또한 지역 간, 사업장 규모 간, 상시근무 여부에 따라 선별적으로 적용되고 있는 국민연금은 노동시장에서 불리한 위치에 있는 여성을 주변부 수혜집단으로 떨어뜨리거나 수혜에서 배제시키고 있다.

1) 국민연금제도의 확대

1972년 시작된 제3차 경제개발5개년계획에서 중화학공업정책을 위한 내자동원의 수단으로 1973년 국민복지연금법이 제정되었으나 1973년 후반기의 석유파동으로 그 실시가 연기되었다. 1986년 개정되고, 1988년 1월부터 실시된 국민연금법은 10인 이상의 근로자가 있는 사업장에서 18~60세의 상용근로자를 대상으로 실시되었다. 1992년 1월부터는 당연적용 대상범위가 확대되어 상시근로자 5~9인을 고용하는 사업장도 당연적용을 받게 되었고, 당연적용 외의 사업장은 사용자가 당해연도 근무자 중 18~60세 근로자 2/3 이상의 동의를 받아야 연금가입이 가능했다. 1995년 7월부터는 농어촌지역으로 확대되어 18세 이상 60세 미만의 농어민과 군 지역에 거주하는 자영자에게도 적용되었다. 1999년 1월 1일부터 도시지역 거주자에게 확대 적용됨으로써 전 국민 연금시대를 맞이하게 된다. 즉, 시 지역에 거주하는 5인 미만 사업장 근로자, 일용근로자, 자영자 등이 포함되어 약 1,700만 명이 가입하기에 이르렀다. 2003년 7월 1일부터 5인 미만 사업장 및 비정규직 근로자 지역가입자에서 사업장 가입자로 전환되었고, 2006년 1월부터는 1인 이상 모든 사업장이 당연적용 사업장으로 확대 추진되었다.

이렇게 국민연금제도의 적용범위는 하향 보편주의적인 발전을 이루고 있다. 이 과정에서 제도적용계층과 미적용계층 간의 불평등이 여성에게 그대로 반영되었다고 볼 수 있다. 여성은 저임금, 소규모 사업장에 분포, 비공식 부문에의 종사라는 취업구조상의 특징으로 남성에 비해 국민연금제도의 소외계층에 머물러 있게 되었다.

국민연금의 여성가입자 비율은 제도가 도입되었던 1988년의 30.6%, 1990년의 29.5%, 1995년의 26.1%, 2000년의 30.1%, 2002년의 32.5%, 2003년의 34.2%, 2004년의 34.7%로 시행 초기와 비교해 큰 변화를 보이고 있지 않다. 특히 남성의 경우 1995년의 73.9%, 2000년의 69.9%, 2002년의 67.5%, 2004년의 65.3%와 비교하면 여성은 남성의 거의 절반 수준에 머물러 있는 것이다. 1992년에는 국민연금제도의 당연적용 대상범위가 5~9인의 사업장으로 확대 실시되었음에도 여성가입자의 비율은 전년도에 비해 감소하는(28.3%) 모습을 보였다. 이는 국민

| 표 9.1 | 가입종별 가입자 구분

종 별	종 류	가입 요건
지역 가입자	당연적용	18세 이상 60세 미만으로 사업장 가입자가 아닌 자
	특례적용	'99. 4. 1. 현재 60세 이상 65세 미만으로 '00. 3. 31.까지 가입신청을 한 자 ※ '34. 4. 2.~'39. 4. 1. 출생자
사업장 가입자	당연적용	상시 1인 이상의 근로자를 사용하는 사업장에 종사하는 18세 이상 60세 미만의 근로자 사용자
	임의적용	당연적용 사업장 외의 가입사업장에 종사하는 18세 이상 60세 미만의 근로자와 사용자
	특례적용	국민연금 가입사업장에서 종사하는 18세 미만의 근로자로서 본인 희망에 의해 사용자가 가입에 동의한 자
임의가입자		국내에 거주하는 18세 이상 60세 미만의 국민으로서 사업장가입자 및 지역가입자 가입요건에 해당하지 않는 자 - 국민연금 당연적용 대상자의 무소득 배우자 등
임의 계속 가입자	사업장임의	사업장에 종사하는 60세 이상 65세 미만자
	지역임의	지역가입자의 요건을 갖춘 60세 이상 65세 미만자
	일반임의	임의가입자로서 60세 이상 65세 미만자
국민연금 가입이 불가능한 자 (적용제외)		18세 미만자(특례적용 사업장가입자 제외), 타 공적연금 가입자, 특수직종 근로자로서 노령연금 수급권을 취득한 자, 조기노령연금수급권을 취득하고 급여의 지급이 정지되지 아니한 자, 국외거주자, 60세 이상자(임의계속 가입대상자 제외)

연금제도가 확대 실시되었음에도 연금가입 측면의 성차별이 완화되지 않았음을 나타내고 있는 것이다. 1999년 전 국민 연금시대를 연 이후 2006년 1월 '1인 이상 모든 사업장의 당연적용 사업장으로의 확대 추진'으로 성차별문제가 다소 해결될 것으로 기대해 본다.

2) 국민연금제도의 성차별적 성격

국민연금법은 노령·질병 또는 사망에 대하여 가입자의 갹출금을 주된 재원으로 하여 연금급여를 실시한다. 만 18세 이상 60세 미만의 국내에 거주하는 국민 가운데 군인연금법, 공무원연금법 및 사립학교교직원연금법 적용자를 제외한 모든 국민을 적용대상으로 한다. 가입자의 종류는 사업장가입자, 지역가입자 및 임의계속가입자로 구분되며, 사업장 가입자는 사용자와 근로자가 갹출금을 공동부담하고 그 밖의 가입자는 본인이 전액 부담한다. 급여의 종류에는 노령연금, 장애연금, 유족급여, 반환일시금, 사망일시금 등이 있다. 그런데 국민연금법의 내용 중 여성 관련 내용을 분석하면 성차별적 성격을 규명할 수 있다.

첫째, 유족의 범위설정에 있어 남녀 간에 차이가 있다. 현행 국민연금법은 '노령연금 수급권자나 가입기간이 10년 이상인 가입자, 장애등급 2급 이상에 해당하는 장애연금수급권자가 사망한 경우, 그 자에 의해 생계가 유지되고 있던 유족에게 유족연금이 지급된다'라고 규정하고 있는데, 국민연금법 제63조 제1항에 의하면 "배우자 다만, 부의 경우에는 60세 이상이거나 장애등급 2급 이상에 해당하는 자에 한한다."고 남성의 유족연금 수급권을 제한하는 것은 남성의 경제활동을 자연스럽게 받아들이는 반면 여성은 남성의 생계의존자라는 사회인식을 그대로 반영한 것이라 할 수 있다.

둘째, 성차별적 사회가치의 반영정도로 국민연금제도에서 검토해 볼 변수는 여성의 재생산역할, 지지하는 가족의 형태, 가사노동 가치의 인정여부 등이다(김인숙 외, 2001). 여성의 재생산역할이라는 변수에 있어 국민연금법은 확대적 개념에 입각해 있다. 이는 배우자에 대한 유족연금의 지급정지 조항에서 알 수 있다. 즉, 제66조에서 "유족연금의 수급권자인 처에 대하여는 수급권이 발생한 때부터 5년간 유족연금을 지급한 후 50세에 달할 때까지 그 지급을 정지한다."라고 하여 여성의 일차적 역할을 모성에 두고 있음을 알 수 있다.

한편 국민연금제도는 남성이 그 가족을 부양한다는 전통적 가족개념에 입각하고 있는데, 이러한 사실은 가급연금을 통해서 알 수 있다. 가급연금은 연금 수급권자에게 생계를 의존하고 있는 가족성원을 부양하도록 지급하는 부가급여로, 연금수급권을 취득할 당시 그 자에 의해 생계를 유지하고 있던 배우자, 18세 미만 또는 장애등급 2등급 이상에 해당하는 자녀, 60세 이상 또는 장애등급 2급 이상에 해당하는 부모에게 일정액이 지급된다. 미취업 기혼여성의 경우 남편을 통해 가급연금액을 지급받을 수 있으나, 이 가급연금액은 연금수급자가 배우자와 이혼할 경우 지급이 중단된다. 이는 이혼에 대한 사회의 부정적 가치를 반영한 것으로 볼 수 있으며 전통적인 가족형태를 사회보장제도를 통해 유지하려는 의도라고 할 수 있다.

또한 현행 국민연금법상 가급연금이나 유족연금에서 배우자를 대상으로 하는 것은, 여성이 아동이나 노인처럼 남성의 생계 의존자라는 전제하에 제공되는 것으로 결코 가사노동의 가치를 인정하지 않는 성차별 모델이라고 할 수 있다. 이는 이혼 시 재산분할청구권을 인정하는 가족법보다도 성차별적 성격을 보이고 있는 것이라 할 수 있다.

앞선 논의에서 알 수 있듯이 현행 국민연금법제도는 시행 초기에 비해 성차별적 요소가 점차 개선되고 있으나 가장의 가족부양 원칙을 고수하는 전통적 가족을 지지하며, '남성은 가족부양자, 여성은 생계의존자'라는 남성 중심의 사회보험 모델의 성격을 보여줌으로써 성차별적 성격을 드러내고 있다.

3) 국민연금의 집행 현황

국민연금제도의 집행 결과에 나타난 성불평등은 여성의 취업구조의 특성과 관련이 있다. 가입 측면에서 보면 1992년의 경우 502만 1,159명 중 여성가입자가 142만 3,085명으로 28.3%를 차지하였다. 이 중 사업장가입자의 여성비율은 28.4%로 이는 여성의 5인 이상 사업장 종사비율을 그대로 반영한 것이라 할 수 있다. 1992년 여성의 경제활동참여율이 47.1%인 것에 비해 여성의 국민연금 가입비율은 매우 낮은 수치이다. 이는 여성의 취업이 5인 이하 소규모의 사업장에 많이 분포되어 있고, 비공식 부문에 종사하는 비율이 높다는 것을 나타내 준다. 이후 국민연금이 확대 적용되었으나 여성의 비율에는 큰 변동이 없었음을 알 수 있다. 2004년의 경우 여성이 경제활동참여율은 49.8%이나 국민연금에의 가입은 34.7%로 경제활동참여율에 비해 여전히 낮게 나타나고 있다.

| 표 9.2 | 연도별 가입자 현황

(단위 : 개소, 명)

구 분	총가입자	사업장가입자		지역가입자			임 의 가입자	임 의 계 속 가입자
		사업장	가입자	계	도 시	농어촌		
'88.12	4,432,695	58,583	4,431,039	–	–	–	1,370	286
'92.12	5,021,159	120,374	4,977,441	–	–	–	32,238	11,480
'95.12	7,496,623	152,463	5,541,966	1,890,187		1,890,187	48,710	15,760
'96.12	7,829,353	164,205	5,677,631	2,085,568	–	2,085,568	50,514	15,640
'99.04	16,268,779	174,496	4,992,716	11,113,148	9,045,812	2,067,336	34,250	128,665
'99.12	16,261,889	186,106	5,238,149	10,822,302	8,739,152	2,083,150	32,868	168,570
'00.12	16,209,581	211,983	5,676,138	10,419,173	8,381,451	2,037,722	34,148	80,122
'01.12	16,277,826	250,729	5,951,918	10,180,111	8,132,036	2,048,075	29,982	115,815
'02.12	16,498,932	287,092	6,288,014	10,004,789	7,997,593	2,007,196	26,899	179,230
'03.12	17,181,778	423,032	6,958,794	9,964,234	7,902,223	2,062,011	23,983	234,767
'04.12	17,070,217	573,727	7,580,649	9,412,566	7,403,424	2,009,142	21,752	55,250
'05.12	17,124,449	646,805	7,950,493	9,123,675	7,154,658	1,969,017	26,568	23,713
'06.08	17,587,950	755,231	8,454,978	9,084,910	1,971,409	7,113,501	26,792	21,270

자료 : 국민연금관리공단, 2006

| 표 9.3 | 성별 공적연금제도 가입자 현황

(단위 : 천 명, %)

구 분	공적연금			국민연금			공무원연금			사학연금		
	가입자	여성	남성	가입자	여성	남성	가입자	여성	남성	가입자	여성	남성
1995	8,636	26.4	73.6	7,497	26.1	73.9	958	26.9	73.1	181	33.6	66.4
2000	17,330	30.2	69.8	16,210	30.1	69.9	909	31.2	68.8	211	37.0	63.0
2001	17,407	31.0	69.0	16,278	30.9	69.1	913	32.1	67.9	216	38.2	61.8
2002	17,651	32.7	67.3	16,499	32.5	67.5	931	33.1	66.9	221	39.1	60.9
2003	18,355	34.3	65.7	17,182	34.2	65.8	948	34.3	65.7	225	40.0	60.0
2004	18,265	34.8	65.2	17,070	34.7	65.3	965	35.7	64.3	230	41.0	59.0

자료 : 국민연금관리공단, 2006

| 표 9.4 | 여성의 경제활동참여율(2004)

구 분	경제활동인구		경제활동참여율		실업자		실업률	
	여성	남성	여성	남성	여성	남성	여성	남성
계	9,668	13,703	49.8	74.8	304	509	3.1	3.7
15~19세	164	134	11.0	8.2	21	19	12.7	14.2
20~24	1,190	712	62.5	51.8	100	80	8.4	11.2
25~29	1,189	1,580	63.7	82.0	46	125	3.9	7.9
30~34	1,081	2,077	50.3	93.8	30	72	2.8	3.5
35~39	1,193	2,016	58.8	95.1	29	55	2.4	2.7
40~44	1,378	2,035	65.4	94.8	26	47	1.9	2.3
45~49	1,172	1,760	62.6	92.5	26	40	2.2	2.3
50~54	755	1,213	56.1	89.4	11	27	1.5	2.3
55~59	548	893	49.4	80.7	9	27	1.6	3.0
60+	999	1,282	28.3	49.6	6	18	0.6	1.4

자료 : 한국여성개발원, 2006

국민연금제도 시행의 결과 나타난 성불평등의 문제를 수급의 측면에서 살펴보면, 반환일시금의 경우 여성의 소득이 남성에게 이전될 가능성이 있다. 반환일시금은 가입기간이 10년 미만인 자가 60세에 달한 때, 가입자 또는 가입자이었던 자가 사망한 때, 가입자 또는 가입자이었던 자가 국적을 상실하거나 국외에 이주한 때, 공무원연금법·군인연금법·사립학교교직원연금법 또는 별정우체국법의 적용을 받는 공무원·군인·사립학교교직원 또는 별정우체국직원이 된 때(제67조) 지급되는 것으로 일정 반환일시금을 수령하면 은퇴 후 매달 지급되는 노령연금 수급권이 상실되며 장애연금 또는 유족연금 사유가 발생한 경우에도 이를 지급받을 수 없다. 그런데 여성은 남성들보다 국민연금이 지급하는 전면적 혜택 대신에 경제적으로 불리한 반환일시금을 수급할 확률이 높다는 것이다. 〈표 9.3〉과 〈표 9.5〉에서 볼 수 있듯이, 2004년의 경우 남성연금 가입자가 여성연금 가입자의 2배에 이르며, 노령연금의 경우 남성이 여성의 2배 이상임을, 반환일시금 수급의 경우 2001년, 2002년에는 여성의 수급율이 높게 나타나고 있던 것이 2003년으로 접어들면서 성별 상황이 달라짐을 알 수 있다. 이렇게 연금수급 조건을 남성의 노동유형을 중심으로 구조화하는 것은 여성의 연금혜택을 부당하게 제한하고 남성에게 여성의 소득이 이전되는 결과를 낳고 있다.

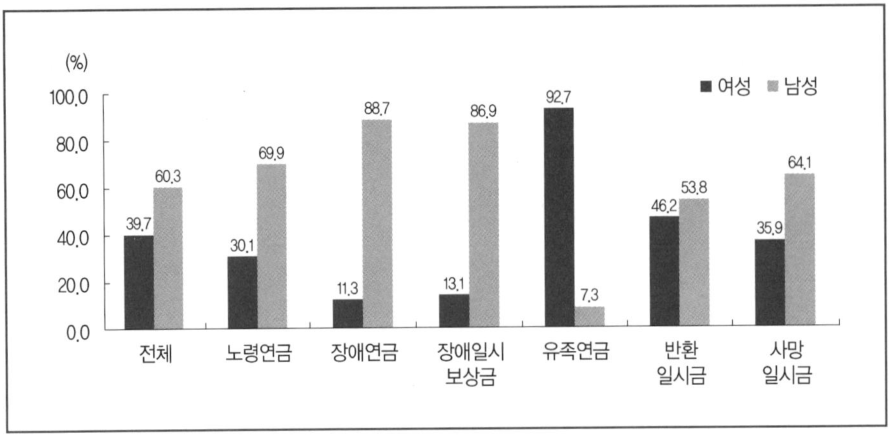

| 그림 9.1 | 국민연금 급여종류별·성별 수급자 현황(2004)

자료 : 국민연금관리공단(2005), 국민연금통계연보

| 표 9.5 | 국민연금 급여종류별·성별 수급자 현황

(단위 : 명, %)

구 분	전 체	노령연금	장애연금	장애일시 보상금	유족연금	반환 일시금	사망 일시금
〈2000〉	933,720	482,042	21,914	2,170	118,501	304,477	4,616
여성	40.8	28.1	9.6	8.7	92.2	43.5	29.9
남성	59.2	71.9	90.4	91.3	7.8	56.5	70.1
〈2001〉	955,803	602,197	27,456	2,469	145,717	171,170	6,794
여성	41.9	28.2	10.1	8.7	92.4	53.0	32.9
남성	58.1	71.8	89.9	91.3	7.6	47.0	67.1
〈2002〉	1,059,365	717,488	32,876	2,194	171,186	129,570	6,051
여성	40.6	27.9	10.5	10.7	92.6	50.9	34.0
남성	59.4	72.1	89.5	89.3	7.4	49.1	66.0
〈2003〉	1,177,378	819,800	39,727	2,853	198,343	109,178	7,477
여성	39.5	27.6	10.9	9.3	92.6	42.9	35.3
남성	60.5	72.4	89.1	90.7	7.4	57.1	64.7
〈2004〉	1,541,630	1,156,098	47,260	3,609	226,806	100,296	7,561
여성	39.7	30.1	11.3	13.1	92.7	46.2	35.9
남성	60.3	69.9	88.7	86.9	7.3	53.8	64.1

자료 : 국민연금관리공단(각 연도), 국민연금통계연보

평균수명의 연장으로 이미 고령화 사회로 접어든 한국 사회의 상황에서 국민연금은 노인들의 중요한 수입원이 될 것이나, 앞에서 살펴본 것처럼 연금수급

조건을 남성의 노동유형을 중심으로 구조화하는 한 노후의 소득보장에 있어 남성은 사회보험인 국민연금에, 여성은 공공부조인 기초생활보장에 의존하게 되는 성격리 현상은 필연적인 결과일 것이다. 이러한 문제는 제도의 확대 실시가 국민연금제도 내에서의 성차별 개선의 전제조건이 될 것이다.

2. 건강보험과 여성

국민건강보험제도는 생활상의 질병·부상에 대한 예방·진단·치료·재활과 출산·사망 및 건강증진에 대하여 보험급여를 실시하여 국민보건을 향상시키고 사회보장을 증진시킴으로써 보험의 원리를 이용하여 의료비의 지출부담을 국민건강보험 가입자 모두에게 분산시켜 국민생활의 안정을 도모하기 위한 사회보험이다. 우리나라 건강보험의 연혁을 살펴보면, 1963년 의료보험법이 제정되었으나 임의적용 방식으로 유명무실해졌다가, 1970년 강제적용으로 의료보험법이 개정되었으나 그 시행령조차 마련하지 못했다.

이후 1976년 12월 의료보험법 전문이 개정되었고, 1977년 1월부터 생활보호대상자 등에 대하여 의료보호를 실시하였으며, 같은 해 7월부터 500인 이상의 사업장근로자를 대상으로 강제적용의 의료보험이 실시되어 본격적인 의료보험제도가 출발하게 되었다. 1980년 들어 전 국민 의료보험 확대실시를 위한 기반 조성에 힘쓴 결과, 1989년 제도 도입 12년 만에 전 국민을 대상으로 하는 의료보험을 달성하기에 이른다.

이후 1997년 12월 '국민의료법'이 제정되고, 1998년 10월 1일 동법에 의해 국민의료보험관리공단이 출범함에 따라 그 동안의 조합주의 방식이 통합주의방식으로 바뀌었다. 2000년 7월에는 의료보험조직이 완전히 통합되어 국민건강보험공단 및 건강보험심사평가원의 업무가 시작되었고, 2002년 1월에는 '국민건강보험재정건전화특별법'이 제정·시행되었으며, 2003년 7월에는 직장·지역 가입자의 재정이 통합·운영되기 시작하였다.

건강보험에서 여성은 피고용인의 자격으로 피보험자가 되거나 피부양자로서 보험의 적용을 받는다. 건강보험에서 문제가 되는 것은 급여의 문제로, 건강보험의 급여는 현물급여와 현금급여로 구분되어 있는데, 우리나라의 건강보험은 대부분 현물급여로 되어있고, 현금급여는 매우 취약하다고 할 수 있다. 특히 대부분의 나라에서 필수적인 급여로 인정하고 있는 산전·후 진찰 역시 보험적용에서 제외되어 있다. 현재의 급여체계는 여성의 의료욕구를 제대로 보장하지 못하고 있으며, 의료를 이용하는 여성에게 비급여로 인한 높은 비용부담을 지우고 있는 것이다.

1) 건강보험제도의 전개

1963년 12월 16일 제정된 '의료보험법'은 300인 이상 사업장에 임의로 적용되는 것이었으므로 실효성이 없었다. 이후 1976년 본 법을 전면 개정하여 1977년 1월에는 생활보호대상자 등에 대하여 의료보호가 실시되었다. 국민부담능력 등을 고려하여 실시 가능한 임금소득계층부터 점진적으로 의료보험 적용이 확대되어, 동년 7월에는 500인 이상 사업장 근로자들에게 의료보험이 실시됨으로써 최초의 강제적용이 이루어졌다. 1979년 1월에는 공무원 및 사립학교 교직원에 대한 의료보험이 실시되었고, 동년 7월에는 300인 이상 사업장까지 의료보험이 확대되었다.

1980년대는 전 국민 의료보험 확대 실시를 위한 기반 조성의 시기라 할 수 있다. 1981년 7월 지역의료보험 1차 시범사업의 실시, 1982년 7월 2차 시범사업 실시, 1988년 7월에 이르러서는 5인 이상 사업장까지 의료보험의 당연적용이 이루어졌다. 또한 1988년 1월의 농·어촌지역 의료보험 실시와 1989년 7월 도시지역 의료보험의 실시로 제도 도입 이후 12년 만에 전 국민 의료보험 시대를 열었다.

1990년대 들어서는 의료보험조직이 통합되어, 1998년 10월 1일에는 국민의료보험관리공단의 업무가 시작되었고, 2000년 7월에는 의료보험조직이 완전 통합되어 국민건강보험공단과 건강보험심사평가원의 업무가 시작되었으며, 2003년 7월에는 직장·지역가입자의 재정이 통합·운영되기에 이른다.

이렇게 의료보험의 적용범위가 하향적 보편주의를 지향하는 발전을 해왔음을 알 수 있는데, 이러한 발전형태는 제도 시행의 편의주의와 정치·경제적 목표가 평등지향적 사회정책 목표보다 우선되었음을 반영하는 것이다. 이러한 과정에서 제도적용계층과 미적용계층 간의 불평등이 여성들에게 그대로 나타나고 있다고 할 수 있다. 여성들은 저임금, 소규모 사업장에서의 노동, 비공식 부문에서의 종사라는 취업구조상의 특징으로 인해, 피보험자라는 측면에서 볼 때, 남성에 비해 여성이 오랫동안 의료보험제도의 소외계층에 머물러 왔다.

〈표 9.6〉에서 볼 수 있는 것처럼 직장의료보험의 경우, 피보험자 중 여성이 차지하는 비율은 1990년대 초반의 40%대에서 2003년도 현재 30.8%로 점차 감소하는 양상을 보이고 있다. 이러한 추이는 공·교의료보험에서도 마찬가지임을 알 수 있다. 피보험자 중 여성이 차지하는 비율은 1980년의 24.0%, 1990년의 30.0%, 2000년 42.7%, 2003년 32.3%로 1990년대 들어 공·교의료보험의 여성 피보험자 수가 증가하는 추세였으나 2000년을 기점으로 다시 감소하는 모습을 보이고 있다. 의료보험제도의 확대실시에도 불구하고 이렇게 여성의 피보험자 비율이 크게 증가하지 않는 것은, 앞에서 살펴본 것처럼 여성의 취업구조상의 특징이 그대로 의료보험의 성별 구조에 반영된 결과라고 할 수 있다.

1989년 7월 이후 의료보험이 전 국민에게 확대·적용됨으로써 적용계층에서의 불평등문제는 해결되었다고 할 수 있으나, 제도의 내용과 결과에는 여전히 성차별적 내용을 내포하고 있음을 알 수 있다.

| 표 9.6 | 건강보험제도 및 남녀 피보험자 비율

(단위 : 명, %)

구 분 / 연 도	직장의료보험			공·교의료보험		
	피보험자			피보험자		
	여 자	남 자	여성비	여 자	남 자	여성비
1980	733,538	1,237,651	59.3	182,335	759,134	24.0
1990	1,600,513	4,299,353	43.3	280,267	933,327	30.0
2000	1.591,651	4,299,353	37.0	412,362	964,606	42.7
2003	2,715,433	6,089,473	30.8	461,786	965,917	32.3

자료 : 국민건강보험공단(1980~2004), 건강보험통계연보

2) 건강보험제도의 성차별적 성격

건강보험도 국민연금과 마찬가지로 의료보험법에 나타난 성차별적 성격을 법조문 중 여성과 관련된 내용과 사회가치의 반영 정도로 나누어 살펴본다.

첫째, 실질적인 의미의 의료보험이 시작되던 시기(1977)에는 남자 피보험자의 경우 부모인 직계존속이 당연 대상이었으나, 여자 피보험자의 경우 미혼과 기혼에 차별을 두어, 미혼은 장녀로서 오빠가 없거나 있어도 20세 미만인 경우 부모인 직계존속이 당연 대상이었고, 기혼의 무남독녀인 경우에 한했었다. 의료보험의 도입 초기에는 이렇게 피부양자 인정기준에 있어 성차별적인 조항을 두고 있었다.

현행 건강보험제도는 여러 번의 개정 과정을 거치면서 이전 법안에서 나타나고 있던 남녀차별적 요소들은 많이 완화되었다고 할 수 있으나 여전히 '성차별'이란 변수에서 여성보호조항을 가지고 있어 '성차별 보상적 성격'을 나타낸다. 이러한 여성보호조항은 기존의 성차별적 가족을 계속 유지하여 여성의 의존적 상태를 영속화시키는 데 기능하는 문제를 가지고 있다고 할 수 있다.

둘째, 기존의 성차별적 사회가치의 반영이라는 측면에서 보면, 국민건강보험법은 피부양자 범위에서 사실혼 관계를 인정하지 않고 있다. 이러한 태도는 전통적인 가족형태만을 지지하는 것으로 성차별 모델에 속한다고 볼 수 있다(김인숙 외, 2001). 이는 국민건강보험법이 다른 사회보험제도와는 달리 전통적 가족만을 지지하는 보수적인 성격을 나타내는 것이라 할 수 있다.

3) 건강보험의 집행 현황

건강보험의 집행 정도를 여성주의적 시각을 가지고 살펴보기로 한다. 〈표 9.7〉에서 볼 수 있듯이 2004년 우리나라 의료보험 적용인구는 약 4,737만 명으로 전체 의료보장 인구의 98.5%*이며, 이 중 남성이 50.5%이고 여성이 49.1%를 차지하지만 이러한 수치는 인구학적 특징을 반영한 것이지 성차별적 의미를 지니지 않는다.

---

* 의료보험 및 의료부조대상자는 제외됨.

직장 및 공·교의료보험의 경우 성비가 조금은 다른 양상을 보여주는데, 직장의료보험은 여성이 49.1%, 남성이 50.9%, 공·교의료보험은 여성이 52.8%, 남성이 47.2%를 보이고 있다. 이러한 수치는 최근 교사와 공무원 직에 여성의 진출 정도가 두드러짐을 나타내는 것이라 할 수 있다. 이렇게 매우 성차별적이던 피부양자 인정기준이 많이 개선되기는 하였지만 여전히 성차별적 내용이 잔재해 있는 것이 사실이다.

한편, 의료보험의 성별·표준보수 월액의 분포를 보면, 직장의료보험이나 공·교의료보험 모두에서 여성의 표준보수가 낮음을 확인할 수 있다. 이는 여성의 임금이 남성에 비해 낮은 경제구조의 반영이라 할 수 있다.

다른 한편, 현행 건강보험법에서는 피보험자 또는 그 피부양자인 배우자가 요양 취급기관에서 분만할 때는 분만급여를 받고, 비용의 일부를 본인이 부담하도록 되어 있던 부분은 2005년 1월 이후 면제되기에 이른다. 그러나 분만에 대한 본인부담금, 산전·후 진찰에 대한 비급여, 여성질환 검진 등 예방서비스의 비급여 등 모성보건 관련 보험급여가 불충분하다. 따라서 현재 우리 사회의 초미의 관심사로 떠오른 저출산의 문제를 국가 차원의 모성보호를 위한 확고한 정책의지로 모성보건과 관련한 보험급여를 신설하는 작업이 필요하며, 여성에게 흔히 발생하는 질병의 조기검진을 위한 검사를 보험급여화해야 한다.

| 표 9.7 | 건강보험제도 및 성별 적용인구(2004)

(단위 : 명, %)

계			직장의료보험		공·교의료보험		지역 및 직종의료보험*	
계	여 자	남 자	여 자	남 자	여 자	남 자	여 자	남 자
47,371,992	23,442,868	23,929,124	12,881,435	13,097,873	2,435,899	2,306,741	10,561,433	10,831,251
성비(%)	49.1	50.5	49.1	50.9	52.8	47.2	48.8	51.2

자료 : 국민건강보험공단(2001~2005), 건강보험통계연보

| 표 9.8 | 건강보험제도 및 성별 적용인구(2005)

(단위 : 명, %)

계			직장의료보험		지역의료보험	
계	여 자	남 자	여 자	남 자	여 자	남 자
47,392,052	23,450,598	23,941,454	13,510,794	13,722,504	9,939,804	10,218,950

자료 : 국민건강보험공단(2001~2005), 건강보험통계연보

* 직종의료보험은 1989년 6월 30일자로 해산됨.

| 표 9.9 | 성별·표준보수 월액 등급별 의료보험제도 피보험자 분포*

(단위 : 명, %)

구 분			계	1~30	31~36	37~44	45 이상
1997	여	직장	100.0(1,542,512)	14.8	14.5	37.9	8.8
		공·교	100.0(390,005)	18.9	17.8	36.8	15.2
	남	직장	100.0(4,300,838)	2.9	2.8	34.0	53.0
		공·교	100.0(867,900)	9.3	9.2	37.8	33.3
1999	여	직장	100.0(1,409,549)	12.7	41.6	33.7	12.0
		공·교	100.0(381,716)	2.6	13.6	33.8	55.5
	남	직장	100.0(4,016,163)	1.4	9.8	38.4	50.4
		공·교	100.0(821,083)	3.0	5.2	23.1	68.7

자료 : 한국여성개발원, 여성통계

이렇게 건강보험제도는 도입 초기에는 성차별적 성격을 강하게 보여주고 여성에게 불리하게 작용하였으나, 적용인구의 확대와 피부양자 인정기준의 개정으로 성차별적 성격이 완화되었다고 볼 수 있다. 그럼에도 불구하고 건강보험제도는 그 기본전제가 남성 중심의 보수적인 가족을 지지하는 성격에서 벗어나지 못하고 있다.

3. 산재보험과 여성

산업재해보상보험(이하 산재보험)은 "근로자의 업무상의 재해를 신속하고 공정하게 보상하고, 재해근로자의 재활 및 사회복귀를 촉진하기 위해서 이에 필요한 보험시설을 설치·운영하며 재해예방 기타 근로자의 복지증진을 위한 사업을 행함으로써 근로자 보호에 이바지함을 목적"으로 1964년부터 실시되었으며, 우리나라의 사회보험 중 가장 오랜 역사를 가지고 있다.

* •1~30등급 : 49만 5천 원 미만 •31~36등급 : 49만 5천~70만 원
•37~44등급 : 70만 5천~105만 5천 원 •45등급 이상 : 105만 5천 원 이상

| 표 9.10 | 기업규모별, 업종별 산재보험 적용확대 추이

연 도	기업규모	업종 관련 비교
1964	500인 이상	광업, 제조업
1965	200인 이상	전기가스업, 운수보관업
1966	150인 이상	
1967	100인 이상	유기사업(연간 25,000인)이상
1969	50인 이상	건설업, 서비스업, 수도, 위생설비업, 통신업 신설
1974	16인 이상	
1976	16(5)인 이상	광업, 제조업 중 화학·석유·석탄·고무·플라스틱 제조업은 5인 이상
1982	10(5)인 이상	벌목업 추가, 적용업종 중 10인 이상, 연간 27,000인을 사용하는 전사업 및 건설공사 중 4,000만 원 이상 모든 공사
1983	10(5)인 이상	농수산물 위탁판매업 및 중개업 추가
1986	10(5)인 이상	베니아판제조업 등 14개 업종은 5인 이상
1987	10(5)인 이상	목제품제조업 등 20개 업종은 5인 이상
1988	5인 이상	전자제품제조업 등 16개 업종은 5인 이상
1991	5(10)인 이상	광업, 임업, 어업, 수렵업, 도·소매업, 부동산업 10인 이상 확대
1992	5인 이상	광업, 임업, 수렵업, 도·소매업, 부동산업 5인 이상 확대
1996		교육서비스업, 보건 및 사회복지사업
1998		금융보험업, 해외파견업
2000	1인 이상	- 적용규모를 전면적으로 확대, 농업·임업(벌목업 제외)·어업·수렵업 등 일부업종(근로자 5인 이상)을 제외한 모든 업종에서 상시근로자 1인 이상, 건설공사는 2000만 원 이상으로 적용확대 - 중소 사업주(근로자수 50인 미만 사업장)
2003	전 사업장	근로자를 사용하는 모든 사업 또는 사업장

자료 : 박영란 외(2001), 사회보험제도의 여성수급현황 및 개선방안연구, 한국여성개발원

현재 산재보험의 적용은 "근로자를 사용하는 모든 사업 또는 사업장"으로 확대·적용함으로써(2003. 12. 전문개정) 이전의 5인 미만 사업장 제외에서 발생하는 문제들을 해소할 수 있었다. 주지하다시피 여성의 상당수가 5인 미만 사업장에 종사하고 있으며, 많은 여성들이 업무상 상병에 대해 안전장치가 마련되어

있지 않은 직종에 종사하고 있는 사실에 비추어 산재보험의 모든 사업장에서의 적용은 특히 여성근로자들에게는 뜻깊은 진전이라 할 수 있다.

1) 산재보험의 정착

1963년 11월에 제정되어 1964년 500인 이상 사업장을 대상으로 실시된 산재보험은 대상 사업체수 64개소, 대상 근로자 8만 1,798명에 불과했다. 그 후 수차례에 걸친 법개정을 통해 적용대상이 크게 확대되었다. 1991년 시행령 개정으로 10인 미만의 사업장까지 확대되어 일부 업종을 제외한 전 업종에 걸쳐 적용되었으며, 2003년 "근로자를 사용하는 모든 사업 또는 사업장"으로 확대·적용되어, 2004년 현재 산재보험 적용근로자 수는 1,047만 3,090명이고, 총재해자수 8만 8,874명 중 여성재해자 수는 1만 3,159명으로 14.8%로 나타나 있다.

이렇게 산재보험의 적용범위는 하향적 보편주의를 지향하는 발전을 해왔음을 알 수 있는데, 이러한 과정에서 산재보험제도 적용계층과 미적용계층 간의 불평등이 여성에게도 그대로 투영되었다고 볼 수 있다. 여성은 여전히 저임금, 소규모 사업장에 많이 분포되어 있고 비공식 부문에 종사하는 비율이 높다. 이러한 취업구조상의 특징으로 인해 여성이 남성에 비해 오랫동안 산재보험제도의 소외계층으로 머물러 있었던 것이 사실이다.

2) 산재보험의 성차별적 성격

산재보험법은 여성만이 아닌 전체 근로자를 대상으로 하고 있으므로 여성근로자를 대상으로 하는 성차별적 조항이나 보호조항이 존재하지 않는다.

한편 산재보험법은 여성의 재생산역할이라는 변수와 관련하여, 유족보상연금의 수급자 범위에 있어 부인의 경우는 연령의 제한이 없으나 남편의 경우 60세 이상인 경우로 제한하고 있어 배우자의 연령 범위가 차이가 난다(산재보험법 제43조의2). 이러한 차이는 여성은 가사노동의 종사자이며, 남성에게 경제적으로 의존하고 있다는 것을 전제로 한 것임을 알 수 있다. 그러나 지지하는 가족형태의 측면에서 볼 때, '유족급여에 사실혼도 포함한다'고 명시하고 있어 어느 정도 진보적인 입장을 견지하고 있는 것으로 평가할 수 있다.

3) 산재보험의 집행 현황

산재보험법은 여성만이 아닌 전체 근로자를 대상으로 하는 정책이므로 의도하지 않은 성차별적 효과를 중심으로 살펴보기로 한다.

산업재해의 발생 추이를 성별 산업재해자수와 재해율을 가지고 살펴보면, 〈표 9.11〉에서 알 수 있듯이 1990년에는 전체 산업재해발생 근로자 13만 2,893명 중 여성이 차지하는 비율이 1만 3,149명으로 9.9%였으나 2000년대 들어서는 여성이 차지하는 비율이 소폭의 증가 추세 양상을 띤다. 이는 1980년대와 1990년대 초반과 비교하면 다른 양상임을 알 수 있다. 1985년의 여성 산업재해 발생 비율이 16.4%로 높이 나타나고 있으나 1990년대 들어 그 비율은 10%대로 줄어들었다. 이는 시기별 경제상황 및 여성취업률과 밀접한 관계가 있다고 할 수 있다.

| 표 9.11 | 성별 산업재해발생 추이

(단위 : 명, %)

연 도	계	여	남
1985	141,809	16.4	83.6
1990	132,893	9.9	90.1
1994	84,480	10.1	89.9
1997	65,732	10.4	89.4

자료 : 노동부(각 연도), 산업재해분석

| 표 9.12 | 성별 산업재해자수 및 재해율

(단위 : 명, %)

구분	산재보험 적용 근로자수	재해자수					재해율*
		계	여 성		남 성		
			인원수	비 율	인원수	비 율	
1990	7,542,752	132,893	13,146	9.9	119,747	90.1	1.76
1994	7,273,132	85,948	8,629	10.0	77,319	90.0	1.18
2000	9,485,557	68,979	9,009	13.1	59,976	86.9	0.73
2002	10,571,279	81,911	11,457	14.0	70,454	86.0	0.77
2004	10,473,090	88,874	13,159	14.8	81,346	85.2	0.85

자료 : 노동부(각 연도), 산업재해분석

* 재해율 = 재해자수 / 적용근로자수 × 100

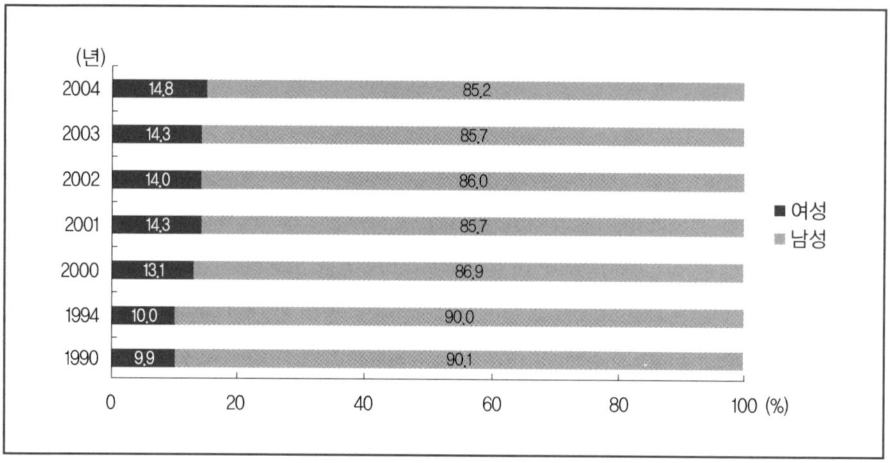

| 그림 9.2 | 성별 산업재해자 비율

자료 : 노동부(각 연도), 산업재해분석

이처럼 여성의 산재발생률이 남성에 비해 상대적으로 낮은 것은 산재보험제도의 기본 취지가 남성적인 재해의 정의, 즉 여성의 직종보다 남성의 직종에서 주로 발생하는 사고형 재해를 대상으로 하고 있기 때문이다.

이렇게 산재보험은 성차별문제와는 무관한 듯 보이나 법조문 자체에 나타난 성격은 전통적인 가족을 지지하는 성차별 모델과 성차별 보상 모델의 혼합형태라고 할 수 있다. 그 집행과정에서도 구체적인 성차별이 발견되지는 않는 듯 하나 산재의 대상 영역이 사고 중심의 남성적 개념에 입각하고 있기 때문에 여성근로자가 소외될 가능성이 높다. 이러한 문제를 해결하기 위해서는 산업재해보상보험제도가 여성고용비율이 높은 소규모의 영세 사업장까지 실질적으로 적용되어 그 적용률을 높여야 하고, 본 제도가 여성근로자의 업무상 재해에 적절히 대응할 수 있도록 보장성을 높여야 한다. 즉, 급여체계의 보장성을 높이고, 여성근로자의 업무상 재해현상을 파악하여 산업재해로 인정받을 수 있도록 해야 하며, '남성은 부양자, 여성은 피부양자'라는 전제를 탈피하는 체계로 전환되어야 할 것이다.

4. 고용보험과 여성

1995년 7월 고용보험제도의 도입으로 우리나라는 국가의 4대 사회보험제도의 기틀을 구축하게 되었다. 고용보험제도란 근로자가 실직했을 경우 실직 근로자 및 그 가족의 생활안정과 재취업을 촉진하는 사회보험제도이다. 고용보험제도는 근로자가 실직을 하게 되면 소득 손실이 발생하게 되고, 이에 대한 보장을 사회보험이 담당하는 점은 고전적 의미에서 실업보험사업의 성격을 갖고 있는 것이고, 실직 근로자의 재취업이나 직업안정 등을 촉진하기 위한 사업은 국가의 적극적 노동시장정책의 성격이 혼합된 형태로 볼 수 있다(김인숙 외, 2001).

실업은 단순한 개인적 위협뿐만이 아니라 국가적으로 볼 때 국가인적자원의 손실, 구매력 상실에 따른 국민소비수요 감소, 생산력 저하와 고용의 감소로 이어져 실업을 확대시키고 국민경제를 더욱 어렵게 하며 국가경쟁력을 손상시킬 뿐 아니라, 대량실업이 발생할 경우에는 사회불안을 증대시키고 국가질서를 위협하게 된다. 이렇게 실업은 개인차원에서나 국가차원에서도 매우 중요한 정책 결정 요소이다.

선진 복지국가의 경우에도 실업보험제도는 20세기에 들어와서야 진행되었다. 도입 당시 실업에 대한 인식은 과거 개인적 문제로만 보는 경향에서 벗어나 자유경쟁을 원칙으로 하는 자본주의 체제 내에서의 기업의 자연스러운 도태와 생성 그리고 기술혁신에 따른 산업구조조정 과정에서 발생하는 사회적 위험이라는 인식으로 전환되어 국가차원에서 책임을 져야 하는 배경에서 도입되었다. 그러나 초기의 형태는 실업이 발생한 사후 실직자에게 실업급여(unemployment benefit)를 지급하여 최저생활을 보장하는 소극적 접근이었다. 그러나 이러한 노동정책은 실직자에 대한 근로소득을 재확보하는 데는 역부족이라는 한계성을 인식하게 되어, 실업을 사전에 예방하고 실직자를 다시 노동시장에 재진입하도록 함으로써 개인 및 국가경제에 기여하도록 하는 적극적 노동시장 정책과 실업보험제도의 연계가 이루어지게 되었다.

우리나라에서 고용보험제도의 도입은 1970년대 초 간헐적으로 제기되었으나 정부와 학계에서 공식적으로 제기되고 논의된 것은 1986년에 발표된 제6차 경제사회발전5개년계획을 통해서였다. 이러한 논의를 거쳐 1992년 고용보험기획단이 구성되어 1995년 7월 고용보험을 도입하기에 이르렀다.

1) 적용범위

고용보험은 원칙적으로 모든 사업 또는 사업장에 적용되지만, 사업규모를 고려하여 대통령령으로 정하는 사업 또는 사업장에 대해서는 그 예외가 인정된다. 제정당시에는 고용보험의 적용범위를 실업급여와 고용안정사업·직업능력개발사업으로 2원화하여 전자의 실업급여는 상시근로자 30인 이상의 사업 또는 사업장에 적용되었고, 후자의 고용안정사업·직업능력개발사업은 상시근로자 70인 이상의 사업 또는 사업장에 적용되도록 하였다.

1998년 1월 1일부터 실업급여는 상시근로자 30인에서 10인 이상으로, 고용안정사업 및 직업능력개발사업은 상시근로자 70인에서 50인 이상 사업장으로 적용 확대되었으며, 동년 3월 1일부터 실업급여는 상시근로자 10인에서 5인 이상 사업장으로 적용·확대되었다. 그리고 동년 7월 1일부터 고용안정사업 및 직업능력개발사업은 상시근로자 50인에서 5인 이상 사업장까지 적용·확대되었고, 동년 10월 1일부터 1인 이상 전 사업장까지 적용·확대되어 고용보험의 혜택을 받게 되었다. 또한, 2003년 1월 1일부터는 5인 미만 농·림·어업 및 수렵업 중 법인에 대하여 고용보험을 확대적용하였고, 2004년 1월 1일부터는 총공사금액 3억 4,000만 원에서 전 규모의 건설공사로 확대(단, 개인이 시공하는 2,000만 원 미만 또는 연면적 330m^2 이하는 적용 제외)하였다. 다만, 사업의 규모 및 산

| 표 9.13 | 고용보험 당연적용 대상 사업장 규모 변화*

보험사업별	적용대상 사업장 규모						
	'95.7.1~ '96.12.31	'97.1.1~ '97.12.31	'98.1.1~ '98.2.28	'98.3.1~ '98.6.30	'98.7.1~ '98.9.30	'98.10.1~ '03.12.31	'04.1.1~
실업급여	30인 이상	10인 이상	10인 이상	5인 이상	5인 이상	1인 이상	1인 이상
고용안정·직업능력개발	70인 이상	70인 이상	50인 이상	50인 이상	5인 이상	1인 이상	1인 이상
건설업의 총공사금액	40억	44억	34억	34억	3억 4천만	3억 4천만	2천만

자료 : 노동부(2006), 고용보험백서

* 건설업은 3사업(실업급여, 고용안정·직업능력개발사업)의 적용 기준임.

| 표 9.14 | 고용보험 연도별 적용대상 변화

(단위 : 천 개소, 천 명)

구 분	적용대상 사업장 규모									
	'95.7.1	'98.1.1	'98.3.1	'98.10.1	'00	'01	'02	'03	'04	'05
적용 범위	30인 이상	10인 이상	5인 이상	1인 이상	1인 이상	1인 이상	1인 이상	1인 이상	1인 이상	1인 이상
대상 사업장	43	118	200	664	1,027	1,208	1,208	1,256	1,252	1,315
대상 근로자	4,280	5,190	5,710	8,342	8,700	9,269	9,269	9,651	11,685	12,011

자료 : 노동부(2006), 고용보험백서

| 표 9.15 | 산업별 고용보험 피보험자 중 여성비율

(단위 : %)

구 분	1999	2000	2001	2002	2003	2004
전 산업	30.0	31.3	31.8	32.6	33.2	33.7
농림업	22.7	24.0	26.5	27.8	29.1	30.1
어업	87.3	13.2	15.4	11.9	16.0	12.0
광업	8.8	9.0	9.5	9.6	9.9	10.8
제조업	27.6	28.2	27.7	27.8	27.8	27.8
전기가스 및 수도사업	9.6	10.9	11.1	11.9	12.5	12.8
건설업	13.6	13.7	13.9	14.1	15.0	15.4
도·소매업	33.4	33.8	34.7	35.4	35.7	38.1
음식숙박업	56.0	56.4	56.0	56.3	56.2	57.0
운수통신업	13.1	14.4	14.2	15.2	15.7	16.2
금융보험업	35.8	37.7	37.5	38.9	39.3	39.9
부동산 및 사업서비스업	31.0	32.1	33.4	34.6	34.9	35.1
교육서비스업	67.7	73.0	73.2	74.6	77.1	77.0
보건 및 사회복지	75.3	75.7	76.3	77.0	77.4	78.2
기타공공개인서비스	35.2	35.6	36.5	37.3	37.3	32.1
기타산업	25.3	38.7	40.2	42.9	44.3	48.6

자료 : 노동부(2006), 고용보험백서

업별 특성을 고려하여 사업장 및 피보험자 관리가 매우 어렵다고 판단되는 일부 사업에 대해서는 적용을 제외하고 있으나 이러한 사업장도 근로자의 과반수의 동의를 얻으면 임의로 고용보험에 가입할 수 있도록 하여 고용보험이 명실상부하게 사회안전망으로서 자리매김하게 되었다.

〈표 9.14〉에 나타나 있듯이 2005년 고용보험 적용사업장 수는 131만 5,000개

소에 이르며 대상 근로자는 1,200만이 넘는 수로 전 인구의 1/4에 해당하는 수치인 것이다. 특히 1998년 이후 적용대상이 급격히 확대된 것은 IMF의 영향임을 알 수 있다.

그런데 고용보험 적용대상자의 성비는 2004년 현재 66.3 : 33.7로 남성이 여성에 비해 2배 가까이 높은 것으로 나타나고 있다. 물론 여성피보험자는 〈표 9.15〉에서 볼 수 있듯이 느린 속도로 소폭 증가하고 있다. 이는 고용보험이 1998년 10월부터 근로자 1인 이상 사업장으로 적용대상이 확대되면서 여성피보험자의 비중이 상대적으로 높은 5인 미만 사업장까지 포괄할 수 있게 되었기 때문이다. 〈표 9.15〉에서 알 수 있듯이 2004년 여성고용보험 피보험자 비율은 33.7%로 2003년에 비해 0.5% 증가하였고, 이는 앞으로도 소폭으로나마 계속 증가할 것이다. 또한 산업별로는 근로자 대부분이 여성들로 구성되어 있는 사회복지(78.2%), 교육서비스업(77.0%), 음식숙박업(57.0%)에서 높은 비율을 나타내고 있다.

2) 고용보험의 수급 현황

고용보험에 의해 제공되는 급여는 크게 세 가지 사업으로 분류할 수 있다. 첫째, 고용안정사업으로 고용조정지원과 지역고용촉진지원, 고령자 등 고용촉진지원과 고용촉진시설지원을 내용으로 하고 있는데, 고용조정지원은 휴업수당지원금, 전직훈련지원금, 인력배치 지원금으로 세분화되어 있다. 둘째, 직업능력개발사업은 사내직업훈련지원, 교육훈련지원, 실업자재취직훈련, 직업훈련시설지원으로 구분된다. 셋째, 실업급여는 구직급여인 기본급여와 취직촉진수당으로 나누어지는데, 취직촉진수당은 조기재취직수당, 직업능력개발수당, 광역구직활동비, 이주비 등으로 구성되어 있다.

(1) 고용안정사업

고용안정사업은 실업의 예방을 위한 고용조정지원사업(휴업수당지원금, 인력재배치지원금, 전직훈련지원금)과 고령자, 여성 등 유휴인력의 고용촉진을 위한 고용촉진지원사업(지역고용촉진지원금, 고령자 등 고용촉진장려금, 고용촉진시설장려금)으로 크게 대별되어 운영되어 왔다.

그동안 수차에 걸친 제도개선으로 일부 제도내용이 변경되기도 하였으나, 현행 고용안정사업의 경우도 고용조정지원사업과 고용촉진지원사업, 그리고 2004년부터 시행되고 있는 고용창출지원사업으로 대별할 수 있으며, 고용조정지원사업은 기업의 고용조정 및 부득이하게 고용조정으로 이직한 근로자의 재취업을

| 표 9.16 | 고용보험 급여내용

구 분		내 용
고용 안정사업	고용조정지원사업	- 고용유지지원금 - 전직지원장려금 - 재고용장려금
	고용촉진지원사업	- 고령자고용촉진장려금 - 신규고용촉진장려금 - 중장년훈련수료자채용장려금 - 육아휴직장려금
	고용창출지원사업 (2004년부터 시행)	- 중소기업근로시간단축지원금 - 교대제전환지원금 - 중소기업고용환경개선지원금 - 중소기업전문인력활용장려금 - 중소기업신규업종진출지원금
직업능력 개발사업	사업주지원	- 직업능력개발훈련지원 - 유급휴가훈련지원 - 직업능력개발훈련시설·장비자금대부지원
	근로자지원	- 근로자수강지원금 - 근로자학자금대부·지원 - 직업능력개발훈련비대부 - 검정수수료 등 지원 및 전직실업자취업훈련 - 실업자재취업훈련 - 우선선정직종훈련
실업급여	구직급여	- 기본적 성격의 급여
	취직촉진수당	- 조기재취업수당 - 직업능력개발수당 - 광역구직활동비 - 이주비
산전후휴가급여		
육아휴직급여		

자료 : 노동부(2006), 고용보험백서

지원하는 사업으로 고용유지지원금, 전직지원장려금, 재고용장려금 등이 여기에 속한다.

고용유지지원금은 경영상 이유 등으로 고용조정이 불가피하게 되어 휴업, 휴직, 인력재배치, 훈련 및 교대제전환의 고용유지 조치를 실시하여 근로자의 고용을 유지하는 경우 지급된 임금의 1/2~3/4(교대제전환 : 10/100~20/100)와 훈련비를 보험연도 180일 범위 내(인력재배치 : 1년)에서 지원한다. 전직지원장려금은 생산량 감소 등 경영상 이유로 고용조정이 불가피한 사업주가 고용조정, 정년퇴직 또는 근로계약만료로 이직하는 근로자를 대상으로 신속한 재취업을 지원하기 위해 전직지원서비스를 제공하는 경우 소요비용의 3/4~2/3을 12개월 한도 내(1인당 300만 원 한도)에서 지급한다. 재고용장려금은 당해 사업에서 고용조정으로 이직한 후 6월부터 2년 이내에 재고용하거나 임신·출산·육아 등으로 이직한 여성근로자를 이직한 후 6월부터 5년 이내에 재고용한 사업주에게 재고용 1인당 월 40만 원(대규모 기업 30만 원)씩 6개월간 지급한다.

고용촉진지원사업은 통상적인 노동시장 조건에서 취업이 곤란한 고령자, 장기실업자, 여성 등의 고용기회를 확대하고 또한 고용촉진시설을 설치·운영하는 경우에 비용의 일부를 지원하는 사업으로 고령자고용촉진장려금, 신규고용촉진장려금, 중장년훈련수료자채용장려금, 육아휴직장려금 등이 있다.

고령자고용촉진장려금은 노동시장에서 취직이 특히 곤란한 고령자의 고용촉진을 지원하는 제도로 고령자다수고용촉진장려금과 정년퇴직자계속고용장려금이 있다. 고령자다수고용촉진장려금은 근로자 대비 1년 이상 고용된 고령자를 업종별 4~42%를 초과하여 고용하는 경우 분기 1인당 15만 원, 정년퇴직자계속고용장려금은 정년을 57세 이상으로 정한 사업장에서 18월 이상 근무한 고령자를 정년 도래 후 계속 고용하거나 3월 이후 재고용하는 경우 1인당 월 30만 원씩 6개월간(500인 이하 제조업은 12개월) 지급한다. 육아휴직장려금은 여성근로자에게 육아휴직 기회를 부여하기 위한 지원제도로서 육아휴직기간 동안 1인당 월 20만 원, 대체인력을 채용할 경우 1인당 월 30만 원(대규모기업 20만 원)을 지급한다. 또한 신규고용촉진장려금은 고령자, 여성가장, 청년실업자 등 노동시장의 취업계층이 고용지원센터 등에 구직신청 후 일정기간 이상 경과한 경우 이들을 채용하는 사업주에게 1인당 월 15만~60만 원씩 1년간 지원한다. 중장년훈련수료자채용장려금은 실업자재취업훈련 등 실업자를 대상으로 하는 훈련을 수료한 40세 이상인 자를 채용한 사업주에게 채용 1인당 채용 후 6월간은 50만 원, 나머지 6월간은 월 20만 원씩 1년간 지원한다.

2006년부터 신설된 임금피크제보전수당은 노사합의로 임금피크제를 도입·실시한 해당 사업장에서 18개월 이상 근무한 54세 이상 근로자로서 임금이 10% 이상 하락한 근로자에 대하여 피크임금과 당해연도 임금과의 차액에 100분의 50을 곱한 금액으로 분기 150만 원 한도 내에서 지급한다. 또한 출산후계속고용지원금은 산전·후(유·사산) 휴가 중이거나 임신 34주 이상 중 계약기간 또는 파견기간이 만료된 자와 1년 이상 계속 근로계약을 체결한 사업주에게 월 40만~60만 원을 6개월간 지급한다.

2004년부터 신설된 고용창출지원사업은 중소기업근로시간단축지원금, 교대제전환지원금, 중소기업고용환경개선지원금, 중소기업전문인력활용장려금, 중소기업신규업종진출지원금 등이 있다.

중소기업근로시간단축지원금은 주 40시간 근무제를 조기에 도입한 우선지원대상기업이 근로자를 고용한 경우 1인당 분기 180만 원씩 주 40시간 근무제 법정시행일 전까지 지원한다. 교대제전환지원금은 교대제를 새로이 실시하거나 조를 늘려 교대제를 전환(4조 이하인 경우에 한함)하고 교대제전환 전 근로자수를 초과한 경우 사업주에게 1인당 분기 180만 원씩 1년간 지원한다. 중소기업고용환경개선지원금은 작업환경 등 개선을 위하여 1,000만 원 이상 투자하고 근로자를 고용한 중소기업 사업주에게 설비투자 비용의 50%(최대 3,000만 원) 및 근로자 1인당 120만 원을 1회에 한하여 지급하며, 중소기업전문인력활용장려금은 기술사 등 전문인력을 채용하거나 우선지원대상 기업 외의 기업으로부터 지원받아 고용 또는 사용하여 경쟁력을 제고하는 중소기업 사업주에게 1인당 분기당 360만 원씩 1년간 지원한다. 또한, 중소기업의 사업주가 신규업종에 진출하고 근로자를 고용하여 일자리를 창출한 경우 1인당 분기 180만 원씩 1년간 중소기업신규업종진출지원금을 지급한다. 직장보육시설지원 및 설치비용융자는 근로자의 육아부담을 완화하기 위해 직장보육시설을 설치·운영하는 사업주에게 보육시설 설치비용융자 및 보육교사, 보육시설의 장 및 취사부의 임금을 지원한다. 보육시설 설치비용 융자는 5억 원 한도(연리 1~2%, 5년 거치 5년 균등분할 상환) 내에서 지원하고 보육교사, 보육시설의 장 및 취사부의 임금은 월 70만 원을 보육시설의 운영기간 동안 지원한다.

그 밖에 건설근로자의 고용안정지원을 위하여 건설근로자퇴직공제부금 지원, 건설근로자고용안정지원금제도와 고용관리진단지원, 장기실업자취업지원 및 고령자 등 고용환경개선지원사업 등을 운영하고 있다.

(2) 직업능력개발사업

이전의 직업훈련기본법에 의한 일률적인 직업훈련의무제와는 달리 고용보험법상의 직업능력개발사업은 각 기업의 실정에 맞는 직업능력개발훈련을 실시할 경우 이를 지원하는 체제로 전환하였다. 1995년 고용보험이 도입될 당시 직업능력개발사업은 상시근로자 70인 이상 전 사업체에 대하여 적용하되 제조업·건설업 등 6개 산업의 1,000인 이상 사업체는 직업훈련기본법에 의한 훈련의무제를 병행하여 직업훈련제도가 이원적으로 운영되어 왔으나, 근로자직업훈련촉진법 제정에 따라 1999년도부터는 직업훈련기본법에 의한 직업훈련의무제가 폐지되고 전 사업장이 직업능력개발사업의 적용을 받게 되었다.

현행 고용보험법에 의하여 실시하고 있는 사업은 직업능력개발훈련지원, 유급휴가훈련지원, 직업능력개발훈련시설·장비자금대부, 근로자수강지원금, 근로자학자금 대부·지원, 직업능력개발훈련비대부, 검정수수료 등 지원 및 전직실업자취업훈련 등이 있다.

직업능력개발훈련지원은 적용받고 있는 사업주가 훈련비용을 부담하여 재직근로자 등을 대상으로 직업능력개발훈련을 실시할 경우 소요된 비용을 고용안정·직업능력개발사업 개산보험료 100%(우선지원대상기업은 240%)까지 지원하도록 하였다. 유급휴가훈련지원은 사업주가 1년 이상 재직근로자를 대상으로 120시간 이상의 훈련을 실시(150인 미만 사업의 경우에는 7일 이상의 휴가를 주어 30시간 이상 훈련)하는 경우 월 단위로 환산한 최저임금액과 훈련비를 지원하며, 직업능력개발훈련시설·장비자금대부지원은 직업능력개발훈련을 실시하고 있거나 하고자 하는 사업주 등에게 직업능력개발시설설치 및 장비구입 비용(소요비용의 90% 범위 내에서 한도 60억 원)을 1~4%의 장기저리(5년 거치 5년 상환)로 자금을 대부하도록 하였다.

근로자수강지원금은 이직 예정인 피보험자, 40세 이상의 자 또는 300인 미만 사업에 종사하는 자, 근로계약기간이 1년 이하인 자, 단시간근로자, 파견근로자, 일용근로자 등이 자비로 훈련을 받은 경우 수강비용을 전액 지원(한도는 연

100만 원, 재직기간 5년간 300만 원)하도록 하였고, 정보화기초과정의 경우 전체 피보험자가 훈련을 받을 경우 동 훈련수강비를 지원한다. 근로자학자금 대부·지원은 근로자 개인의 직업능력개발은 물론 장기적으로는 기업의 생산성 향상에 기여하도록 하는 제도로 근로자가 직업능력개발을 위하여 기능대학 또는 전문대학 이상의 학교에 입학 또는 재학하는 경우 등록금(입학금, 수업료, 기성회비 등)을 연리 1~1.5%로 학자금을 대부하고 있고, 기능대학 또는 전문대학 이상의 학교에 입학하거나 재학하는 우선지원대상기업의 피보험자(피보험기간 3년 이상) 중 성적우수자에 대하여 학자금을 지원(학기당 200만 원 한도)하고 있다. 또한 근로자가 직업능력개발훈련을 수강하는 경우 그 수강료(한도는 연 300만 원)를 연리 1.5%로 대부하는 직업능력개발훈련비대부가 있다.

검정수수료 등 지원은 고용보험 피보험자가 국가기술자격을 자비로 2종목 이상 취득한 경우 검정수수료 전액과 교재비·수강료를 10만 원 정액으로 2회까지 지원하며, 실업자재취업훈련은 고용보험피보험자이었던 실업자가 재취업에 필요한 기능·기술의 습득을 위한 훈련을 받는 경우 훈련비와 훈련수당을 지급하여 실업자의 재취업 촉진 및 생활안정을 도모함으로써 근로자의 삶의 질이 향상되도록 하였다. 또한 우선선정직종훈련은 제조·건설업부문의 생산직 관련 3D 직종분야의 기능인력난 및 실업난 해소를 위해 비진학청소년 및 실업자에게 훈련비 및 훈련수당을 지원하도록 하였다.

(3) 실업급여

고용보험에 있어서 실업이란, 근로의 의사와 능력이 있음에도 불구하고 취업하지 못한 상태에 있는 자를 말하는데, 이러한 실직자들의 생활안정을 도모하고 구직활동을 용이하게 하기 위하여 실업급여를 실시한다. 실업급여의 종류로는 구직급여와 취직촉진수당으로 나눌 수 있다. 구직급여는 소정의 수급요건을 만족시키는 수급자격자의 생활안정을 도모하기 위해 지급되는 기본적 성격의 급여이다. 취업촉진수당은 다시 조기재취업수당, 실직근로자의 재취업에 필요한 직업훈련수강을 용이하게 하기 위한 직업능력개발수당, 광역에서 구직활동을 하는 자에 대하여 인센티브를 주기 위한 광역구직활동비, 재취업 또는 직업훈련을 위해 주거를 이전하는 자에 대하여 지급하는 이주비로 구분된다.

실업급여를 지급받기 위한 요건으로서 종래에는 첫째, 이직 전 18월(기준기간) 중 12월(피보험단위기간) 이상 적용사업의 피보험자로서 고용되어 임금을 목적으로 근로를 제공하였을 것, 둘째 정당한 이유 없이 자발적으로 이직하거나 자신의 중대한 귀책사유에 의하여 해고된 것이 아닐 것, 셋째 근로의 의사와 능력이 있음에도 불구하고 취업하지 못하고 있을 것, 넷째 구직노력을 적극적으로 할 것의 네 요건을 충족시켜야 하였고, 실업급여를 지급받을 수 있는 소정급여일수도 피보험단위기간 및 연령에 따라 30~210일간으로 하였으나, 실업급여의 수혜범위를 확대하기 위해 고용보험법을 개정하여 현재는 피보험단위기간을 180일로 하고 소정급여일수도 90~240일간으로 확대하였다. 또한 종래에는 이직일의 다음날로부터 10월이 경과하면 소정급여일수 여부에 관계없이 그 이후에는 실업급여가 지급되지 않게 하였으나 현재는 이직일의 다음날로부터 12월이 경과하면 소정급여일수 여부에 관계없이 그 이후에는 실업급여를 지급되지 않도록 하였다. 취직이 특히 곤란하고 생활이 어려운 수급자격자에 대해서는 60일을 한도로 실업급여를 연장 지급할 수 있게 하고, 실업급여의 수급자격자가 직업안정기관의 장의 지시에 따라 직업훈련을 수강하는 경우에는 직업훈련기간(최대 2년) 동안 실업급여는 계속 지급되도록 하였다.

1일분의 실업급여액은 이직 전 사업장에서 지급받던 평균임금(급여기초임금일액)의 50%로 하였다. 다만 가족수당·급식비 등의 복리후생적 수당은 임금총액의 산정에서 제외시켰다. 산정된 급여기초임금일액이 7만 원을 초과하는 경우에는 7만 원(당초 시행당시 7만 원에서 6만 원으로 인하되었다 다시 7만 원으로 조정, '06. 1. 1.부터는 8만 원)을 급여기초임금일액으로 하였다.

실업급여를 지급받기 위해서는 실업을 신고한 날부터 1주 내지 4주의 범위 안에서 직업안정기관에 출석하여 직전 기간동안 실업한 것으로 인정을 받아야 한다. 실업급여를 지급받기 위해서는 반드시 구직등록을 하여야 하며, 만일 정당한 이유 없이 직업안정기관의 직업소개, 직업지도, 직업훈련지시를 거부하는 경우에는 실업급여지급은 정지되도록 하였다. 실업급여는 수급자격자가 지정한 은행의 계좌에 입금하는 방식으로 지급하게 하였다.

실업급여의 수급자자격을 취득하였어도 적극적인 구직노력을 결한 경우, 직업훈련을 거부한 경우 또는 허위나 부정한 방법으로 부정수급을 받거나 받고자 한 경우에는 그 지급이 정지 또는 중지되도록 하였다.

실업급여 이외에 여성고용안정을 위하여 육아휴직급여 및 산전후휴가급여를 지원하는 제도를 2001년 11월부터 시행하고 있다. 육아휴직급여는 피보험자가 고용보험에 6개월 이상 가입한 후 육아휴직을 30일 이상 부여받은 경우 육아휴직기간 동안 월 40만 원을 지급(여자의 경우 최대 10.5개월, 남자의 경우 12개월)하고 있다. 산전후휴가급여(유·사산 휴가 포함)는 고용보험에 6개월 이상 가입한 후(산전·후 또는 유·사산 휴가 종료일 기준) 산전·후 휴가 등을 부여받은 경우 우선지원대상기업은 90일분, 그 외의 기업은 30일분을 최고는 135만~405만 원, 최저는 최저임금을 지급하고 있다.

한편, 〈표 9.17〉에서 볼 수 있는 것처럼, 2004년 여성실업급여 수혜자비율은 43.8%로 2003년의 42.5%보다 1.3% 증가하였다. 이렇게 수혜자비율은 소폭의 증가 추세를 나타내고 있다. 또한 실업급여 여성수혜비율을 산업별로 보면, 보건 및 사회복지 사업이 80.9%로 가장 높고, 교육서비스업이 70.0%, 숙박음식업이 57.5% 순으로 높으며, 광업이 13.7%로 낮게 나타나고 있다.

| 표 9.17 | 산업 및 성별 실업급여 수혜자수

구 분	2002		2003		2004	
	전체	여성비	전체	여성비	전체	여성비
전 산업	416,041	39.3	502,211	42.5	707,432	43.8
농림어업	2,720	13.5	2,814	20.3	3,285	28.0
광업	2,438	7.6	1,576	10.7	1,594	13.7
제조업	147,078	36.9	176,189	39.5	246,552	41.5
전기가스 및 수도사업	1,025	22.6	1,093	22.0	1,379	24.4
건설업	37,788	23.0	32,953	26.3	55,142	26.4
도소매업	49,530	42.4	65,377	44.9	90,697	45.1
숙박음식업	8,272	57.9	11,632	57.4	16,047	57.5
운수창고업	22,222	22.5	25,968	23.7	40,239	24.9
금융 및 보험업	17,638	48.5	18,485	53.0	24,500	55.2
부동산업	82,337	39.7	70,621	38.7	134,690	43.1
교육서비스업	10,787	69.8	17,054	69.2	25,352	70.0
보건 및 사회복지 사업	16,147	78.6	20,255	79.8	32,259	80.9
기타공공, 사회 및 개인	12,928	42.5	13,134	41.9	26,935	40.6
기타	5,131	38.8	25,954	50.1	8,761	55.8

자료 : 한국산업인력공단(각년도), 고용보험통계연보

3) 고용보험의 성인지적 개선방향

고용보험제도는 1995년 도입 이후 빠르게 그 적용대상을 확대해 고실업의 부작용을 완충하였을 뿐 아니라 적극적 노동시장 정책차원에서 고용안정사업과 직업능력개발사업을 함께 시행하여 IMF 시기에 실업극복을 위한 중요한 역할을 담당하였다. 그러나 여성의 관점에서 보았을 때 다음과 같은 한계점을 내포하고 있다.

첫째, 비정규직을 충분히 포괄하지 못하여 보편적인 제도로서의 한계를 드러내고 있다. 일부 비정규직은 고용보험 적용대상임에도 불구하고 비정규직의 적용률은 22.6%에 불과해 상당수 배제되고 있는 것으로 나타나고 있다. 특히 여성취업자 4명 중 3명이 비정규직임을 감안하면 고용보험의 비정규직 배제현상은 곧 여성근로자의 문제라고 할 수 있다.

둘째, 실업급여에 대한 활용도 및 접근성은 개선되고 있지만, 성분절적인 노동시장의 모습은 그대로 반영되어 수급인원, 수급액에서 남성비율이 높은 불평등한 수급구조를 보이고 있다.

셋째, 직업능력개발의 경우 규모·성별에 따라 활용 정도에 큰 차이가 있는 것으로 나타났다. 사업장 규모가 클수록 직업능력개발사업의 높은 활용도를 보였고 남성들이 수강장려금의 95% 이상을 활용하는 등 급여현황의 성별 차이가 발견된다.

넷째, 고용안정사업은 고용을 촉진하고 가정과 직장생활의 병행을 지원하는 내용을 담고 있다. 기업의 여성채용에 긍정적 유인책이 되도록 지원하는 여성고용촉진장려금은 그 활용이 꾸준히 증가하고 있다. 그러나 직장보육시설에 대한 지원사업의 활용도는 높지 않으며 아동의 직장보육시설 수탁률도 1.1%로 미미하다.

다섯째, 2001년 모성보호 관련 법의 개정으로 연장된 산전후휴가급여 및 육아휴직급여를 고용보험 재원으로 충당하게 됨에 따라, 근로여성의 모성보호의 사회화 기능이 강화되었고, 남녀가 육아를 함께 하도록 하는 인식개선의 기반을 마련하였다. 그러나 비정규직 여성들의 경우 유급출산휴가의 적용비율이 매우 낮아 아직도 제한적인 제도임을 알 수 있다.

이러한 제도 내외적인 성불평등적 요소를 개선하는 방향은 다음과 같다.

첫째, 여성들의 고용현실에 보다 적합한 제도로 전환해야 한다. 여성근로자의 비정규직화가 확대되고 있는 가운데 고용보험 적용에 있어 정규직과 비정규직 간의 차이가 크게 나타나고 있다. 무엇보다도 비정규직에 대한 보호가 시급하다고 하겠다.

둘째, 사회구성원의 직장과 가정생활의 병행을 지원하는 성인지적 고용보험제도를 구축한다. 최근 고용보험의 모성보호 기능이 강화되었으나 앞으로는 사회구성원 모두가 직장생활과 가정생활을 병행할 수 있도록 사회적 지원을 강화하고, 가사노동의 공유 및 남녀평등의식 제고를 통해 취업여성뿐 아니라 남성들도 육아휴직제도 등을 적극적으로 활용할 수 있도록 사회 전체적인 공감대 형성과 이의 실행이 요구된다.

셋째, 적극적 노동시장정책의 일부인 고용보험제도가 우리나라 노동시장의 특성을 그대로 반영하고 있어 이에 대한 적극적 개선이 요구된다. 즉, 노동시장 내 성별 임금차이, 성분절 등으로 인해 고용보험제도는 남녀 근로자에게 상이한 파급력을 가지고 있고, 규모·산업별 불균형 현상이 심화되는 것으로 나타나고 있다. 더불어 노동시장 진입에서부터 채용 및 승진과정에 존재하는 각종 성차별과 노동시장 내 산업·규모·성별 임금격차에도 정책적 관심을 기울여야 할 것이다.

내용 요약

1. 사회보험은 가입자의 기여를 기초로 강제적 적용의 원칙과 손실의 결합의 원칙에 입각한다. 이렇게 위험을 분산하는 보험장치는 불확실성에 관한 문제를 해결하는 기능을 하며,. 사회구성원의 심리·경제적 안전을 사회가 단위가 되어 보장하게 한다.
2. 우리나라의 연금제도는 기초연금 없이 소득비례로만 구성되어 있고, 10년 이상의 가입기간이 요구되는 연금체계에서 취업기간이 남성에 비해 짧은 여성은 불리할 수밖에 없다.
3. 현행 국민연금법제도는 전통적 가족을 지지하며, '남성은 가족부양자, 여성은 생계의존자'라는 남성 중심의 사회보험 모델의 성격을 보여줌으로써 성차별적 성격을 드러내고 있다.
4. 여성들은 피보험자라는 측면에서 볼 때, 저임금, 소규모 사업장에서의 노동, 비공식 부문에서의 종사라는 취업 구조상의 특징으로 인해 남성에 비해 오랫동안 의료보험제도의 소외계층에 머물러 왔다.
5. 건강보험제도는 도입 초기에는 성차별적 성격을 강하게 보여주고 여성에게 불리하게 작용하였으나, 적용인구의 확대와 피부양자 인정기준의 개정으로 성차별적 성격이 완화되었다고 볼 수 있다. 그럼에도 불구하고 건강보험제도는 그 기본 전제가 남성 중심의 보수적인 가족을 지지하는 성격에서 벗어나지 못하고 있다.
6. 현재 산업재해보상보험의 적용은 "근로자를 사용하는 모든 사업 또는 사업장"으로 확대·적용함으로써(2003. 12. 전문개정) 이전의 5인 미만 사업장 제외에서 발생하는 문제들을 해소할 수 있었다.
7. 고용보험제도는 1995년 도입 이후 빠르게 그 적용대상을 확대해 고실업의 부작용을 완충하였으며, 노동시장 정책차원에서 고용안정 사업과 직업능력개발사업을 함께 시행하여 IMF 시기에 시련극복을 위한 중요한 역할을 담당하였다.

CHECK 생각해 봅시다

1. 사회보험은 여성의 위험을 얼마나 보장하고 있는가 생각해 봅시다.

2. 현행 국민연금의 문제점을 여성과 연관하여 생각해 봅시다.

3. 건강보험에 나타나고 있는 성차별적 성격에 대해 생각해 봅시다.

4. 여성들이 오랫동안 산재보험제도의 소외계층으로 머물러 있었던 이유에 대해 생각해 봅시다.

5. 실업이 사회적 문제가 되는 이유에 대해 생각해 봅시다.

제 10 장

여성과 공공부조

주요 용어 | 잔여적 복지유형, 국민기초생활보장수급자, 소득인정액, 최저생계비, 부양의무자, 긴급생계급여

공공부조는 국가가 생활이 어려운 자들을 대상으로 필요한 급여를 행하여 이들의 최저생활을 보장하고 자활을 조성하는 것을 목적으로 하는 제도로, 공공부조제도의 핵심은 국민기초생활보장법이다. 본 법에 의거한 국민기초생활보장제도는 가족이나 스스로의 힘으로 생계를 유지할 능력이 없는 최저생계비 이하의 절대 빈민층 국민에게 생계, 교육, 의료, 주거 등의 급여를 통해 기본적 생활을 국가가 보장해 주고, 근로능력이 있는 자에게는 체계적인 자활지원을 제공하여 자활·자립할 수 있도록 돕는 제도이다.

국민기초생활보장법이 제정되기 이전의 상황을 살펴보면, 일제 강점기의 조선구호령(1944)이 유일한 구빈 관계 법령으로, 이에 의거해 극빈자에 대한 구호사업과 무의탁생활무능력자에 대한 수용보호사업이 최소한도로 실시되었다. 이후 1960년대 초 5·16 군사정부가 들어서면서 여러 가지 사회보장 관계 법을 제정하였으며, 윤락행위 등 방지법과 아동복리법 등과 함께 생활보호법이 제정되었다. 그러나 국가의 재정상 이유로 미비한 수준의 생계보호만이 부분적으로 실

시되어 오다가 1968년 7월부터 근로능력이 있는 영세민에 대한 취로(就勞)사업이 행해지게 되었고, 1978년에는 의료보호법이 제정되어 생활보호대상자에 대한 의료보호가 실시되었으며, 1979년부터는 생활보호대상자 중 중학생 자녀에 대한 수업료 지원이 실시되었다(보건사회부, 1990).

1982년 12월에는 당시의 변화하는 사회경제적 상황에 부응한다는 취지하에 생활보호법이 전면 개정되었다. 즉, 생활보호대상자에 대한 단순한 생계구호뿐만이 아니라 이들의 자활을 적극적으로 지원하겠다는 목표로 취로사업의 근거규정인 '자활지도에 관한 임시조치법'을 폐지하고, 그 내용을 자활보호의 일부로 편입시켰으며, '생활보호대상자 중학교 과정 수업료 지원규정'을 교육보호로 바꾸었고, 동법 시행령의 개정(1983. 12.), 시행규칙의 제정(1984. 3.), 이후 수차례 시행규칙의 개정이 이루어졌다.

한편 1997년 말에 닥쳐 온 경제위기는 대량실업과 빈곤인구를 양산하였고, 이는 다시 이혼, 아동과 노인의 유기, 가출, 노숙, 자살, 결식아동의 증가 등 각종 사회병리 현상을 일으켜 빈곤문제가 중요한 쟁점으로 부각되었다. 이와 같은 경제위기 상황에서 최후의 사회안전망으로서 모든 국민을 포괄하지 못하는 생활보호법의 한계에 따라 근로능력에 관계없이 최저생계비 이하 저소득층의 기초생활을 국가가 보장할 필요성이 대두되었고, 1998년 45개 시민단체가 '국민기초생활보장법 제정추진연대회의'를 구성하여 법률제정을 청원하게 되었다. 이에 국회와 정부 등 전 국민적 합의를 바탕으로 국민기초생활보장법을 제정(1999. 9. 7.)하게 되었다. 이후 '국민기초생활보장 추진준비단'을 구성하여 1년간의 준비기간을 거쳐 2000년 10월 1일 국민기초생활보장제도를 시행하게 되었다.

1. 국민기초생활보장법의 성격

1) 국민기초생활보장법의 성차별적 성격

국민기초생활보장법에는 '해산급여' 조항(제13조)이 있다. 이는 다른 대상자들에 비해 임산부가 우선적으로 보호되어야 한다는 모성보호를 반영한 내용이라고 할 수 있다. 즉, 국민기초생활보장법은 여성에 대한 보호조항을 두고 있는 성차별 보상 모델이라 할 수 있다.

2) 성차별적 사회가치의 반영 정도

첫째, 국민기초생활보장제도는 개인의 기여 없이 완전히 정부재정에 의해 최저빈민층에게 무상으로 제공되기 때문에 대표적인 잔여적 복지모형에 입각한 사회복지제도라 할 수 있다. 잔여적 복지모형은 시장 및 가족을 통해 욕구를 충족시킬 수 없는 자에게 자산조사에 근거해 급여가 제공되며, 빈곤의 원인이 개인에게 있다고 전제하고 있다. 즉, 국민기초생활보장법은 빈곤의 원인을 일차적

| 표 10.1 | 생활보호제도와 기초생활보장제도 주요 내용 비교

구 분	생활보호법	국민기초생활보장법
법적 용어	국가에 의한 보호적 성격 : 보호대상자, 보호기관	저소득층의 권리적 성격 : 수급권자, 보장기관, 생계급여 등
대상자 선정 기준	소득과 재산이 기준 이하인 자(1999) – 소득 32만 원(인·월) – 재산 2,900만 원(가구)	소득인정액이 최저생계비 이하인 자 ※ 소득인정액=소득평가액+재산의 소득환산액
대상자 구분	인구학적 기준에 의한 대상자 구분 – 거택보호자 : 18세 미만, 65세 이상 노인 등 근로무능력자 – 자활보호자 : 인구학적으로 경제활동 가능한 근로가능자	대상자 구분 폐지 : 근로능력이 있는 조건부생계급여 대상자는 구분 ※ 연령기준 외에 신체·정신적 능력과 부양, 간병, 양육 등 가구여건 감안
급여 수준	• 생계보호 : 거택보호자에게만 지급 • 의료보호 – 거택보호 : 의료비 전액지원 – 자활보호 : 의료비의 80% • 교육보호 : 중·고생 자녀 학비 전액 지원 • 장제보호, 해산보호 등	• 생계급여 : 모든 대상자에게 지급 • 주거급여 신설 : 임대료, 유지수선비 등 주거안정을 위한 수급품 • 긴급급여 신설 : 긴급필요시에 우선 급여를 실시 • 의료, 교육, 해산, 장제보호 등은 동일
자활 지원 계획	〈신설〉	근로능력자 가구별 자활지원계획 수립 – 근로능력, 가구특성, 자활욕구 등을 토대로 자활방향 제시 – 자활에 필요한 서비스의 체계적 제공

으로 개인의 실패에 두고 있는데, 이러한 입장은 남녀 대상자에게 똑같이 적용된다. 이렇게 국민기초생활보장법은 문제의 원인을 개인적 개념에서 찾고 있다.

둘째, 국민기초생활보장법은 여성의 재생역할에 어떠한 전제를 갖고 있는가? 재생산의 범주는 학자마다 차이가 있지만, 일반적으로 인간 자체의 재생산, 노동력 재생산, 사회적 관계의 재생산 등 세 가지로 구성된다. 이 세 가지 재생산 영역의 상호 작용 관계에서는 가족이 노동력의 생물학적·세대적 재생산이 일어나는 장으로서 일종의 매개역할을 하고 있다. 그런데 전통적으로 여성의 고유한 역할은 가정 내에서의 아동 및 노인 등에 대한 보호업무를 포함하는 재생산으로 간주되었으며, 현재의 사회복지정책도 이러한 여성의 역할을 자연스러운 것으로 받아들이고 있다.

국민기초생활보장법상 수급자의 범위는(제5조) ① 부양의무자가 없거나 부양의무자가 있어도 부양능력이 없거나 또는 부양을 받을 수 없는 자로서 소득인정액이 최저생계비 이하인 자, ② 제1항의 규정에 의한 수급권자에 해당하지 아니하여도 생활이 어려운 자로서 일정기간 동안 이 법이 정하는 급여의 전부 또는 일부가 필요하다고 보건복지부장관이 정하는 자, ③ 제1항의 부양의무자가 있어도 부양능력이 없거나 부양을 받을 수 없는 경우이다. 이처럼 국민기초생활보장대상자에 관한 규정에서는 개별 여성의 빈곤문제보다는 앞에서 논한 것처럼 어머니로서 여성을 보호하고 있다. 따라서 현행 국민기초생활보장법은 기존의 가부장적 성역할 분업론에 입각해 여성을 종족 재생산자와 일차적 아동 양육자로 규정하고 있다.

2. 여성 기초생활보장대상자 현황

1) 적용대상자

국민기초생활보장수급자로서 급여를 받기 위해서는 부양의무자가 없거나 부양의무자가 있어도 부양능력이 없거나 부양을 받을 수 없는 자로서, 개별 가구의 소득인정액이 최저생계비 이하에 해당되어야 한다.

2005년 12월 기준으로 국민기초생활보장수급자는 약 142만 6,000여명(75만 3,000가구)으로 전 인구대비 국민기초생활수급자의 비율인 수급률은 2.9%를 나타내고 있다. 수급자의 종류별로 보면 대부분이 일반수급자(94.2%)이며, 시설수급자가 5.8%이다.

수급자 현황을 생애주기별로 보면 중년기가 가장 높으며(31.6%), 노년기 25.8%, 청소년기 17.0%의 순이며 영유아기는 가장 낮은 3.2%이다. 또한 생애주기별 분포를 총 인구수 대비로 보면 노년기가 7.3%로 가장 높은 반면 영유아기가 가장 낮은 1.3%를 나타내고 있다.

| 표 10.2 | 가구별 최저생계비(2004~2006)

(단위 : 만 원)

연 도	1인	2인	3인	4인	5인	6인
2004	37	61	84	106	120	135
2005	40	67	91	114	130	148
2006	42	70	94	117	135	154

| 표 10.3 | 수급자수와 구성비율(2005)

(단위 : 명, %)

구 분	계	일반수급자	시설수급자
수급자수	1,513,352	1,425,684	87,668
구성비	100.1	94.2	5.8

자료 : 통계청(2006), 2005년 국민기초생활보장수급자 현황

| 표 10.4 | 생애주기별* 수급자 백분율 및 수급률

구 분	계	영유아기	학령기	청소년기	청년기	중년기	노년기
수급자 백분율	100.0	3.2	8.8	17.0	13.6	31.6	25.8
총인구수 대비 비율	3.4	1.3	2.7	4.5	1.2	2.9	7.3

자료 : 통계청(2006), 2005년 국민기초생활보장수급자 현황

* 생애주기 : 영유아기(0~4세), 학령기(5~9세), 청소년기(10~19세), 청년기(20~39세), 중년기(40~64세), 노년기(65세 이상)로 분류

한편, 여자의 수급자 현황은 노년기가 가장 높은 33.3%이고, 다음 중년기 28.5%, 청소년기 17.7%의 순이다. 총인구대비 여자의 수급률을 보면 노년기가 10.4%로 가장 높게 나타났으며, 청소년기 4.7%, 중년기가 3.1% 순이다.

또한 성별 수급상황을 비교해 보면 여자는 노년기(33.3%), 남자는 중년기(35.9%)가 가장 높게 나타남을 알 수 있다. 이는 여자의 평균수명이 남자보다 높기 때문이라 할 수 있다. 그리고 생애주기별 총인구수에 대비한 성별 수급률은 모든 연령층에서 여자가 높게 나타나고 있으며 노년기에서 현저한 차이가 나고 있다. 이는 수급자가 남성에 비해 여성이 더 많고, 평균수명 또한 남성보다 높기 때문인 것으로 평가할 수 있다.

앞에서 서술된 내용을 종합해 보면, 국민기초생활보장제는 이전의 생활보호제와는 달리 적용대상자의 구분을 폐지해 생활보호법에 내포되어 있던 성차별적 요소를 제거했다고 할 수 있으나, 여전히 주 적용대상자로는 여성이 큰 비중을 차지하고 있으며 이는 사회·경제적 상관관계 속에서 '빈곤의 여성화'* 현상이 우리 사회에서도 심각하게 진행되고 있음을 읽어낼 수 있는 부분이기도 하다.

| 표 10.5 | 생애주기별 수급자 백분율 및 수급률(여성)

구 분	계	영유아기	학령기	청소년기	청년기	중년기	노년기
수급자 백분율	100.0	1.9	5.2	17.7	13.4	28.5	33.3
총인구수 대비 비율	3.4	1.3	2.8	4.7	1.4	3.1	10.4

자료 : 통계청(2006), 2005년 국민기초생활보장수급자 현황

| 표 10.6 | 생애주기별 남녀 총인구대비 수급자 구성비

구 분	계	영유아기	학령기	청소년기	청년기	중년기	노년기
남 자	2.5	1.2	2.6	4.3	1.0	2.8	5.3
여 자	3.4	1.3	2.8	4.7	1.4	3.1	10.4

자료 : 통계청(2006), 2005년 국민기초생활보장수급자 현황

* 본 문제는 11장에서 다루고 있다.

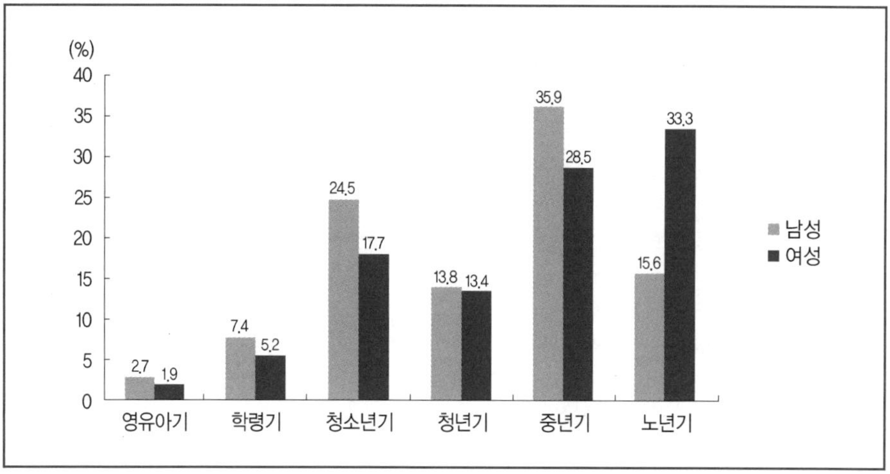

| 그림 10.1 | 남녀의 수급자 백분율 분포

자료 : 통계청(2006), 2005년 국민기초생활보장수급자 현황

2) 급여의 측면

국민기초생활보장법에서는 생계급여, 주거급여, 교육급여, 해산급여, 장제급여, 자활급여, 의료급여의 7종의 급여를 보장하고 있다.

(1) 생계급여

① 일반수급자에 대한 생계급여(일반생계급여)

급여대상자로는 의료·교육·자활급여의 특례자, 에이즈쉼터·노숙자쉼터 및 한국갱생보호공단시설 거주자 등 국가 또는 지방자치단체로부터 생계를 제공받는 자를 제외한 모든 수급자가 이에 해당된다. 급여의 내용으로는 수급자에게 의복·음식물 및 연료비, 기타 일상생활에 기본적으로 필요한 금품을 지급한다. 급여지급의 원칙으로는 수급자의 소득인정액과 가구별 최저생계비의 차액을 각종 급여로 지원하는 보충급여제를 실시하며, 생계급여는 현금급여 기준에서 가구의 소득인정액과 주거급여액을 차감하여 산정하며 십원 단위로 지급한다.

가구별 생계급여액 = 현금급여 기준액 – (가구의 소득인정액 + 주거급여액)

| 표 10.7 | 가구별 최저생계비(2004~2006)

(단위 : 만 원)

연 도	1인	2인	3인	4인	5인	6인
2004	37	61	84	106	120	135
2005	40	67	91	114	130	148
2006	42	70	94	117	135	154

자료 : 보건복지부(2006), 2005년 국민기초생활보장수급자 현황

| 표 10.8 | 긴급생계급여(2005)*

(단위 : 원)

가구규모	1인 가구	2인 가구	3인 가구	4인 가구	5인 가구	6인 가구
지급액	161,390	268,740	364,990	456,810	523,780	594,080

자료 : 보건복지부(2006), 2005년 국민기초생활보장수급자 현황

② 긴급생계급여

급여실시 여부가 결정되기 전에 긴급히 생계급여를 해야 할 필요가 있을 경우에는 시·군·구청장의 직권에 의해 생계급여를 실시할 수 있다. 급여대상자로는 주소득원의 사망, 질병 또는 행방불명 등으로 갑자기 생계유지가 어려운 경우나 부 또는 모의 가출 등으로 갑자기 생계가 어려워진 경우, 천재지변이나 화재 등으로 재산·소득상의 손실이 발생하여 갑자기 생계유지가 어려운 경우, 기타 거주지 외의 지역에서 거주하고 있으나 소득이 없어 생계유지가 어려운 경우 등이다. 급여액은 최저생계비 중 식료품비에 해당하는 금액을 지급한다.

③ 조건부 생계급여

본 제도는 근로능력이 있음에도 근로를 하지 않는 수급자에게 자활사업 참가를 조건으로 생계급여를 지급하고, 정당한 사유 없이 자활사업에 참여하지 않는 경우 본인의 생계급여를 중지하도록 하는 제도이다. 조건부 생계급여제도는 국민기초생활보장제도의 시행으로 최저생계비 이하의 모든 저소득층에 근로능력 유무에 관계없이 국가로부터 기초생활을 보장받게 됨에 따라 근로

* 7인 이상 가구는 가구원 1인 추가 시 7만 300원 추가지급

| 표 10.9 | 주거급여 급여내용

(단위 : 원)

구 분	1~2인 가구	3~4인 가구	5~6인 가구	7인 이상 가구
주거급여액(일반)	33,000	42,000	55,000	6인 가구의 1인당 급여액에 당해 가구원 수를 곱하여 산정
자가가구 등	23,100	29,400	38,500	

자료 : 보건복지부(2006), 2005년 국민기초생활보장수급자 현황

능력이 있는 수급자가 국가의 보호에 안주하는 도덕적 해이(moral hazard) 발생을 방지하기 위한 제도적 보완장치이다.

(2) 주거급여

종전 생활보호법에서는 주거급여를 생계급여에 포함하여 지급하여 왔으나 국민기초생활보장법에서는 수급권자의 주거실태에 따른 적정한 급여가 이루어지도록 하고 수급권자가 보다 나은 주거환경에서 생활할 수 있도록 유도하기 위하여 주거급여를 분리하였다.

주거급여는 두 가지 원칙에 의해 제공된다. 첫째, 수급자에게 주거안정에 필요한 임차료, 유지수선비 등을 주거급여로 지급하며, 둘째, 주거급여와 생계급여에 포함된 주거비를 통하여 최저주거를 보장한다.

본 급여의 제외 대상자로는 의료·교육·자활급여 특례수급자나 보장시설에 거주하는 수급자, 국가 및 지방자치단체가 운영비를 지원하는 '노숙자쉼터' 및 '법무부 산하 한국갱생보호공단시설'에 거주하는 수급자, 의료기관에 3개월 이상 입원한 1인 가구로 무료임차자 또는 주거가 없는 자와 기타 에이즈쉼터 거주 수급자이다. 주거급여 제외 대상자를 제외한 모든 수급자는 아래의 기준에 의한 현금급여를 제공받는다.

(3) 교육급여

수급자 중 중·고등학교에 입학 또는 재학하는 자 및 동등학력이 인정되는 각종학교, 평생교육법에 의한 평생교육시설의 학습에 참가하는 자에게 입학금, 수업료, 교과서비, 학용품비 등을 지원한다. 신청자는 학비지원대상자인 수급자나 수급자의 친권자 또는 후견인이며, 거주지 시·군·구청장에 신청한다.

(4) 해산급여

분만 전과 분만 후의 필요한 조치와 보호를 위해 수급자가 출산한 경우 해산비(50만 원)를 지급하며, 출산여성에게 1인당 20만 원을 현금으로 지급한다.

(5) 장제급여

수급자가 사망한 경우 사체의 검안·운반·화장 또는 매장 기타 장제조치를 행하는 데 필요한 금품을 지급한다. 본 급여는 실제로 장제를 행하는 자에게 지급하는 것을 원칙으로 한다. 근로능력이 없는 자로만 구성된 가구는 가구당 50만 원, 근로능력이 있는 가구원이 있는 경우는 가구당 40만 원을 현금으로 지급한다. 다만 금전지급이 적당하지 않다고 인정되는 경우 물품지급이 가능하다.

(6) 자활급여

자활급여는 자활에 필요한 금품의 지급 및 대여, 자활에 필요한 기능습득의 지원, 취업알선 등 정보의 제공, 공공근로 등 자활을 위한 근로기회의 제공, 자활에 필요한 시설 및 장비의 대여, 기타 자활조성을 위한 각종 지원 등이 제공된다.

(7) 의료급여

의료급여에서는 의료급여법에 의한 외래 및 입원비를 지원한다.

세인즈버리(Sainsbury)는 영국, 미국, 네덜란드, 스웨덴의 사회보장제도를 비교·분석한 결과, 소득보장정책에서 여성은 급여수준이 낮은 공공부조에 의존하는 비율이 높고, 남성은 사회보장수혜자가 되는 비율이 높다는 것을 밝혔다(1993). 이는 서구 복지국가에서도 소득보장에 있어 여성은 공공부조로, 남성은 사회보험으로 성격리되고 있는 것을 보여준다고 할 수 있다. 이러한 사회보장에서의 성격리가 '빈곤의 여성화' 현상을 더욱 가중화시키는 요인으로 작용한다.

그리고 국민기초생활보장 사업에서 모자가정, 여성노인 단독세대 등에서 여성의 비율이 높아지는 것은, 서구 복지국가의 경험처럼 여성의 의존대상이 남성에서 국가로 이전되어 가고 있음을 보여주는 것이다. 서구 복지국가에서는 사회복지제도가 확충됨에 따라 어느 정도 여성빈곤문제가 해결되고 여성에 대한 사

| 표 10.10 | 종별 의료급여

종별	수급대상	급여원칙	본인부담
1종	기초생활보장 수급자 등	외래 및 입원비의 전액지급	입원 시 식대의 20%
2종	기초생활보장수급자 중 근로능력이 있는 자	본인 일부부담을 제외한 전액 지원	• 의원급 외래비 중 1,000~1,500원 • 의원급 입원비, 병원급 외래·입원비의 15% 단, 입원시 식대 20%(단, 중증질환자는 10%, 자연분만 및 6세 미만 아동은 면제)

자료 : 보건복지부(2006), 2005년 국민기초생활보장수급자 현황

회적 불평등이 감소된 면이 있지만, 그것이 여성의 권력획득으로 이어진 것은 아니었으며, 이는 사적 영역 내에서의 남성지배가 중심이 되었던 가족적 가부장제에서 공적 영역에서 남성지배가 강화된 사회적 가부장제로 변화된 것이라 할 수 있다. 우리나라에서도 여성의 의존이 남성에서 국가로 이전되는 모습을 국민기초생활보장제도에서 발견할 수 있다. 특히 국민기초생활보장제의 사회통제적 성격은 여성대상자를 국가에 종속시키며, 이러한 모습이 더욱 강화될 것임을 예측할 수 있다.

내용 요약

1. 공공부조는 국가가 생활이 어려운 자들을 대상으로 필요한 급여를 행하여 이들의 최저생활을 보장하고 자활을 조성하는 것을 목적으로 하는 제도로, 공공부조 제도의 핵심은 국민기초생활보장법이다.
2. 긴급생계급여는 급여실시 여부가 결정되기 전에 긴급히 생계급여를 해야 할 필요가 있을 경우에는 시·군·구청장의 직권에 의해 생계급여를 실시할 수 있는 급여를 일컫는다.
3. 조건부 생계급여는 근로능력이 있음에도 근로를 하지 않는 수급자에게 자활사업 참가를 조건으로 생계급여를 지급하고, 정당한 사유 없이 자활사업에 참여하지 않는 경우 본인의 생계급여를 중지하도록 하는 제도이다.

CHECK 생각해 봅시다

1. 국민기초생활보장제에 나타나고 있는 성차별적 요소에 대해 생각해 봅시다.
2. 긴급생계급여가 실시되는 경우에 대해 논의해 봅시다.

Part Ⅳ

제Ⅳ부

여성복지 실천영역

welfare for woman

제 11 장

빈곤과 여성

주요 용어 | 빈곤의 여성화, 탈빈곤(정책), 여성가구주, 포용의 사회복지정책, 보살핌의 사회화

1. 여성노동과 빈곤

'빈곤의 여성화'는 전 세계적인 문제로 1980년대 이후 사회구조의 변화와 관련된 것이라고 할 수 있다. 특히 여성빈곤을 새로운 사회적 위험(new social risk)과 연관시켜 설명하고, 탈빈곤을 위한 복지국가의 재편성이 모색되고 있다(G. Esping-Andersen, 2002; P. Taylor-Gooby, 2004). 새로운 사회적 위험은 경제적 세계화와 산업이전 및 기술혁신 그리고 가족구조 및 여성의 역할변화에 의해 야기되는 것으로 저숙련, 저학력, 낡은 기술 등이 노동시장에서 자신의 위치를 유지하거나 접근할 수 있는 능력을 제한하고 있으며, 아동과 노인을 보살펴야 하는 책임이 임금노동에 참여하기 위한 개인의 능력을 제한한다.

서구 선진국가들의 빈곤정책에서 여성의 고용여부는 탈빈곤의 결정적 요인으로 보고 있으며 특히 여성가구주의 고용은 빈곤을 감소시키는 데 강력한 효과

를 보이고 있다. 그러나 여성고용은 가족불안정이나 노동시장에서의 불안정에서 오는 위험들에 있어 해독제의 역할을 하나, 이때 강조해야만 하는 사회정책의 주요 문제는 사회서비스, 즉 사회적 보살핌인 것이다.

이와 같이 서구의 탈빈곤정책에서 여성을 주 대상으로 하는 움직임을 읽어내는 것이 우리나라 빈곤정책의 새로운 방향을 잡는 데 도움이 될 수 있을 것이다.

우리나라의 빈곤연구는 계급 간 불평등의 문제가 중요하게 쟁점화되었기 때문에 여성빈곤문제는 상대적으로 관심영역 밖에 존재하였으며 여성빈곤에 대한 연구는 최근의 일이라 할 수 있다. 여성빈곤의 문제를 본격적으로 다루기 시작한 것은 1990년대 들어 주로 저소득모자가정 혹은 모자세대, 여성가구주와 여성노인 등 대상별로 그들의 생활실태를 조명하거나 이들에 대한 자립지원방안을 제시하는 연구가 주를 이루면서 부터이다. 특히 여성가구주와 모자가정 등에 대한 연구가 다수를 차지하고 있다.*

본 연구에서는 기존의 통계자료를 중심으로 한국 사회의 빈곤의 여성화 현상을 규명하고, 저소득 여성가구주를 중심으로 한 연구결과를 중심으로 한국 여성들의 빈곤실태를 정리한 후, 여성빈곤의 극복방안으로 사회복지적 차원에서의 탈빈곤정책을 제시하고자 한다.

2. 여성빈곤에 관한 여성주의적 논의

여성빈곤문제는 미국의 사회학자인 피어스(Pearce)가 '빈곤의 여성화(feminization of poverty)'란 용어를 사용한(D. Pearce, 1978) 후에 연구자들의 주목을 받게 되었다. 빈곤의 여성화 현상에 관한 실증적 연구들은 대부분 미국에서 이루어졌다. 여성빈곤문제에 대해 여성주의적 관점에서 시도된 연구들은 대부분

* 이들 중 김영란(1999, 2001, 2005), 정미숙(2001) 등은 여성주의적 논의에 근거하여 외국에서의 연구결과를 소개하면서 여성가구주의 증가비율, 노동시장에서의 성차별, 복지정책에서의 주변화 등과 관련된 국내외 통계를 제시하고 있고, 이혜경(1998), 류정순(2000), 유정원(2000) 등은 통계자료를 재분석하여 여성의 빈곤실태를 파악하기 위한 연구를 시도하였다.

빈곤층에서 여성가구주의 비율이 증가하고 있음을 검증하고, 이들 여성빈곤의 실태와 원인을 중심으로 논의를 진전시켜 왔다. 빈곤의 여성화를 설명하는 요인들에 대한 논의는 성별화된 노동시장의 문제, 이중적인 복지체계 및 가부장적 남성부양체계와 보호노동에 대한 가치평가절하 등으로 요약할 수 있다.

1) 노동시장 분절론

노동시장 분절론 혹은 이중노동 시장론은 여성의 경제적 취약성을 보다 구조적 맥락에서 바라볼 수 있게 한다. 본 논리에 의하면, 노동시장은 상대적으로 높은 임금과 양호한 노동조건, 고용의 안정성, 내부승진의 기회 등을 특징으로 하는 1차 노동시장과, 저임금과 열악한 노동조건, 승진기회의 결여 등을 특징으로 하는 2차 노동시장으로 분절되어 있다. 또한 여성빈곤의 원인으로 노동시장에서의 성차별문제를 지적할 수 있으며, 비정규직 노동 및 가내 노동자의 확대로 나타나는 여성직업의 게토화 현상과 임금차별 및 여성실업문제를 제기해 볼 수 있다(김영란, 1999).

여성가구주들의 빈곤문제를 노동시장에서의 주변화에서 찾으려는 논의도 있다. 본 논의에 의하면 여성가구주가 노동시장에서 주변적인 위치를 차지하고 있고 대다수의 여성가구주가 자신의 임노동을 통해 생계를 유지하고 있지만 이들은 하위직종과 비정규직에 집중되어 있어 경제적으로 자립하는 데 상당한 한계를 갖는다는 것이다. 그리고 이러한 주변적 지위를 가질 수밖에 없는 이유에 대해 생계부양자와 양육자의 역할을 동시에 해야 하는 데 기인한다고 보았다. 빈곤 여성가구주들에게 모성역할과 취업은 선택적인 것이 아니며, 모성역할을 수행하기 위해서는 취업이 불가피하다는 것이다(정미숙, 2001). 또 다른 연구에서도 여성가장들에게 있어서 자녀양육과 모성의 역할은 삶의 중심축이며, 경제활동은 자녀를 양육시키기 위한 모성역할 수행의 일부분이라고 지적하고 있다(김경애, 1999). 즉, 여성가구주들은 장시간의 노동을 통해 생계를 유지하여 왔음에도 최소한의 생계가 보장되지 않고 자녀양육과 관련된 서비스가 제공되지 않기 때문에 노동자로서 경제활동을 통한 자립기반을 마련하는 데 주력하지 못하는 것이다.

2) 가부장적 복지체계

노동시장의 중심노동력을 구성하는 남성의 경우 실직 시 사회보험의 수혜자가 되지만 노동시장의 주변노동력을 구성하는 여성의 경우 자산평가에 기반한 공공부조의 수혜자가 되는 것을 의미하며 이러한 현상은 여성의 빈곤화를 더욱 가중시키는 요인이 되고 있다.

여권주의자들은 노동시장에 진입한 여성일지라도 자본주의 사회의 성별 노동분리에 기초하여 여성노동의 가치를 평가절하하는 가부장제 이데올로기와 가족임금 이데올로기에 의해 여성빈곤이 발생한다고 주장한다. 또한 복지국가의 발달과정에서 여성의 관점 또는 여성의 입장이 고려되지 않았음을 지적하고, 복지국가와 성(gender)의 관계를 살펴보는 노력을 활발히 시도하였다.

오를로프(Orloff)는 "복지국가의 사회권은 시장의 임금소득에 기초한 남성의 '독립'을 강조하지만, 무급보호노동을 담당하고 있는 여성의 남성에 대한 '의존' 문제는 도외시되며, 결과적으로 성차별화된 복지급여를 제도화하고 있다"고 주장한다(A. Orloff, 1996). 오를로프는 에스핑-앤더슨(Esping-Andersen)이 노동시장 내 계층화, 즉 노동시장 내 계급관계에 대해 관심을 가졌으나(G. Esping-Andersen, 1990) 유급노동시장만을 분석의 대상으로 했기 때문에 무급노동으로 인한 성별 구조적 불평등을 간과했다고 지적했으며, 여성의 경우 유임금노동에서 탈상품화되어도 가정에서 무임금 가사노동이나 보살핌노동에 종속된다는 점에서 근본적인 변화가 없고, 무임금 노동에의 종속을 문제라고 생각한다면 현 단계에서는 도리어 여성의 상품화를 도모해야 한다고 언급했다.

사회보험제도의 남성부양자 모델(male breadwinner model)을 제시한 루이스(Lewis)는 사회보험제도의 이데올로기가 여성을 일차적으로 아내와 어머니로서, 이차적으로 유급노동시장의 참여자로 규정함으로써 공사영역의 분리 및 노동의 성분업을 강화했다고 지적했다(J. Lewis, 1992). 그는 기존의 논의를 심화시키면서 '보살핌체제', 즉 무급노동이 사회적으로 어떻게 가치·평가되고 남녀 사이에서 어떻게 공유되고 있는가를 분석해야 한다고 주장하고 있다. 한편 세인즈버리(Sainsbury)는 보살핌체제를 발전시키면서, 두 가지 대안적 체제를 제안하고 있다. 하나는 모든 어머니들에게 보호자로서의 역할을 상정하고 보호제공자로서의 노동에 대해 사회적 임금을 주는 체제이고, 다른 하나는 모든 어머니들을 노동자로 가정하고 노동시장에 참여할 수 있도록 공공보육서비스를 보장하며 노동시장 위치에 따라 보살핌에 대한 보상도 제공하는 체제이다.

복지국가에 대한 여성주의적 접근을 주장하면서 시도된 연구들은 '국가-시장-가족'의 관계 중 특히 국가와 가족 간의 관계를 재조명했는데, 이는 복지국가가 전제하고 있는 남녀의 성역할 및 남녀관계에 대해 규명하려는 시도였던 것이다. 이러한 분석은 복지국가가 남성을 부양자로, 여성을 피부양자로 혹은 남성에게는 임금노동을, 여성에게는 무임금 보호노동의 역할을 전제하고 있음을 규명함으로써 복지국가가 성중립적인 시민권에 기반하여 출발하였지만 그 영향은 결코 성중립적이지 않으며 가부장적 남성부양자 중심 모델을 형성해 왔음을 보여 준다.

3) 보호노동의 가치평가

메이어(Meyer)는 보호노동이 여성들이 기꺼이 수행하는 일이라는 전제에 반박하면서 여성들의 자율적인 선택을 저해하는 요인인 가부장적 성별 분업 이데올로기와 유급과 무급노동 간의 지속적인 갈등과 딜레마, 시장 또는 복지국가를 통해 제공되는 서비스의 부적절함 등의 문제점을 지적하고 있다(M. H. Meyer (ed)., 2000).

전통사회에서는 가족의 보호기능, 특히 여성의 무보수노동에 의한 보호 또는 돌봄이 이루어졌다. 그리고 여성을 양육과 가사노동 책임자로 한정하는 성별 노동분리체계가 노동시장으로까지 전이됨으로써 노동시장 내에서 여성의 직업은 주로 서비스 중심으로 이루어졌다. 이러한 노동시장 내 성별 격리를 합리화하는 '여성의 일' 혹은 '여성적 특성'은 하나의 이데올로기로 구축되어, 여성의 양육 및 가사노동 가치에 대한 평가절하를 통해 실제로는 양육노동을 하지 않는 여성들에게조차 영향을 미침으로써, 사회 내 여성 전반의 노동을 과소평가하는 결과를 초래하였다.

이제 우리 사회에서 보호노동을 누가 책임질 것인가는 복지제도의 설계에서 매우 중요한 쟁점이 되었다. 대부분의 여성가구주들은 경제활동을 하면서 자녀를 양육하는 데 많은 어려움을 겪는다. 그럼에도 오늘날 빈곤정책의 추세는 여성가구주에게 어머니로서의 역할보다는 근로자로서의 역할을 요구하는 방향으로 바뀌고 있다. 근로연계형 복지정책(workfare)의 맥락에서 빈곤여성들이 어머니로서의 역할과 근로자로서의 역할을 어떻게 결합시킬 것인가와 관련한 문제인 것이다.

이러한 논의는 공공부조제도를 포함한 사회보장제도의 기획 또는 설계에 있어서 성역할에 대한 고려가 필요함을 시사한다. 즉, 특정 제도의 효과성을 제고하기 위해서는 그 제도가 여성과 남성의 성역할을 어떻게 규정하고 있으며, 제도의 시행이 궁극적으로 여성과 남성의 역할에 어떤 영향을 미치는지를 파악할 필요가 있는 것이다.

3. '빈곤의 여성화' 관련 현황

우리나라에서 여성빈곤문제를 본격적으로 다루기 시작한 것은 1990년대 들어서이며, 이는 주로 저소득 모자가정, 여성가구주와 여성노인 등 대상별로 그들의 생활실태를 조명하거나 이들에 대한 자립지원 방안을 제시하는 연구가 주를 이루었다.

본 절에서는 기존의 통계자료를 중심으로 우리나라의 빈곤의 여성화 현상을 규명하고, 저소득 여성가구주 혹은 모자가정 및 여성노인에 대한 연구결과를 중심으로 한국 여성들의 빈곤상황을 정리하고자 한다.

1) 여성가구주의 증가 및 빈곤화 현상

김영란(1997)은 도시빈곤가구 중에서 여성가구주 가구의 비율이 1962년 12.9%에서 1990년 29.4%에 이른다고 보고하면서 빈곤의 여성화 현상을 설명하였고, 박순일(1991, 1994)도 전체 여성가구주 비율에 대한 빈곤층 여성가구주 비율이

1970/1973년 1.68배에서 1990/1991년 2.16배로 증대되어 여성의 빈곤화 추세가 보인다고 지적하면서 여성가구주 가구의 증가현상과 더불어 여성가구주 가구의 빈곤화 경향은 우리나라의 빈곤화를 증대시키는 주요인이 된다고 주장하였다(류정순, 2000).

이들의 지적처럼 성별 가구주 분포현황을 보면, 남성가구주는 줄어들고 있는데 반해 여성가구주의 비율은 꾸준히 증가하고 있다. 전체 가구주에서 차지하는 여성가구주의 비율이 2001년 18.7%, 2003년 19.1%, 2005년 19.5%로 증가속도도 빨라지고 있음을 알 수 있다. 기존의 이론적 논의에서도 여성가구주가 빈곤상황에 노출될 가능성이 높음을 지적하고 있으므로, 이러한 여성가구주의 증가추세는 '빈곤의 여성화'가 심화되고 있음을 간접적으로 시사한다고 하겠다(김영

| 표 11.1 | 가부장제 출현과정

(단위 : 천 가구, %)

연 도	총가구수	여성가구주 가구	남성가구주 가구	여성가주주 가구 구성비율
2001	14,834	2,775	12,058	18.7
2002	15,064	2,845	12,218	18.9
2003	15,298	2,918	12,379	19.1
2004	15,539	2,995	12,544	19.3
2005	15,789	3,076	12,713	19.5

자료 : 통계청(2001), 인구주택총보고서, 이후 각 연도는 2002년 장래가구추계임.

| 표 11.2 | 연령별 여성가구주 분포

(단위 : 천 가구, %)

구 분	1995	2000
전 국	2,147(100.0)	2,653(100.0)
30세 미만	368(17.1)	423(15.9)
30~39세	302(14.1)	366(13.8)
40~49세	373(17.4)	512(19.3)
50~59세	427(19.9)	455(17.2)
60세 이상	677(31.5)	896(33.8)

자료 : 통계청(2000), 인구주택총보고서

란, 1998, 1999). 이혜영의 연구에 의하면 공공부조 기준 이하의 가구비율에서 여성가구주가 53.5%, 남성가구주가 41.2%로 여성가구주 비율이 더 높았고, 여성가구주 비율이 높은 경향은 이전부터 지속적인 것으로 나타나고 있다.

연령별 여성가구주를 살펴보면 전 연령대에서 1995년 대비 2000년에 여성가구주 비율이 증가했음을 볼 수 있고, 가장 많이 증가한 연령층이 60대로 5년 동안 2.3% 증가하였고, 그 다음이 40대로 1.9% 증가하였음을 알 수 있다. 이는 최근 이혼율의 급증, 여성의 평균수명 연장, 여성노인의 급증현상 등과 관련지어 볼 수 있다. 여성노인도 남성노인에 비해 경제적으로 취약한 위치에 놓여 있다고 지적되고 있으므로, 여성빈곤은 전 연령대에 펴져 있음을 유추해 볼 수 있다.

이성림(2001)은 지난 20년 동안 여성가구주 증가현상에 대해 보고하면서 여성가구주 가구의 증가원인을 사별여성의 가구주율 증가, 사별여성인구의 증가, 미혼여성의 가구주율의 증가 등에 기인한다고 보았고, 이러한 원인에 의해 전체 여성가구주 증가분은 전체 여성가구주 가구 수 증가의 78%를 차지한다고 보았다.

이와 같은 최근의 연구들은 여성가구주의 증가현상에 대해 일관성 있는 보고를 하고 있으며, 이들의 경제적 취약성이 우리나라에서도 빈곤의 여성화 현상으로 나타나고 있음을 알 수 있는 것이다.

2) 여성의 경제적 취약성

여성들의 경제활동참여율은 1990년 47.0%, 1995년 48.4%, 2000년 48.8%, 2002년 49.8%, 2004년 49.9%, 2005년 50.1%로 꾸준히 증가하고 있으나, 여성과 남성 간의 큰 격차에는 변화가 없음을 알 수 있다. 특히 여성들의 경제활동참여율을 연령별로 살펴보면 M자형 곡선을 나타내고 있어서, 여성들의 경제활동은 임신, 출산, 육아 등의 재생산역할 수행으로 인해 영향을 받는 것으로 유추된다.

연도별 남녀 임금액수는 여성과 남성 모두 증가하고 있는 것을 볼 수 있다. 1985년 여성 18만 원, 남성 38만 6,000원이 1995년 여성 79만 원, 남성 136만 원으로, 2003년에는 여성 144만 6,000원, 남성 230만 3,000원으로 남녀 간의 격

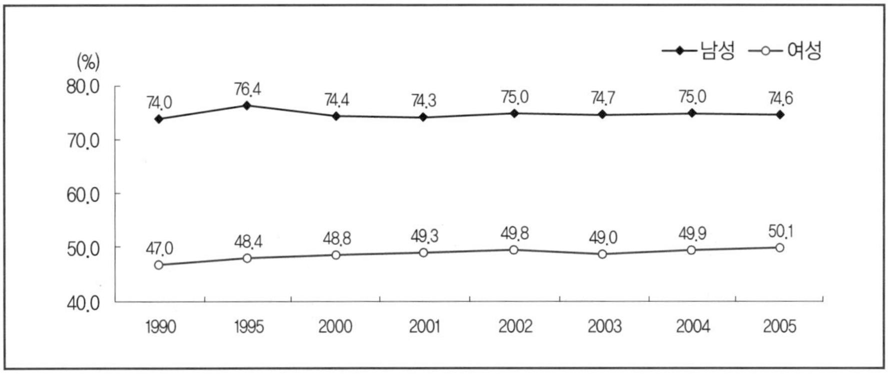

| 그림 11.1 | 경제활동참여율 추이

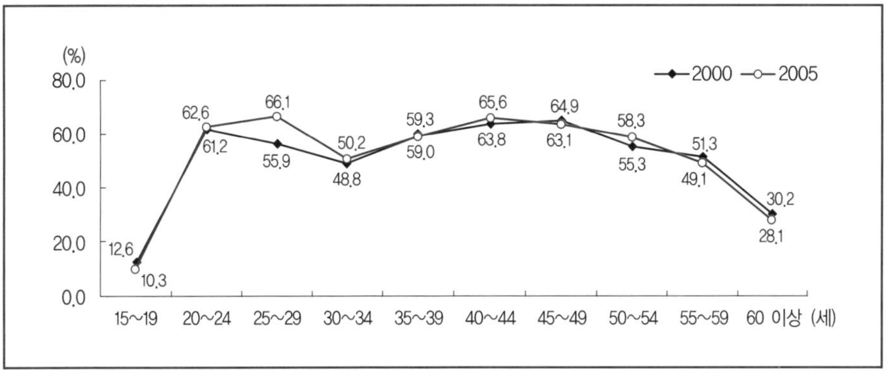

| 그림 11.2 | 연령별 경제활동참여율(여성)

차는 크게 줄어들고 있지 않음을 알 수 있다. 남녀 간 임금비는 소폭으로 그 격차를 줄여나가는 듯하나 2000년대 들어 정체되는 모습을 보인다. 이러한 경향을 남녀 직업별 월평균 임금총액 차이를 통해 살펴보면 전 직종에서 여성의 임금이 상승하여 남녀 간 임금격차가 줄어들고 있는 것으로 나타나고 있다.

| 표 11.3 | 남녀 임금비

구 분	임 금	
	남 성	여 성
1990	100.0	53.5
2000	100.0	63.2
2001	100.0	64.3
2002	100.0	63.9
2003	100.0	62.9
2004	100.0	62.3
2005	100.0	62.6

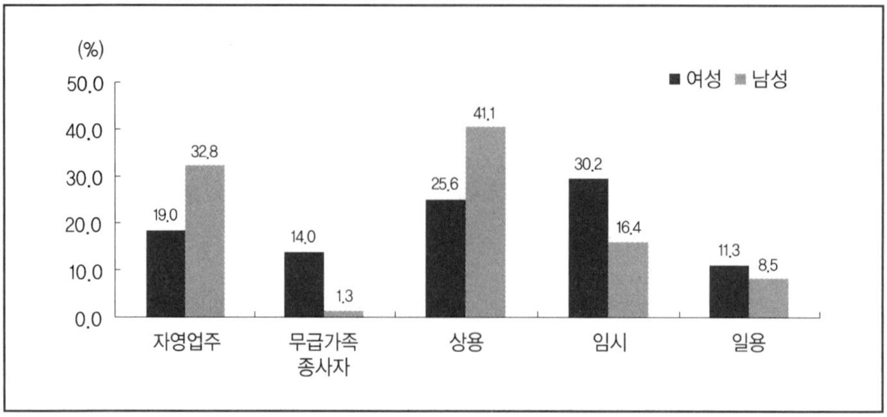

| 그림 11.3 | 성별 취업자의 종사상 지위별 구성비(2005)

남녀 임금은 직종에 따라 차이가 나는데, 전문가, 서비스근로자 및 상점·시장 판매근로자 등에서는 여성과 남성 간 임금격차가 심하게 나타나는 반면, 기술공

| 표 11.4 | 직업 및 성별 월평균 임금 및 임금격차

(단위 : 천 원, %)

직 업	1995			1997			2000			2003		
	여성	남성	임금비	여성	남성	임금비	여성	남성	임금비	여성	남성	임금비
전 직종	**790**	**1361**	**58.0**	**1007**	**1651**	**61.0**	**1167**	**1855**	**62.9**	**1446**	**2303**	**62.8**
의회의원, 고위 임직원 및 관리자	1889	2271	83.2	2340	2818	83.0	2289	2890	79.2	2726	3608	75.6
전문가	1257	1753	71.7	1602	2131	75.2	1696	2613	64.9	1953	3235	60.4
기술공 및 준전문가	907	1489	60.9	1169	1833	63.8	1370	2013	68.1	1624	2557	63.5
사무직원	845	1390	60.8	1225	1640	74.7	1183	1812	65.3	1502	2305	65.2
서비스근로자 및 상점·시장판매근로자	792	1124	70.5	956	1357	70.4	987	1414	69.8	1238	1782	69.5
농업 및 어업숙련근로자	673	1032	65.2	816	1668	48.9	736	1409	52.2	1046	1824	57.3
기능원 및 관련 기능근로자	645	1203	53.6	798	1484	53.8	908	1631	55.7	1107	1942	57.0
장치·기계조작원 및 조립원	685	1198	57.2	858	1382	62.1	962	1556	61.8	1250	1893	66.0
단순노무직근로자	596	856	69.6	698	986	70.8	775	1041	74.4	952	1228	77.5

자료 : 한국여성개발원(2003), 여성통계연보

및 준전문가, 농업 및 어업숙련근로자, 기능원 및 관련 기능근로자의 경우는 소폭으로나마 격차가 줄어드는 것으로 나타나고 있다. 그러나 동일한 직업 내 남녀 임금차이는 여전히 큰 것으로 나타나 남녀 간 임금격차가 전 직업에서 발생하고 있으며, 이는 결국 노동시장에서의 여성의 취약한 지위를 보여준다고 하겠다.

산업별로도 성별 분포의 차이가 확연히 나타난다. 여성들은 공공·개인사회서비스업, 농업 및 어업, 도·소매업, 음식숙박업 등에 종사하는 비율이 높다. 그나마도 총인원 자체가 남성보다 많은 산업은 음식숙박업, 공공·개인사회서비스업 등 정도이다. 건설업, 운수통신업, 부동산임대사업 및 서비스업, 제조업 등에서는 절대적으로 남성이 많은 수를 차지하고 있는 분절화된 노동시장구조를 엿볼 수 있다.

이렇게 여성들이 취약한 지위에 놓일 수밖에 없는 분절화된 노동시장에 진입한 여성들을 가구주 여부로 살펴보면, 여성가구주들의 경제활동참여율이 비가구주 여성보다 높은 것을 알 수 있다.

| 표 11.5 | 여성가구주 및 비가구주 여성의 경제활동참여율

(단위 : %)

구 분	1995	1998	2001
여성가구주	69.4	64.9	64.7
비가주구 여성	44.4	43.9	45.2

| 표 11.6 | 여성가구주 비율

(단위 : 천 가구, 천 명, %)

구 분	가 구	여성가구주	남성가구주	여성가구주 비율
1975	6,648	850	5,798	12.8
1980	7,969	1,169	6,801	14.7
1990	11,355	1,787	9,568	15.7
1995	12,958	2,147	10,811	16.6
2000	14,312	2,653	11,659	18.5
2001	14,834	2,775	12,059	18.7
2002	15,064	2,845	12,218	18.9
2003	15,298	2,918	12,379	19.1
2004	15,539	2,995	12,544	19.3
2005	15,789	3,076	12,713	19.5
2006	15,989	3,145	12,844	19.7

여성가구주는 IMF 경제위기를 경험하기 이전에도 미취업 및 비경활, 비정규직 및 무급가족종사 등 노동시장에서 주변화된 상태의 분포가 높았다. 또한 정규직 임금근로에 종사함에도 불구하고 빈곤층에 포함된 비율이 높은 것으로 나타나, 경제위기라는 특수한 상황의 개입이 아니더라도 노동시장에서 여성들은 항상 불평등한 위치에 놓여 있음을 알 수 있다.

3) 사회보장제도의 이층적 구조와 여성

여성주의자들은 사회복지제도 내의 이층적(two-tier) 구조를 지적하면서 남성들은 사회보험 수급률이 높은 반면 여성들은 공공부조의 수급률이 높다고 주장하고 있다. 우리나라에서도 이러한 경향을 볼 수 있는데, 전체 인구대비 국민연금 여성가입자 비율은 34.7%인 반면 남성비율은 65.3%로 남성비율이 여성에 비해 2배에 가까운 수치를 보인다. 그러나 전체 인구대비 국민기초생활보장제도 여성수급자 비율은 여성이 3.4%이고 남성은 2.5%로 여성의 비율이 높게 나타나고 있다. 또한 국민기초생활보장제의 남녀 수급자 현황을 비교해 보면 여자는 노년기(33.3%)가, 남자는 중년기(35.9%)가 가장 높게 나타남을 알 수 있다. 이는 여자의 평균수명이 남자보다 높기 때문임을 알 수 있다.

| 표 11.7 | 국민기초생활보장제 생애주기별 남녀 총인구대비 수급자 구성비 (단위 : %)

구 분	계	영유아기	학령기	청소년기	청년기	중년기	노년기
남 자	2.5	1.2	2.6	4.3	1.0	2.8	5.3
여 자	3.4	1.3	2.8	4.7	1.4	3.1	10.4

자료 : 보건복지부(2006), 보건복지부백서

| 표 11.8 | 국민기초생활보장제 남녀 수급자 백분율 (단위 : %)

구 분	계	영유아기	학령기	청소년기	청년기	중년기	노년기
남 자	100.0	2.7	7.4	24.5	13.8	35.9	15.6
여 자	100.0	1.9	5.2	17.7	13.4	28.5	33.3

자료 : 보건복지부(2006), 2005년 국민기초생활보장 수급자 현황

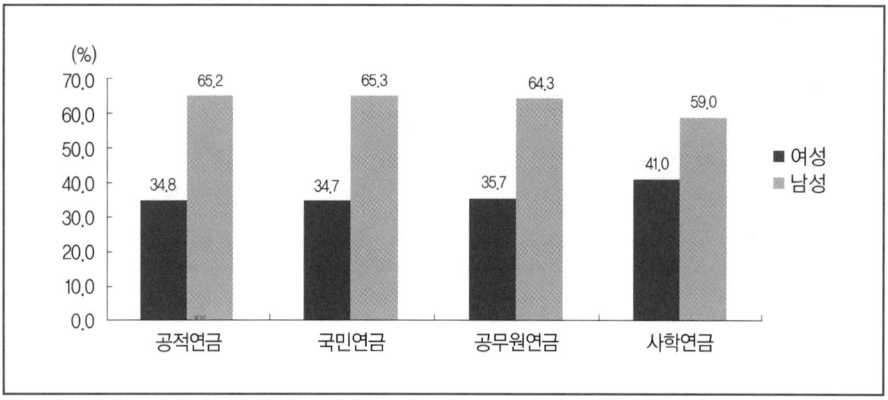

| 그림 11.4 | 공적연금제도 가입자의 성별 비율(2004)

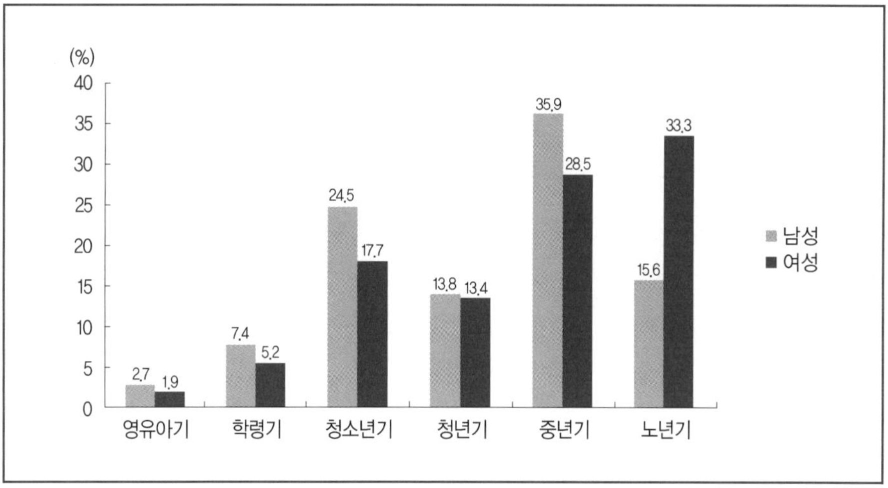

| 그림 11.5 | 국민기초생활보장제 남녀 수급자 백분율 분포

자료 : 보건복지부(2006), 보건복지부백서

여성은 공적연금제도로서의 국민연금 가입비율이 남성보다 낮고 공공부조수급자 비율은 남성보다 높아 사회보장제도의 성분절 현상을 나타내고 있다. 연령별 전체 여성인구대비 국민연금 여성가입자 비율을 보면 여성들의 생애주기별로 노동시장에서 보이는 M자형 곡선과 유사한 경향을 볼 수 있다. 여성들은 전체적으로 연령별로 국민기초생활보장제도 수급자 비율의 경우 남성비율보다 전

| 표 11.9 | 국민연금 수급 현황(2005)

(단위 : 명, %)

성별 \ 구분	계		사업장 가입자	지 역 가입자	임 의 가입자	임의계속 가입자
	인 원	비 율				
계	16,888,602	100.0	7,805,973	9,024,270	25,543	32,816
남 자	10,981,634	65.0	5,228,072	5,734,093	6,020	13,449
여 자	5,906,968	35.0	2,577,901	3,290,177	19,523	19,367

자료 : 보건복지부(2006), 보건복지부백서

연령대에서 높은 반면, 국민연금가입자 비율은 전 연령대에서 낮은 것을 알 수 있다. 공공부조의 경우 연령별로는 60대 이상에서 전체 여성인구대비 국민기초생활보장제도 수급자 비율이 높아 여성노인인구의 빈곤문제가 심각함을 보여주고 있다.

(1) 국민연금의 여성수급 현황

국민연금의 여성수급 현황에 관해 살펴보면, 2005년 8월 현재 여성가입자와 남성가입자의 비율이 65 : 35로 사업장가입자와 지역가입자 모두에서 그런 경향을 볼 수 있다. 이는 노동시장 내 여성의 지위를 반영하는 결과이고 남성생계부양자 모델에 기반하고 있는 우리의 연금제도가 여성들의 노후소득보장 기능을 충분히 담보할 수 없음을 알 수 있는 것이다.

(2) 공공부조의 여성수급 현황

2002년 국민기초생활보장제도 여성수급자 현황을 보면 전체 수급자 중 58.1%를 차지하고, 일반급여수급자의 경우 58%, 조건부 수급자는 61.5%이다. 2001년과 비교해 보면 2001년 전체 여성수급자는 57.9%(79만 1,414명), 2002년도에는 58.1%(75만 1,911명)로 그 규모는 줄어들었으나 전체 수급자 중 여성비율은 남성비율에 비해 높았다. 일반급여자도 2001년 57.8%(76만 2,133명), 2002년 58.0%(724,001명)로, 조건부 수급자에서도 2001년 58.9%(2만 5,684명), 2002년 61.5%(2만 4,091명)로 규모는 줄었으나, 비율은 증가하고 있었고 특히 조건부 수급자에서의 여성비율이 일반급여 수급자보다 상대적으로 증가하였다(보건복

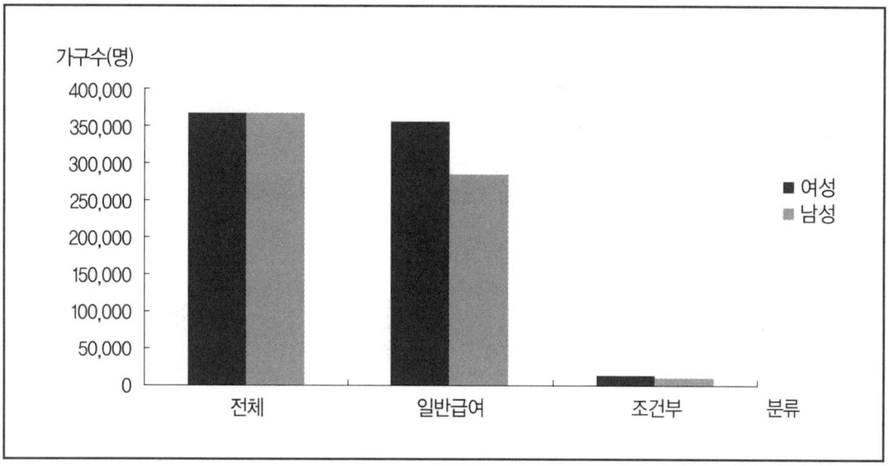

| 그림 11.6 | 국민기초생활보장제도 급여종류별 성별 가구주 수급현황(2002)

자료 : 보건복지부(2006). 보건복지부백서

지부, 2006, 보건백서 2005).

연령별로 살펴보면 30대 이상부터는 여성수급자가 남성수급자보다 많아지는 현상이 나타나며 특히 60대, 70대, 80대로 고령화될수록 여성비율이 높아졌다. 이는 고령화될수록 여성노인인구 비율이 높은 것에서 기인함과 동시에 여성노인의 빈곤문제의 심각성을 보여주고 있는 것이다.

가구유형별 수급현황에서도 여성빈곤문제를 엿볼 수 있다. 2001년의 경우 일반세대 비율이 37.0%로 가장 높았다. 그러나 노인세대 33.9%, 장애인세대 14.2%, 모자세대 10.1% 등임을 볼 때, 여성노인 비율이 높기 때문에 노인세대의

| 표 11.10 | 일반수급가구 세대구분(가구유형별) 현황

(단위 : 가구)

구 분	계	노인세대	소년소녀 가장세대	모자세대	부자세대	장애인 세대	일반세대	기 타
2001	698,075	237,443	13,613	70,152	19,128	100,313	217,462	39,964
2002	691,018	235,893	13,638	65,132	17,289	104,009	216.645	38,412
2003	717,861	238,790	13,932	66,636	17,158	112,987	230,827	37,531
2004	753,681	240,030	14,387	70,951	17,916	123,418	249,393	37,586
2005	809,745	244,565	14,823	77,985	19,450	136,892	276,227	39,803

자료 : 보건복지부(2006). 보건복지부백서

| 표 11.11 | 일반수급가구 가구구성별 현황

(단위 : 가구)

구 분	계	단독가구	혈연가구				비혈연가구	기 타
			소 계	부부가구	자녀동거가구	그외가족동거가구		
2001	698,075	335,954	356,509	57,024	244,310	55,175	5,595	17
2002	691,018	341,875	342,812	55,422	231,986	55,404	6,264	67
2003	717,861	361,311	349,467	55,487	236,144	57,836	6,950	133
2004	753,681	381,893	363,493	56,049	246,125	61,319	7,869	426
2005	809,745	410,435	389,583	57,699	265,278	66,607	8,673	1,053

자료 : 보건복지부(2006), 보건복지부백서

상당수가 여성노인임을 유추할 수 있고, 모자세대의 비율은 여성빈곤문제를 보여주는 명백한 증거라고 할 수 있다.

〈그림 11.7〉에서 알 수 있는 것처럼 국민기초생활보장제도 노년기 여성수급자 비율이(33.3%) 남성에 비해 월등히 높은 것을 알 수 있으며, 총인구대비 남녀의 수급 분포도 노년기 여성의 수급 정도(10.4%)가 남성에 비해 2배에 가까운 수치를 보인다〈그림 11.8 참조〉.

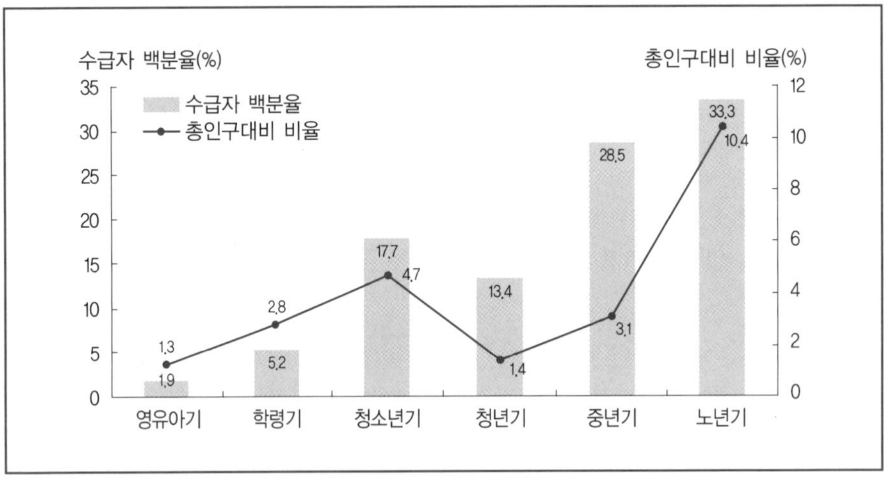

| 그림 11.7 | 생애주기별 수급자 백분율 및 수급률 분포(여자)

자료 : 보건복지부(2006), 보건복지부백서

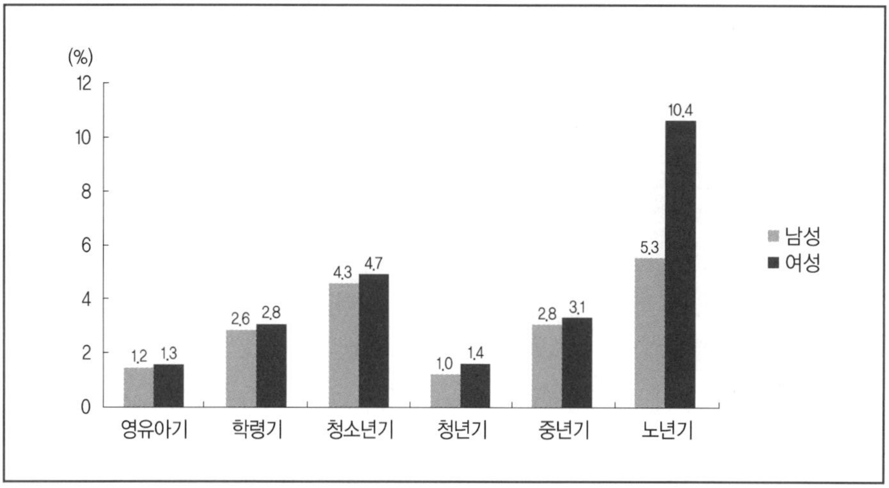

| 그림 11.8 | 총인구대비 남녀 수급자 비율 분포(2005)

자료 : 보건복지부(2006), 보건복지부백서

4) 빈곤여성의 생활상황

저소득 여성가구주 자활에 대한 연구를 통해 이들의 경제적 문제, 자녀보육 및 노인부양 등의 가사 관련 문제, 본인 및 가족원의 건강 관련 문제, 사회·심리적 문제, 주거문제 등에 관한 특징을 정리하면 다음과 같다(김수현, 2001).

첫째, 빈곤여성들의 상당수는 빈곤이 세습된 경우가 많으며, 교육수준이 대체로 낮고, 전문적 기술이 부족한 경우가 많다. 저학력, 기술부족의 상태는 여성들이 취업할 때 비정규직, 불안정고용, 낮은 임금, 낮은 지위로의 취업과 실업을 반복하게 만든다. 빈곤여성들은 생계유지에 대한 절박함 때문에 낮은 임금, 차별, 불안정성 등을 감수하면서도 노동시장에 남고자 한다. 특히 중장년 여성들은 한번 일자리를 잃게 되면 다시 취업하거나 취업훈련을 받는 일조차 쉽지 않기 때문에 현재의 열악한 노동시장 속에서 장기실업 상태로 빠져들 가능성이 많다. 취업을 해도 불안정하고 소득이 낮기 때문에 생활안정을 보장하지 못하는 수준이다. 따라서 단순한 취업상태 여부보다는 취업의 안정성이나 저임금 등과 같이 노동시장 안에서 여성이 갖는 문제가 더욱 심각하게 드러나는 것이다.

또한 이혼, 사별, 배우자 가출 등의 가족 해체로 인해 가구를 책임지게 된 여성가구주들은 생계를 위해 일자리를 구하고자 하지만 이전 직업경험이 없거나 직업훈련을 받을 기회가 적어서 구직이나 구직준비가 어려운 상태이다. 이들이 겪는 또 다른 문제는 빈곤의 세대 간 전이로, 여성가구주 가구의 빈곤은 저소득 자녀들에 대한 인적 자본투자의 결여를 야기하여, 이들 가구에서 성장한 자녀들이 다음 세대에도 빈곤가구로 전락할 확률이 높은 것으로 보고된다.

둘째, 자녀 및 가족보호문제와 관련하여 자녀양육은 빈곤 여성가구주에게는 이중부담의 요인이 된다. 미취학 자녀의 보호는 취업의 제약요인으로, 학령기 취학 자녀의 교육은 경제적 부담요인이 되고 있다. 즉, 여성이 경제활동을 하는 동안 미취학 자녀를 맡아 보호해 줄 대리자나 보호시설이 부족하거나 보육시설 이용비가 비싸서 이용에 제한이 있거나, 보육시설의 보호시간과 노동시간이 맞지 않는 등의 이유로 저소득 여성가구주에게 미취학 자녀의 보호는 취업과 자활에 커다란 장애요인이 되고 있다. 또한 저소득 여성들 특히 모자가정의 여성은 다른 계층의 여성들과 마찬가지로 자녀에게 높은 기대를 가지고 있지만, 실제로는 학업과 관련된 가정교육에 신경을 쓸 시간·경제적 여유가 없고, 자녀들의 학업내용을 따라갈 수 없어 자녀와의 관계가 소원해지거나 갈등이 심화된다.

셋째, 주거와 관련한 문제에서 많은 수의 저소득 여성가구주는 불안정한 주거, 주거비 부담, 불법주거, 주거공간 불편 및 비위생 등의 문제를 가지고 있고, 전세자금 융자나 임대아파트 입주 등을 희망하고 있다. 이들에게 두드러진 점은 주거비 부담이 매우 크다는 것이다. 그러나 전세자금을 융자받기가 어려워 제한된 주거비에 따라 주거를 마련하기 때문에 대부분 가족의 수나 성별 등에 비해 주거공간이 협소하고 불편함을 경험하며 생활하고 있다.

넷째, 건강문제에 있어 빈곤 여성가구주는 오래된 빈곤, 불충분한 영양, 힘든 노동, 치료 미실시, 가정폭력 등 다양한 이유로 다른 일반가정의 여성보다 많이 취약하다. 여러 가지 질병으로 인해 취업활동은 물론 일상생활에 지장을 받을 경우가 많은데, 이는 여성가구주 본인뿐 아니라 가족구성원 중 건강상의 문제로 지속적으로 치료를 받아야 할 경우 여성가구주에게는 보호에 대한 부담이나 치료비에 대한 부담이 크게 작용하고, 이는 결국 여성가구주의 자활을 방해하는 커다란 장애요인이 되는 것이다.

다섯째, 사회·심리적 문제와 관련하여 이혼이나 사별 등으로 인한 모자가정의 여성은 사회나 이웃으로부터 결손가정이라는 낙인을 받아 고립감과 소외감을 느끼며, 그로 인해 여성들의 삶의 만족감이 낮거나, 자신감이 결여되기 쉽다. 한편, 빈곤이 세습된 경우에는 형제자매나 친척 등이 오히려 빈곤 여성가구주에게 경제적 부담이나 부양부담이 되기도 한다. 이렇게 빈곤여성이나 모자가정 여성은 낮은 삶의 만족감이나 낮은 자아존중감 등의 사회심리적 문제를 가지기 쉬우며, 다른 일반가정 여성에 비해 비공식적인 지지망이 부족하거나, 부재하여 자녀를 맡기거나, 간단한 가사 일에 도움을 받고자 하여도 쉽지 않은 상황이다. 이러한 사회심리적 문제 및 비공식적 지원망의 부재는 빈곤 여성가구주가 자활하는 데 부정적 요인으로 작용하기 쉽다.

마지막으로 또 다른 빈곤집단인 여성노인들의 생활실태를 보면 여성노인이 매우 취약한 집단임을 알 수 있다. 노인인구의 급증에 따른 고령화 현상의 중심에 여성노인이 있고, 여성노인들의 평균수명 연장으로 적어도 10년은 혼자 삶을 유지해야 하는데, 심리적 소외문제, 노화로 인한 건강문제, 소득단절로 인한 경제적 문제 등에 노출되어 왔음을 지적할 수 있다.

여성노인들은 많은 경우 전업주부로 살아왔기 때문에 혼자된 이후 수입원천을 상실함으로써 심각한 경제적 어려움에 봉착해 있는 것으로 나타나고 있다. 특히 핵가족화와 함께 부양의식이 약화되면서 가족에 대한 정신·정서·물질적 부양을 기대하기 어렵고, 연금 등 국가의 정책적 지원도 실제적인 도움을 제공받지 못하고 있는 상황이라 할 수 있다. 이러한 여성노인의 문제는 그 심각성에도 불구하고 남성과 지속적인 관계를 유지하는 한 남성의 경제적 수입에 의존하므로 직접적인 근로소득이 없어도 가계수입에 의존할 수 있다는 가정하에 여성들의 빈곤문제를 은폐하거나 간과한 점을 지적할 수 있다(황선아, 2000). 이러한 여성노인의 빈곤문제는 생애의 한 시기에 발생한 문제라기보다는 전 생애에 걸친 성차별에 의해 나타난 현상이라고 할 수 있다. 즉, 남성에 대한 여성의 경제적 의존체계, 직접적인 소득획득 과정으로부터의 여성배제, 성차별 등에 기인하며, 여성노인의 빈곤문제는 자원확보에 실패한 개인의 문제가 아니라 성차별적 노동시장 등 사회구조 전반에 기인한 것으로 볼 수 있다.

앞에서 논의된 것처럼 우리나라에서도 여성가구주 가구가 지속적으로 증가하고 있으며 특히 빈곤 여성가구주 증가현상이 나타나고 있다. 여성들은 노동시장뿐만 아니라 사회보장제도 내에서도 남성보다 주변화된 위치에 놓여 있어 빈곤의 여성화 현상이 나타나고 있는 것이다. 또한 저소득 모자가정 혹은 여성가구주들을 대상으로 한 조사에 의하면, 이들은 인적 자본의 취약성으로 인해 낮은 임금과 노동시장에서의 차별과 불안정성 등을 경험하고 있으며, 자녀양육에 대한 부담, 주거비나 불안정한 주거공간 등의 안정된 주거지 확보에 대한 부담, 취약한 건강, 결손가정이라는 낙인으로 인한 고립감과 소외감 등의 사회·심리적 문제 등을 갖고 있음을 알 수 있다. 또한 여성노인들은 공공부조수급자로서 매우 큰 비중을 차지하며 전 생애에 걸쳐 경험한 빈곤문제를 복합적으로 안고 있는 취약집단인 것이다.

우리나라에서도 여성빈곤문제의 심각성이 보고되고 있고, 빈곤대책 및 노동시장정책, 사회보장정책이 여성의 빈곤문제를 해결하는 데 일정부분 기여하고 있다고 할 수 있다. 문제는 기존에 제시되어 시행되고 있는 정책들이 여성빈곤문제를 해결하는 데 얼마나 기여하고 있는지를 평가하는 시도가 적었으며, 보다 근본적으로 무엇이 여성빈곤을 가져왔는지, 그 특성은 무엇인지, 빈곤화와 관련된 남성과 여성의 조건들이 어떻게 다른지에 대해 분석하려는 노력은 많지 않았다는 것이다. 이는 생계부양자는 곧 남성이라는 성별 분업적 고정관념이 고착되어 한 가구가 처하는 빈곤의 위험을 남성가구주들에 대한 정책을 마련함으로써 해결가능하다고 여겨 왔고, 빈곤에 관한 각종 대책들이 성(gender)에 따른 특성을 고려하지 않은 채 기획되고 시행됨으로써 남성 중심의 정책이 추진되어 온 때문이라고 할 수 있다.

4. 탈여성빈곤정책

빈곤은 노동시장에서 접근능력의 제한과 아동 및 노인 등에 대한 보살핌에서 자유롭지 못한 특정집단과 관련되는 것으로 복지정책에서 새로운 접근을 필요로 한다. 복지국가는 그동안 사회복지정책과 경제정책에 있어 사회복지정책이 경제정책을 지원한다는 차원과 반대로 경제성장을 저해한다고 보는 입장 양자 간의 스펙트럼 안에 있었다. 전후의 국가들은 전자의 관점에서 복지국가를 이루었으나 1980년대 이후 신자유주의 시장경제는 지속적으로 후자의 관점을 지지해 왔으며 최근의 복지국가들은 복지축소와 복지시장을 확대하고 있다.

서구 선진복지국가의 복지정책은 사회적 위험에 대한 사회적 안전망이 구축된 상태에서의 새로운 사회적 위험에 대한 것으로, 그 방향에 있어 '제3의 길'이라고 하는 사회정책과 경제정책 목표 간의 새로운 조화를 모색한다. 그러나 실제적으로는 복지정책에서 경제적 목표에 우선권을 두고 있으며 결과적으로 고용증진에 초점을 둔 사회안전망으로 움직인다.

에스핑-엔더슨(Esping-Andersen)에 의하면 빈곤의 감소나 탈빈곤을 위해서는 빈곤여성에게 우선적으로 투자해야 한다. 여기에서 빈곤여성의 탈빈곤을 위해서는 소득유지와 고용이 중요하나 보살핌의 사회화가 함께 이루어지지 않으면 빈곤탈피는 어렵다고 보고 있다(G. Esping-Andersen, 2002).

이러한 서구 사회 복지정책 방향의 한계를 인식하고 빈곤감소 혹은 탈빈곤을 위한 빈곤정책은 여성을 표적집단으로 하여 사회복지 및 경제정책을 함께 모색해야 할 것이다.

1) 포용의 사회복지정책

빈곤여성은 사회보험 및 기업복지의 수혜에서 제외되고 있으며 특히 비정규직은 매우 취약한 상태에 놓여 있다. 그러나 단순히 비정규직의 사회보험 적용기준 확대만으로 비정규직을 사회보험 안으로 포괄할 수 없다. 사회보험의 경우, 법령의 확대에도 불구하고 까다로운 자격절차와 사회적 지원제도의 엄격한 자격요건, 복지비에 대한 국가책임 최소화로 인해 근로빈곤층은 실제적으로 사회적 보호에서 배제되어 있다.

현재 우리 사회 여성들의 빈곤은 경제적 결핍에 국한되지 않고 교육불평등, 주거지 확보의 불안정 등의 중첩적인 박탈에서 비롯된 것이다. 따라서 과도하게 개인에게 맡겨져 있는 주거·교육·의료분야 등 기본생활수요를 국가가 일정정도 해결해 줌으로써 생계부담을 완화시켜 줄 수 있는 것이다. 정부는 빈곤여성에 대한 지원정책으로, 주거의 경우 임대주택 입주가 어려운 계층에 대해 전·월세금 융자지원 활성화를, 교육의 경우 2007년까지 고교생 20%까지 학비지원 대상 확대를, 의료급여의 경우 그 대상을 단계적으로 확대할 계획을 가지고 있으나 그 범위를 차상위계층까지로 하고 있다. 문제는 차상위계층을 최저생계비 120%선으로 고수한다면 실제적으로 수혜를 받는 대상은 제한적일 수밖에 없다는 것이다. 따라서 빈곤수준을 현실화하는 작업이 선행되어야 할 것이다.

2) 탈여성빈곤을 위한 경제정책

(1) 빈곤여성을 위한 소득유지정책

최저임금은 시장에 대한 국가의 개입이라는 사회보장적 기능을 하는 것으로 빈곤경감을 위한 정책도구로서 장려되어 왔다. 최저임금은 적용대상 근로자들에게 보수의 하한선 역할을 하고 저임금근로자의 임금조건을 개선하는 수단으로, 최저임금이 지니는 실효성을 지니기 위해서는 최저임금의 결정수준이 중요하다. 즉, 최저임금이 낮으면 저임금에 큰 영향을 미칠 수 없다. 왜냐하면 저임금근로자의 대부분이 이미 최저임금보다 높은 임금을 받고 있기에 저임금이 미치는 효과는 미미하기 때문이다. 그러나 최저임금이 상대적으로 높으면 저임금근로자수를 크게 감소시킬 수 있으며 특히 임금분포에 약간의 변동이 가해지면 그 효과는 크게 나타난다.

최저임금의 현실화는 재정부담과 노동시장에 주는 충격이 크고 실업률이 높아질 가능성을 고려해 단계적으로 현실화할 필요가 있는 것이다. 더불어 가내노동자 등을 비롯한 모든 노동자들에게 최저임금을 적용할 수 있도록 법개정을 통해 적용대상을 확대해야 할 것이다. 이러한 단계적 현실화는 저임금, 미숙련노동직에 집중되어 있는 여성들에게 소득유지 기회를 제공할 수 있을 것이다.

(2) 사회적 일자리 창출과 교육·직업훈련정책

① 사회적 일자리 창출

일반적으로 사회적 일자리로 개발될 수 있는 대표적인 분야인 교육, 의료, 보건, 복지분야의 노동을 빈곤여성들을 위한 사회적 일자리로 제도화하는 경향이 있다. 이는 빈곤여성에게는 일자리를 제공하여 소득을 창출하게 하는 동시에 보육과 간병에 대한 서비스 제공을 통해 잠재된 여성인력이 근로활동을 할 수 있도록 유인하고자 하는 것이다.*

그러나 취약계층을 대상으로 설계되어 있는 저임금의 일자리 창출은 실업과 고용불안정의 대안이 되기에는 부족하고 사회복지서비스 부문에서 창출되

* 특히 노인요양보장제도의 시행 등으로 수요가 급증할 것으로 예상되는 간병사업을 여성의 대표적인 사회적 일자리로 육성하고자 하는 것이다(노동부, 2003).

는 일자리가 여성의 일자리가 될 경우 여성의 빈곤해소를 위한 정부정책의 효과에는 의문을 제기할 수밖에 없는 것이다. 따라서 저임금과 고용불안정한 일자리가 개선되지 않고 확대·재생산될 경우 성차별적 노동시장의 문제를 확대·재생산하여 여성의 빈곤화는 더욱 구조화된다.

따라서 여성인력 중심의 일자리 창출이 탈빈곤정책으로 이어지기 위해서는 무엇보다 먼저 여성의 보살핌노동에 대한 가치를 재평가해야 한다. 노동시장에서 보살핌 관련 노동은 '여성적인 일' 또는 '핑크 칼라 직업(pink collar job)'이라는 이름으로 남성의 노동에 비해 낮은 평가를 받고 있으며 임금 또한 저임금 군에 속하고 있다. 따라서 보살핌노동에 대한 재평가가 이루어지지 않는 한 여성인력 중심의 사회적 일자리 창출은 탈빈곤정책으로 이어질 수 없을 것이다.

또한 보살핌노동에 대한 가치평가와 함께 보살핌 관련 사회적 일자리는 노인, 장애인, 아동, 유병자 등에 대한 보호, 건강관리에 관련된 조력산업으로 시장화할 수 있다. 앞으로 우리 사회가 급격한 가족구조의 변화에 따라 이와 관련된 다양한 사회서비스를 직업화할 수 있다는 점에서 보살핌 관련 노동이 단순히 사회적 일자리에 머물 것이 아니라 사회서비스의 직업화로 발전시킬 필요가 있는 것이다.

② 교육·직업훈련정책

일반적으로 '적극적 노동시장정책'의 일환으로 직업훈련 등 노동시장교육 혹은 재교육프로그램을 중심으로 노동시장 약자의 취업능력을 고양시키고 있다. 그러나 현재 우리나라에서 시행되고 있는 교육 및 직업훈련은 남성노동자를 중심으로 이루어지고 있으며, 여성을 위해서는 여성가장을 대상으로 하고 있는 '여성가장 실업자 취업훈련' 정도가 있을 뿐이다.

현재 우리나라에서 별다른 교육훈련 없이 막노동 등 육체적으로 소모되는 일을 하는 여성가장은 나이가 더 들면 힘든 일을 못하게 되고 더 극심한 빈곤층으로 떨어지게 된다. 이를 막기 위해 여성가장이 장기간의 훈련을 받고 다른 직업으로 전환하거나 같은 업무를 하더라도 지위상승을 꾀할 수 있도록 교육시간대를 다양화해야 한다. 여성가장의 취업훈련이 낮시간대에만 편성되어 있는 것은 훈련대상을 여성가장을 대상으로 하면서도 실업을 전제로 하는 것이다. 수입이 있을 경우 실업자 재취업교육 대상에서 제외되기 때문에 여성가장들은 소액의 훈련수당을 받고 교육을 받거나, 교육의 기회를 포기하고 당장 생계를 위한 일을 해야 하는 두 가지 안 중 하나를 선택할 수밖에 없다.

한편 직업훈련의 경우 배우자가 없는 여성가구주를 대상으로 하고 있어 남편의 노동능력 상실 등으로 실질적인 여성가장으로 생계를 꾸려가는 여성의 경우 교육기회가 제한되어 있다. 따라서 빈곤여성의 노동가능성을 높이기 위해서는 교육과 직업훈련이 필요하며 성인지적 관점에서 교육시간과 훈련내용, 대상 등을 고려해야 할 것이다. 동시에 직업훈련장에 아동이 있는 여성을 위한 아동보호시설이 마련되어 여성의 교육 및 직업훈련에 제한을 받지 않도록 해야 하는 것이다.

3) 보살핌의 사회화

여성들이 직장과 가정에서 느끼는 갈등은 출산이나 초기 양육과 같은 자연적인 재생산활동 자체에 기인하기 보다는 양육과 노인보호, 가족복지와 같은 재생산활동을 그 사회가 어떻게 인식하고 대처하는가 하는 점과 밀접하게 관련되어 있다. 최근 서구 사회에서는 고용을 탈빈곤정책의 중심에 두고 있다. 이러한 노동전략은 효과적임에는 틀림없으나 소득보장과 함께 보살핌의 사회화가 반드시 결합되어야 한다. 특히 저소득가구 여성과 여성가구주의 경우 보살핌의 책임문제는 임금노동에 참여하는 개인의 능력을 감소시킨다(Aust & Bonker, 2004). 이에 에스핑-앤더슨은 효과적인 반 빈곤전략은 여성고용, 일의 질 개선과 함께 사회적 보살핌(social care)이 결합되어야 함을 강조하고 있다.

우리나라의 보살핌의 사회화 정도는 매우 취약한 상황이다. 2006년 아동보호와 관련하여 만 5세 어린이 무상보육교육 지원대상을 2005년 17만 6,000명에서 2006년 30만 명으로 늘리고, 만 4세 이하의 저소득층 어린이 보육 지원대상도 36만 명에서 54만 명으로 늘릴 계획이며, 만 12~18세의 차상위계층(월 114만~140만 원 소득층) 어린이 8만 7,000명에게 빈곤층 의료지원을 할 예정이다.

저소득가구와 여성가구주는 서비스를 필요로 하므로 더 많은 사회보호서비스는 빈곤을 극복하는 데 핵심적인 도구이다. 여성의 탈빈곤을 위해서는 이들에게 사회적 서비스를 제공하는 것에 복지의 우위성을 두어야 한다. 아동이 포함된 여성 또는 가족에 서비스를 제공하는 것은 탈빈곤과 복지에 대한 가장 효과적인 정책이며 동시에 인적 자원에의 투자인 것이다.

앞에서와 같이 '빈곤의 여성화'는 전 세계적인 문제로 대두된 이후, 서구 선진국가들의 빈곤정책에서 여성의 고용여부는 탈빈곤의 결정적 요인으로 간주되고 있으며, 특히 여성가구주의 고용은 빈곤을 감소하는 데 강력한 효과를 발휘하였다고 평가하였다. 그러나 여성고용은 가족불안정이나 노동시장에서의 불안정에서 오는 위험들에 있어 해독제의 역할을 하나, 이때 강조해야만 하는 사회정책의 주요 문제는 사회서비스, 즉 사회적 보살핌이었다.

이러한 인식에 기초해 본 장에서는 서구 선진사회의 탈빈곤정책에서 여성을 주 대상으로 하는 움직임을 읽어내는 것이 우리나라 빈곤정책의 새로운 방향을 잡는데 도움이 될 수 있을 것이라는 가정하에 '빈곤의 여성화'의 한국적 상황을 가구주의 증가와 그에 동반한 빈곤화 현상, 여성의 경제적 취약성의 문제, 사회보장제도 내에서 여성이 어떻게 배제되어 있는가를 중심으로 살펴 보았다.

이러한 분석을 가지고 한국 사회 탈여성빈곤정책의 새로운 방향을 제시해 볼 수 있다. 첫째, '포용의 사회복지정책'으로 정부정책에서 빈곤수준을 현실화하는 작업이 선행되어야 함을 설명하였다. 둘째, 탈여성빈곤을 위한 경제정책을 '빈곤여성을 위한 소득유지정책'과 '사회적 일자리 창출과 교육·직업훈련정책'으로 나누어 설명하고 있다. '빈곤여성을 위한 소득유지정책'에서는 최저임금의 현실화가 재정부담과 노동시장에 주는 충격이 크고 실업률이 높아질 가능성을 고려해 단계적으로 현실화할 필요와 가내 노동자 등을 비롯한 모든 노동자들에게 최저임금을 적용할 수 있도록 법개정을 통해 적용대상을 확대해야 할 것을 제안하고 있으며, '사회적 일자리 창출과 교육·직업훈련정책'에서는 여성인력 중심의 일자리 창출이 탈빈곤정책으로 이어지기 위해서는 무엇보다 먼저 여성의 보살핌노동에 대한 가치를 재평가해야 함과 보살핌 관련 노동이 단순히 사회적 일자리에 머물 것이 아니라 사회서비스의 직업화로 발전시킬 필요가 있는 것을 제시하였다. 또한 '교육·직업훈련정책'에서는 빈곤여성의 노동가능성을 높이기 위해서는 교육과 직업훈련이 필요하며 성인지적 관점에서 교육시간과 훈련내용, 대상 등을 고려되어야 한다는 점과 동시에 직업훈련장에 아동이 있는 여성을 위한 아동보호시설이 마련되어 여성의 교육 및 직업훈련에 제한을 받지 않도록 해야 하는 것을 제안하고 있다. 셋째, '보살핌의 사회화'로 저소득가구와 여성가구주는 서비스를 필요로 하므로 더 많은 사회보호서비스는 빈곤을 극복하는 데 핵심적인 도구이고, 여성의 탈빈곤을 위해서는 이들에게 사회적 서비스를 제공하는 것에 복지의 우위성을 두어야 함을 강조하였다.

내용 요약

1. 여성빈곤과 관련된 논의로는 노동시장 분절론, 가부장적 복지체계, 보호노동의 가치평가 등이 있다.
2. 성별가구주 분포현상을 보면, 남성가구주는 줄어들고 있는데 반해 여성가구주의 비율은 꾸준히 증가하고 있다.
3. 여성들의 경제활동참여율을 연령별로 살펴보면 M자형 곡선을 나타내고 있어서, 여성들의 경제활동은 임신, 출산, 육아 등의 재생산역할 수행으로 인해 영향을 받고 있는 것으로 유추해 볼 수 있다.
4. 여성은 공적연금제도로서의 국민연금 가입비율이 남성보다 낮고 공공부조 수급자 비율은 남성보다 높아 사회보장제도의 성분절 현상을 나타내고 있다.
5. 탈빈곤을 위해서는 빈곤여성에게 우선적으로 투자해야 하며, 이를 위해서는 소득유지, 고용과 함께 보살핌의 사회화가 함께 이루어져야 한다.

CHECK 생각해 봅시다

1. 성인여성들의 경제활동이 위축되는 25~35세 시기의 노동단절을 극복할 수 있는 방안에 대해 생각해 봅시다.

2. 여성빈곤의 문제와 관련하여 성인지적 측면에서의 여성복지정책으로는 어떠한 것이 있는가 생각해 봅시다.

3. 우리나라의 탈여성빈곤정책의 방향에 대해 생각해 봅시다.

제 12 장

폭력과 여성

주요 용어 | 매 맞는 여성증후군, 가정폭력 관련 특별법, 아내구타, 학대/폭력

1998년 가정폭력 관련 특별법이 발효된 이후 언론에서는 남편에 의한 아내구타 사건과 부모나 기타 보호자에 의한 아동학대 사건이 심심치 않게 등장하고 있으며, 시사 프로그램들도 아내학대나 아동학대에 대한 내용을 심층적으로 다룸으로써 이에 대한 심각성을 일깨워 주고 있다. 그러나 이처럼 언론을 통해 다루어지는 가정폭력의 경우 특정 사건을 중심으로 전달되므로 실제로는 우리의 주변에서 비일비재하게 일어나고 있는 가정폭력의 단면만을 보여주는 경향이 있다. 그리고 이는 곧 가정폭력이 특정 집단의 소수 사람들에게만 해당되는 일이라는 잘못된 이해를 유발할 우려도 있다(유영주, 2004).

또한 대부분 가정폭력의 피해자로 '매 맞는 여성증후군(BWS : The Battered Women Syndrome)'(Walker, 1979, 1984)에서 나타나는 개인·상황적인 이유로 피해여성이 쉽사리 그 관계를 떠나지 못하고 있어 문제의 심각성을 더해 주며, 심각한 가족문제의 하나로 부상하였다.

1. 가정폭력의 특성과 의미

가정폭력은 배우자학대(spose-abuse), 자녀학대, 노부모학대 등 가족구성원에 대한 폭력을 포함한다. 가정폭력 중 가장 대표적인 폭력이 배우자학대이다. 배우자학대는 아내학대로 많이 나타나고 있으며, 아내학대 가정은 아동학대가 수반되는 경우가 많다. 그리고 최근 인구의 노령화 현상은 자원부족과 소외된 노인들의 학대와 방임을 증가시키고 있다.

보통, 폭력이란 다른 사람에게 의도적으로 힘(force)을 사용하여 신체적 혹은 물리적으로 위협하거나 신체·정신적 손상을 일으키는 행동을 의미하는데, 그러한 폭력이 가족원을 대상으로 일어날 때 가정폭력이라 말한다. 가정폭력은 상대방에게 신체적 고통이나 상처를 주려는 고의를 가지고 수행한 행위로, 통상적 폭력(normal violence)과 학대성 폭력(abusive violence)으로 구분된다(안동현, 1999). 통상적 폭력은 일상적 갈등상황에서 용인될 만한 것으로 간주되는 행위로 손바닥으로 찰싹 때리기, 밀기, 힘을 주어 밀치기 등이 있고, 학대성 폭력은 당한 사람이 상해를 입을 가능성이 큰 행위로 규정하여 주먹질, 발차기, 목조르기, 도구로 치기 등이 있다.

가정폭력은 넓게 보면 가정 내에서 발생하는 폭력으로서 배우자에 대한 폭력과 자녀와 부모에 대한 폭력을 모두 포함하지만, 좁게 보면 배우자에 대한 폭력은 남편의 아내에 대한 폭력, 즉 아내폭력을 말한다. '가정폭력방지 및 피해자보호에 관한 법률'에서는 가정폭력을 "가족구성원 사이의 신체·정신적 또는 재산상 피해를 수반하는 행위"라고 정의한다. 미국에서는 가정폭력을 '친한 파트너 폭력과 학대(intimate partner violence and abuse)'라 하여 현재의 배우자는 물론 전 배우자, 남자친구, 여자친구에 대한 실질적인 폭력 또는 위협을 주는 폭력이라고 보기도 한다. 가정폭력의 정도는 찰싹 때리기와 같은 가벼운 신체적 고통을 가하는 것에서부터 살인까지 광범위하다(Straus, 1978).

2. 부부폭력

1) 부부폭력의 개념

부부간 폭력은 배우자 사이에서 발생하는 구타나 언어·심리·성적 학대를 포함한다. 부부폭력은 아내구타, 배우자폭력, 배우자학대 등 여러 가지 용어로 쓰인다. 그 중 '아내구타(wife-beating, battering)'라는 용어는 매 맞는 아내라는 현상을 잘 지적해 주는 점은 있으나 초점을 피해자에게로 돌리고 가해자에 대한 관심을 희석시킨다는 점이 있다. 부부폭력은 성을 구분하지 않고 폭넓게 중립적으로 쓰일 수 있기 때문에 우리나라에서 더 선호되는 개념이다. 서구에서는 배우자 학대라는 용어를 더 많이 사용하는데, 이는 폭력에 신체적, 언어적, 정서적, 성적 폭력 등 여러 종류가 있지만 폭력이라는 용어 자체는 신체·물리적 폭력을 주로 의미하는 것으로 인식되기 때문이다(최규련 외, 1997).

부부폭력은 폭력의 주체에 따라 남편에 의한 아내구타, 아내에 의한 남편구타, 그리고 남편과 아내 모두가 폭력을 행사하는 상호 폭력으로 나누어진다. 그 중 대표적인 것은 남편에 의한 아내구타이다. 부부폭력의 개념은 폭력의 대상과 폭력의 기간, 폭력의 범위, 폭력의 유형, 폭력의 형태 등을 고려하여 파악되어야 한다.

(1) 부부폭력의 대상

대부분 부부폭력이란 법적으로 결혼한 부부와 사실혼 부부 사이에서 행해지는 학대에 초점을 두고 있다. 그러나 최근에 서구에서는 부부폭력의 개념을 확대하여 관계적 폭력이라는 개념도 사용하고 있는데, 이는 가정 밖의 친밀한 관계, 즉 애인이나 데이트 상대자로부터의 폭력을 지칭한다.

(2) 부부폭력의 기간

대체로 폭력행위는 일회성인지 아니면 반복적인지가 중요한 분류기준이 된다. 심한 폭력의 개념으로 분류할 경우, 단 1회일지라도 심각한 폭력의 경우는 모두 학대성 폭력으로 간주하는 방법이 있으며, 한 달에 한 번 이상 등 어느 정도의 기간을 두고 반복적으로 나타나는 심각한 폭력만을 학대적 폭력으로 간주하는 방법이 있다(한국형사정책연구원, 1992).

(3) 폭력의 형태와 범위

부부폭력 형태 중 하나는 통상적 부부폭력이다. 이것은 스트레스와 분노를 부적절하게 표출하는 방법으로, 대개 갈등을 참았다가 사소한 일 때문에 짧은 기간에 한꺼번에 감정을 표출하는 경우이다. 이는 대체로 부부간 모두에게서 행해지는 경향이 있으며, 시간이 지나면서 폭력수준이 더 강화되거나 상승될 가능성은 낮다고 볼 수 있다. 또 하나는 학대적 부부폭력이라 할 수 있다(Johnson, 1995). 이것은 심한 폭력인 구타가 일주일에 한 번 이상이고, 시간이 지나면서 그 정도가 더욱 심각한 상태로 나타난다. 이런 유형의 폭력은 배우자를 성공적으로 통제하고 그 통제를 과시하려는 자신의 욕구를 성공적으로 충족시키기 위하여 신체·정서·경제적 학대 등의 다양한 전략을 조합하여 사용하는 것이 특징이다.

스트라우스(Straus, 1979)는 부부폭력을 신체적 위해 정도에 따라 약한 등급에서부터 심한 폭력의 등급으로 분류하고 있는데, ① 물건을 던지는 것, ② 밀치는 것, ③ 뺨을 때리는 것, ④ 발로 차거나 주먹으로 치는 것, ⑤ 몽둥이 같은 것으로 때리거나 때리려고 위협하는 것, ⑥ 마구 두들겨 패는 것, ⑦ 칼 같은 흉기로 위협하는 것, ⑧ 칼 같은 흉기를 사용하는 것에 이르기까지 다양한 등급의 폭력을 제시하였다. 이 가운데 앞의 세 가지는 경한 폭력, 뒤의 다섯 가지는 심한 폭력으로 구분하였으며, 주로 '아내구타'라고 할 때는 다섯 가지의 심한 폭력을 가리킨다.

(4) 폭력의 유형

부부간의 폭력은 신체적 위해행위와 그로 인한 신체적 손상에 직접적인 관심이 나타나지만, 실제로는 심리적이고 정서적인 면의 상처와 관련되는 경우가 많다. 즉, 부부간 폭력은 신체·물리적 폭력행위 이외에도 다양한 형태의 학대, 즉 경제·정서적 학대, 언어적 모욕, 강요와 협박, 위협, 비난, 고립 등에서 나타난다.

| 표 12.1 | 폭력의 유형

구 분	내 용
신체적 학대	배우자를 주먹으로 때리거나 발길로 차고 넘어뜨리는 행위 ex) 부인을 폭행할 때, 계단 밑으로 떨어지게 하거나, 깨진 병, 막대기, 무기 등을 이용하여 상대방에게 상처를 심하게 입히는 경우
성적 학대	원하지 않는 성행위를 하게 하거나, 성기부분을 물리적으로 공격하고 상대를 성행위의 도구로 생각하는 행동들. 결혼 관계에서 성적인 학대가 일어날 때도 강간이라 할 수 있다.
심리적 학대	배우자를 비하하거나 비관하게 하며, 욕을 하여 무시나 멸시감을 불러일으키고 정신을 혼란스럽게 만드는 행위, 사소한 문제에 트집을 잡고 괴롭히는 행위, 가재도구를 부수거나 큰 소리를 쳐서 두려움에 떨게 만드는 일, 감정적으로 상처를 줄만한 일을 하여 위협하는 일 등
경제적 학대	취업 혹은 직장근무를 방해하거나 생활비를 구걸하게 만들며, 생색을 내면서 생활비를 주거나 유기하는 일, 돈을 빼앗거나 재산을 갈취하는 행동들

2) 부부폭력의 원인

부부폭력의 발생원인은 개인 내적 요인, 사회·심리적 요인, 사회구조적 요인, 그리고 여성주의적 요인 등에 의해서 설명된다. 그러나 이 가운데 하나의 요인만으로 부부폭력을 설명하기는 어려우며, 여러 요인들의 상호 작용을 통하여 발생한다고 볼 수 있다.

(1) 개인 내적 요인

이것은 부부폭력 가해자나 피해자의 생물학적·정신적 결함에서 원인이 있다고 보는 관점이다. 즉, 남편의 심리적 이상 현상이나 아내의 정신기능 이상의 결과로 미해결된 가족 간의 갈등과 공격적 감정을 지니며, 폭력을 묵인하거나 유발함으로써 가정 내 폭력이 발생한다고 본다. 남편의 염색체 이상, 선천적 뇌손상, 남성호르몬이나 여성호르몬의 과다분비와 같은 생물학적, 유전적 요인은 남편의 공격적인 성향과 관계가 있으며, 알코올이나 약물의 중독은 자제력을 상실하도록 촉진제 역할을 함으로써 부부폭력을 유발한다. 또한 구타당하는 아내들은 약하고 상처받기 쉬운 성격의 소유자, 사회적으로 고립된 여성, 불안감으로 가득 찬 여성, 죄책감이나 부끄러움으로 가득 찬 여성 등 정상인과 다른 정신·성격적 결함을 가지고 있다는 경우가 많다고 보는 관점이다.

(2) 사회·심리적 요인

이것은 부부폭력이 환경적 요인에 의해 사회·심리적 학습으로 일어나는 경우와 사회·환경적 스트레스에 의해 파생되는 것을 말한다. 부부폭력의 원인을 개인 내적 요인보다 개인의 사회경험에서 찾으려 하는 관점으로 좌절-공격 이론, 사회학습 이론, 스트레스 이론 등이 부부폭력의 사회·심리적 요인을 설명하는 이론들이다.

좌절-공격 이론은 인간의 목표추구가 좌절되었을 때 욕구불만의 결과로 폭력이 발생한다고 본다. 대부분의 사람들은 스포츠나 대화, 휴식 등 사회가 용인하는 방식으로 욕구불만을 해소하지만, 일부 사람들은 타인에 대한 공격적 행위를 통하여 욕구불만을 없앤다.

사회학습 이론은 폭력이 가족세대 간에 전이되는 대물림의 순환원리를 지닌다고 보는 관점으로, 성장과정에서 주변 사람들이 폭력을 통해 문제를 해결하는 것을 관찰·학습한 어린이는 어른이 되어서도 부부폭력의 가해자가 됨으로써 폭력의 세대 간 전달이 이루어진다고 한다.

스트레스 이론은 경제적 빈곤, 실직, 직장 스트레스, 열악한 주거환경, 성취감 부족이 있을 때 심리적 스트레스를 받게 되는데, 이때 발생한 분노가 공격성을 유발한다는 관점이다. 한 연구에서 보면(김재엽, 1999), 폭력가해자의 스트레스 수준이 높아짐에 따라 부부폭력 발생확률이 증가하고 있음을 보여 준다. 이는 사회·환경적 스트레스가 남편의 폭력에 뚜렷한 영향요인임을 나타낸다. 그러나 스트레스나 좌절로 인한 남성의 폭력이 왜 특히 여성에게만 국한되는 것인지는 분명하지 않다.

(3) 사회구조적 요인

사회구조적 이론은 부부폭력의 발생 원인을 가해자나 피해자의 개인적 상황보다 그들이 속한 사회구조와 문화에서 찾는다. 즉, 부부폭력은 사회의 문화 규범, 관습, 가치관이 가족갈등과 불화의 해소책으로 허용되고 발생한다는 이론이다. 이 관점에 의하면 부부폭력이 긴장이나 좌절의 결과로 발생하거나 갈등을 해소하는 다른 대안이 없기 때문에 나타나기보다는 우리가 폭력을 용인하는 문화 속에서 자랐기 때문에 발생한다고 본다. 또한 사회의 불평등, 비민주적 사회구조, 계층 간 이동의 경직성, 경제적 빈곤과 불안정한 삶과 같은 사회구조에서 발생된 좌절과 절망감이 가정생활에 전가되어 부부폭력이 발생한다고 본다.

(4) 여성주의 요인

여성주의 이론은 부부폭력이 발생되는 원인을 가부장적인 문화와 여성의 낮은 사회적 지위에서 찾는다. 여성이 남성의 권위에 종속되어야 한다는 가부장적 관념 속에서는 남성이 여성을 통제하기 위해 폭력을 사용하는 것이 허용된다. 즉, 가부장제 문화에서 남성의 성정체성은 불평등한 신념을 형성하도록 하여 지배성을 지니며, 아내의 자유를 구속한다. 이러한 남성의 여성에 대한 불평등 신념은 가정에서 가까운 여성에게 먼저 노출되고 실행되는데, 아내폭력은 그러한 맥락에서 행해진다. 이 이론은 가부장적 사회에서 남성들이 자신의 남성다움을 과시하기 위한 수단으로 아내를 구타한다고 보는 관점이다.

3) 부부폭력의 실태

연구자들의 일반적인 견해로 부부폭력은 일부 문화나 인종, 특정 계층만의 문제가 아니다. 지금까지의 많은 연구들은 이 문제가 모든 인종과 사회, 계급, 종교에 걸쳐 나타나는 보편적인 현상임을 입증하고 있다(Cantoni, 1981; Demo 외,

| 표 12.2 | 가정폭력 실태조사 결과

(단위 : 명, %)

조사주체	조사년도	조사지역	대상자수	폭력발생률(%)
형사정책연구원	1992	서울시	1,200	28.4
김재엽	1999	전국	1,523	31.4
한국여성개발원	1999	전국	1,100	35.6
한국여성개발원	2001	서울·경기 기혼남녀	1,964	30.8

자료 : 한국여성개발원(2001), 여성폭력방지 종합대책(시안)

1994; Dobash & Dobash, 1979).

한국여성개발원(2001) 연구와 전국 1,500여 가정을 대상으로 부부폭력의 실태를 조사한 김재엽 외(1999)의 연구, 전국의 한국가정법률상담소를 내방한 폭력경험자 332명을 대상으로 부부폭력의 실태를 조사한 연구(1996), 서울시 여성응답자 640명을 대상으로 폭력경험을 조사한 한국형사정책연구원 조사(1992)를 중심으로 우리나라 부부폭력의 현황을 살펴보고자 한다. 많은 연구들은 부부폭력이 연령이나 교육수준별, 소득계층별로 부분적 차이를 보이나 어느 특정 조건에 있는 부부들에서 크게 발생한다고 지적할 수 없음을 강조하고 있다.

(1) 부부폭력발생률

1990년대 이후 이루어진 부부폭력 실태조사 결과를 살펴보면, 폭력발생률이 대략 28~36%로 나타난다. 조사대상자나 폭력의 개념정의 등이 연구에 따라 상이하여 이를 한국 사회 전체의 결과로 일반화하기에는 한계가 있으나 가정문제의 노출을 꺼려하는 우리 사회의 특성을 고려할 때 오히려 실제 발생률은 이보다 클 가능성이 높은 것으로 추정된다.

구체적으로 살펴보면, 1999년 말 현재 우리나라 가정폭력발생률은 31.4%로 미국(16.1%), 일본(17%) 등 외국에 비해 두 배 가량 높다. 부부 열 쌍 중 세 쌍 이상이 부부폭력을 경험한 것으로 나타나며, 이중 남편에 의한 아내구타율은 29.5%이다. 아내에 의한 남편구타율은 17.7%로 남편에 의한 아내구타율이 훨씬 높다. 그리고 상호 폭력비율은 13.2%이다(김재엽 외, 1999). 한국형사정책연구원(1992)조사에서는 경하든 심하든 폭력을 경험한 여성은 28.4%(남성은 15.6%), 심한 폭력을 경험한 여성이 10.6%(남성은 4.7%), 상호 폭력의 발생비율이 11.2%로 나타났다. 이런 결과를 살펴보면, 남편에 의한, 아내에 의한, 그리고 부부상호 간의 폭력비율 모두에서 증가했음을 볼 수 있다. 그러나 경하든 심하든 부부폭력비율에서 남편에 의한 아내구타는 2~4배 정도 높으며, 가정폭력 신고사례의 97.5%가 남성가해자란 결과에서도 볼 수 있듯이 가정폭력에서 여성의 피해가 심각함을 알 수 있다.

(2) 신체적 폭력

신체적 폭력은 부부폭력에서 가장 흔한 유형이며 반복적이고 점점 가해의 정도가 깊어진다는 특성을 갖고 있다. 김재엽 외(1999)는 상대에게 물건을 집어던지거나, 밀치거나, 손바닥으로 뺨을 때리는 것과 같은 경미한 폭력은 34.1%로 나타났으며, 발이나 주먹으로 구타, 혁대나 몽둥이 등 물건 등으로 구타, 칼이나 가위 등으로 위협하거나 상해를 입히는 등 심각한 폭력은 6.3% 정도 발생한다고 밝혔다. 이러한 학대의 결과는 타박상, 골절상, 화상, 외상, 고막파열, 뇌손상, 언어장애, 심하면 목숨까지 잃게 되는 신체적 증상을 보이며, 불안, 공포, 수면장애, 위축감, 좌절감, 고립감, 자존감 손상, 자아상실감, 자살충동, 우울증 등의 정서적 손상을 나타낸다.

(3) 정서적 폭력

정서적 학대는 공포분위기 조성, 망신주기, 고함지르기 등을 통해 심리적으로 또 다른 공포의 공격을 하는 것으로, 폭력가정에서 신체폭력이 5분에서 2시간 지속된다면, 이것은 24시간 계속될 수 있다는 특성을 갖는다. 상담소에 찾아온 구타경험자를 대상으로 조사한 한국가정법률상담소 연구(1996)에 따르면, 대다수가 신체적 폭력을 당하는 것으로 보이나 말로 욕설하거나 물건을 집어던지거나 흉기를 들고 위협하는 경우도 17.2%나 되는 것으로 나타났다.

(4) 부부폭력 발생시기와 원인

부부폭력 발생의 초기 주도자는 남편이 74.7%, 아내가 25.3%로, 주로 남편의 아내에 대한 폭력이 이루어지고 있어, 약 3배나 먼저 남편이 시작하는 것으로 나타난다(김재엽 외, 1999). 남편의 아내폭력은 결혼 초기부터 발생하는 경우가 많다. 한 조사(한국가정법률상담소, 1996)에 따르면, 결혼 전 폭력의 비율도 22.6%이며, 나머지 결혼 후 폭행을 경험한 사람(77.4%)도 1년 이내에 55.3%가 폭행을 경험하는 것으로 나타난다. 따라서 결혼 초에 폭행이 발생하고 결국 어떤 계기가 없다면 결혼생활이 지속될 때까지 계속된다는 것을 볼 수 있다.

부부폭력의 발생원인으로는 경제적 문제, 술, 열등감, 성격차이 등으로 지적되고 있다. 즉, 가해자가 가장 많이 지적하는 부부갈등의 주요인은 경제적인 문제였으며, 경제적 스트레스가 부부폭력의 원인으로 작용함을 알 수 있다. 또한 성격차이와 의사소통의 어려움이 폭력을 초래하는 것으로 나타나고 있어 부부폭력 가해자의 스트레스 수준이 폭력의 원인이 된다고 볼 수 있다(김재엽 외, 1999). 그러나 피해자인 아내들은 남편의 폭력행사 원인을 술 마시고 트집 잡아서(22.9%), 자신의 열등감으로(17.5%), 순종하지 않아서(14.8%), 성격이상(12.3%) 등으로 보고 있으며, 우리 사회에서는 남성들이 강자임을 표현하기 위해서, 가부장적 의식 때문에, 스트레스 푸는 방법으로 부부폭력이 일어난다고 보고 있다(한국가정법률상담소, 1996). 즉, 남성우월주의와 가부장적 의식구조가 근본적인 문제이며, 자라는 과정에서 폭력적 성품이 길러졌기 때문에 발생한다고 보았다.

(5) 부부폭력의 대응정도와 효과성

부부폭력에 대한 아내의 반응은 소극적으로, 우는 행동(30.8%)을 가장 많이 보였다. 보다 적극적 반응으로는 남편이 폭력을 행사할 경우 소리를 지르거나 상대를 저주하고(28.5%), 되받아치거나 무엇인가를 던지는 행동(26.8%) 등이 있다. 반면 이웃이나 친척에게 전화를 하거나 경찰에 신고하는 등 보다 긍정적인 맞대응은 각각 0.7%에 불과하였다. 남편에게 폭력을 당한 경우 극소수만이(0.9%) 경찰에 신고를 하였으며, 그 결과에 대해 만족하는 경우는 50% 정도였다. 경찰 조치의 결과에 대해서는 남편의 폭력이 줄었거나 중단되었다고 응답한 경우가 81.9%나 되어 효과성이 매우 높음을 보여 주었다. 부부폭력으로 법원의 판결을 받은 경우는 0.4%에 불과하여 거의 경험이 없음을 보여 주었으며, 법원 판결에 대한 결과에 대해서는 50% 정도가 만족한다고 응답하여 효과성은 경찰의 조치에 비해 상대적으로 낮게 나타났다(김재엽 외, 1999). 상담소를 찾아온 폭력피해자들의 대응형태도 소극적이고 수동적인 결과를 보였다(한국가정법률상담소, 1996). 이들은 끝까지 참는다(41.3%), 무조건 피하고 본다(25.0%), 주위의 도움을 청한다(12.3%)는 형태로 반응하여, 2/3 정도가 소극적 대응방식을 취했다. 그러나 남편의 폭행에 대해 경찰에 신고한 경험이 있는 피해자의 경우, 신고 후 남편의 폭력행위가 잠잠해졌다(45.2%)고 인식하고 있어 경찰의 능동적이고 효율적인 개입의 필요성이 시사된다고 하겠다.

4) 대 책

미국의 경우, 1980년대 초부터 정부의 강력한 개입과 지지하에 배우자 구타 문제를 해결하고 있다. 이를 위해 쉼터, 법률서비스, 경제적 보조, 응급전화서비스(hot-line), 응급실 및 경찰로부터의 의뢰를 통한 위기개입, 구타자에 대한 민사적 보호명령, 구타자 처분 및 구타자 프로그램으로 개별상담, 부부상담, 가족치료와 자조집단을 위시한 다양한 집단프로그램이 실시되고 있다(권진숙, 1996). 1980년대 초반까지 미국에서 시행된 배우자학대 프로그램은 배우자를 분리시키고 여성배우자들로 하여금 쉼터를 이용하게 하면서 개별적 재활에 편중하는 경향이 강했지만, 1980년대 후반부터 미국에서는 피해자 뿐 아니라 가해자에게도 초점을 둔 프로그램이 개발·실시되고 있으며, 폭력부부 모두를 대상으로 부부치료 모델이 개발되어 실시되고 있다.

현재, 우리나라의 현실은 부부폭력에 대한 상담서비스 및 치료프로그램에 관한 연구와 실천 등이 미국의 1980년대 이전 수준에 머무르고 있다. 배우자 학대에 관하여 이론적으로는 지엽적인 연구가 수행되고 있으나, 확인된 문제에 대하여 어떤 개입을 할 것인가에 관한 전문적 프로그램은 매우 부족한 실정이다.

(1) 예방적 대책

우선, 예방적 대책으로는 부부폭력의 주요 원인이 되고 있는 사회문화적 규범과 가치의 변화가 매우 필요하다. 부부폭력을 예방하기 위해서는 가정과 지역사회 전체가 가정폭력을 추방하려는 의지가 있어야 하며, 이를 허용하는 사회문화적 규범들을 개선하는 체계를 형성해야 한다. 또한 부부갈등 상황에서 상담 및 보호 서비스의 제공이 즉각적으로 이루질 수 있는 지역사회 내의 교육과 보호에 대한 안전망 지원이 필요하다.

이에 대한 구체적인 내용을 제시하면 다음과 같다(김광일, 1992, 이소희 외, 1998).

① 매스컴에서 폭력을 용납하거나 미화시키는 일을 금지한다. 우리나라의 그릇된 성의식과 가부장제도의 영향으로 인한 잘못된 가장의 개념이 변화되도록 한다.

② 가정 내 폭력을 훈육의 의미로 정당화하는 분위기를 개선한다.
③ 가정폭력의 심각성 및 내용, 문제점 등을 사회적으로 홍보한다.
④ 남녀차별의식을 배제한다.
⑤ 가정폭력의 심각성 홍보를 위한 여성단체 및 사회단체의 활성화를 도모한다. 지속적인 의식개혁운동, 매스컴의 평등보도 유지를 위한 사회단체의 지원이 필요하다.
⑥ 경찰, 병원, 상담소 등 관련 기관과 협력체계를 구축하여 가정폭력을 허용하지 않는 분위기를 조성한다.
⑦ 가정폭력의 피해자들이 신속하고도 안전하게 그리고 충분히 보호받을 수 있도록 법적 보호장치가 마련되어야 한다.
⑧ 결혼교육을 강화함으로써 폭력으로 부부갈등을 해결하지 않도록 결혼기술, 결혼관, 부모역할과 책임 등에 관한 교육프로그램을 실시한다. 사회문화적 규범과 가치변화를 위한 현실적 방안으로서 성장과정에서의 의식교육과 예비부부 대상자를 위한 특별교육프로그램, 가족프로그램 등이 필요하다.
⑨ 주거지역 내 상담 및 보호서비스 제공이 이루어져야 한다. 즉, 항상 피해자가 상황에 반응할 수 있고 피해자를 보호해 줄 수 있는 서비스가 주거지역을 중심으로 효율적으로 제공되어야 한다.

(2) 치료적 대책

가정폭력이 발생하는 가정에 대해서는 피해자를 보호하고 가해자를 치료함으로써 부부폭력이 근절될 수 있도록 사회의 적극적인 개입이 요망된다(이소희 외, 1998).

① 가해자의 폭력행위에 관한 현실성 있는 제재법규(형법, 민법)의 보완과 피해자에 대한 법적 보호(개입, 조사, 치료)의 강화가 필요하다. 피해자 사례의 치료를 위한 법규는 공적인 개입, 조사와 치료에 관한 기준이 마련되어야 이루어질 수 있기 때문이다. 또한 피해자에 대한 제재는 형사처벌보다는 반사회적 행동에 대한 법적 조치인 사회봉사활동 의무와 가족봉사활동 의무, 그리고 정신교육참여 의무, 심리치료 의무 등이 병행되도록 다양한 방법을 모색할 필요가 있다.

② 지역사회 내의 상담 및 교육서비스는 공급이 확대되고 질적인 서비스가 제공되도록 강화되어야 한다. 우리나라는 부녀상담소와 복지기관을 중심으로 부부상담 및 치료서비스가 제공되고 쉼터 등의 보호소가 있으나 질적 서비스 제공을 위한 체제가 조직되어 있지 않다. 따라서 질적 서비스 체제 확립을 위해서는 우선적으로 중앙정부기관의 부부폭력 방지를 위한 기본정책 수립과 지방행정당국의 구체적인 실천지침이 마련되어야 한다.

③ 피해여성에 대한 기본적 생계보호가 이루어져야 극심한 위기상황에서 보호될 수 있다. 심각하게 학대받은 여성의 경우 정착할 수 있는 독립된 주거장소가 가장 심각한 당면문제이므로 이에 대한 법적 조치방안으로서 가해자 처벌과 부부 분리가 필요하다. 또한 학대받은 아내와 그 자녀의 생계유지를 위한 직업알선서비스와 직업훈련기회 제공이 확대되어야 한다.

④ 종합병원의 의료서비스 체계를 마련하여 부부폭력에 대한 면밀한 조사와 개입, 치료가 전문 의료진에 의해 제공되어야 한다.

(3) 상담서비스

① 가정폭력상담서비스

가정폭력상담소는 '가정폭력방지 및 피해자보호 등에 관한 법률'에 의거·설치되었으며, 전국에 120개소가 운영 중이다. 설치운영은 국가나 지방자치 단체 또는 시장의 인가를 받아 설치할 수 있다.

가정폭력상담소의 주요 기능은 다음과 같다(서울특별시, 2001).

첫 째, 가정폭력을 신고받거나 이에 관한 상담을 실시
둘 째, 가정폭력으로 인하여 정상적인 가정생활 및 사회생활이 어렵거나 의료기관 또는 가정폭력피해자를 보호시설로 인도
셋 째, 행위자에 대한 고발 등 법률적인 상황에 관한 자문을 얻기 위하여 관련 기관에 협조와 지원을 요청
넷 째, 경찰서 등으로부터 인도받은 피해자를 임시보호
다섯째, 가정폭력의 예방 및 방지에 관한 홍보, 기타 가정폭력 및 피해에 관한 조사연구 등

또한 가정폭력상담소에서는 피해자에 대한 치료나 보호를 위하여 의료기관 등 관련 기관의 협조체계를 통하여 가정폭력피해자에 대한 치료가 원만하게 이루어질 수 있도록 하고 있다. 또한 가정폭력피해자는 국민건강법이 적용되며, 의료비에 대해서도 부담능력이 없는 경우 국고에서 지원된다.

② 긴급전화운영

노인, 여성, 아동에 대해 가해지는 학대 발생 시의 긴급전화로서, 1366(가정폭력, 성폭력), 1391(아동학대), 1388(청소년보호), 1922(노인학대) 등이 있다. 이 외에 민간단체에 의해 운영되는 노인의 전화, 여성의 전화, 아동학대 예방 전화 등의 상담센터도 있다.

이 중 '여성 1366'은 폭력피해자 등을 위한 긴급전화 상담서비스로 1998년 1월 1일 개통되어 2001년 현재 전국 144개 권역에 144개소가 설치되어 있으며 '한국 여성의 전화연합'에 의탁하여 운영하고 있다.

여성 1366은 여성폭력 상담창구가 다원화되어 있어 적절한 안내를 받지 못하는 문제점을 해결하기 위하여 요보호여성이 언제라도 전화를 통해 안내와 상담을 할 수 있도록 전국적으로 통일된 전화번호를 확보하여 전화권역별로 365일 24시간 운영하도록 만들어졌다.

③ 가정폭력피해자 보호시설 서비스

가정폭력피해자 보호시설은 2000년 현재 '쉼터'를 비롯하여 전국에 27개소가 설치·운영 중에 있으며, 이 중 국고지원은 24개소이고 나머지는 민간단체에서 소규모로 이루어지고 있다.

보호시설은 보호 중인 가정폭력 피해자 위주의 상담업무, 피해자를 일시 보호하는 일, 피해자의 신체·정신적 안정, 가정복귀를 돕는 일 등을 한다. 입소대상은 가정폭력피해자나 가족구성원으로 제한하고 있으며, 보호기간은 3일 이내(필요하다고 인정하는 경우 7일 이내로 연장 가능)이며, 일시보호는 원칙적으로 2개월 이내로 하고 있다.

④ 의료서비스

가정폭력피해자에 대한 의료적 서비스로는 국민건강보험법에 의무적으로 적용대상이 되며, 진료비는 본인의 부담능력이 없는 경우에만 국고에서 보조

된다. 또한 80병상 이상의 종합병원에서는 사회사업실의 운영이 의무화되어 있다. 의료기관으로서는 국공립병원과 보건소, 민간병원이 있는데 '성폭력특별법'과 '가정폭력피해자보호법'에는 성폭력피해여성의 경우 지정병원을, 가정폭력피해여성의 경우는 피해자나 상담소, 피해자 보호시설에서 요청할 때 적절한 치료보호를 제공하도록 명시하고 있다.

내용 요약

1. 배우자학대는 아내학대로 많이 나타나고 있으며, 아내학대 가정은 아동학대가 수반되는 경우가 많다. 그리고 최근 인구의 노령화 현상은 자원부족과 소외된 노인들의 학대와 방임을 증가시키고 있다.
2. 부부폭력은 폭력의 주체에 따라 남편에 의한 아내구타, 아내에 의한 남편구타, 그리고 남편과 아내 모두가 폭력을 행사하는 상호 폭력으로 나누어진다. 그 중 대표적인 것은 남편에 의한 아내구타이다.
3. 부부폭력의 발생원인은 개인 내적 요인, 사회·심리적 요인, 사회구조적 요인, 그리고 여성주의적 요인 등에 의해서 설명되고 있다.

CHECK 생각해 봅시다

1. 우리의 문화 속에서 남성들이 쉽게 폭력적 행동을 하게 하는 것이 무엇인가 생각해 봅시다.
2. 성폭력특별법과 가정폭력특별법의 내용을 숙지해 봅시다.
3. '매 맞는 여성 증후군'의 주된 특징에 대해 생각해 봅시다.
4. 학대의 의미를 담고 있는 유사 용어들에 대해 생각해 봅시다.

제 13 장

이혼과 여성

주요 용어 | 협의이혼/재판이혼, 조정 및 중재, 성역할 사회화의 차이, 돌이켜 생각하기

우리 사회에서 가족집단의 중요성뿐만 아니라 개인의 존엄성도 중요하다는 인식이 보편화되면서, 가족 내의 부부갈등이 해결될 수 없을 때에는 이혼도 갈등해소의 한 방법이 될 수 있다는 생각이 늘고 있다. 이혼발생에 대한 시각은 다양하다. 이혼의 결정은 개인이 현재의 결혼생활보다 이혼 후의 대안이 더 큰 보상을 준다고 지각하게 되거나, 혹은 기대한 결혼생활과 괴리감이 커서 실망이 높고 분노가 일어날 때 발생할 가능성이 높다. 현대 사회에서 이혼발생률이 높고, 이혼에 대한 수용이 증가한다고 하지만, 아직 이혼은 여러 가지 어려움을 동반하는 사건이다. 즉, 이혼은 단순한 하나의 일상적 사건이 아니라 사회·심리적인 스트레스를 동반하는 위기적 과정이라고 할 수 있다. 이혼율 증가는 이혼과정의 어려움을 이해하고 예방과 적응을 돕는 노력이 적극적으로 이루어져야함을 의미한다.

1. 이혼에 대한 이해

1) 이혼에 대한 관점의 변화

이혼이란 법률상으로 유효하게 성립한 부부가 살아 있는 동안에 협의나 재판을 통해 그 결합관계를 해소시킴으로써, 결혼으로 인하여 발생했던 일체의 효과를 소멸시키는 것을 말한다. 그러나 이혼으로 인해 부부관계는 해체되지만, 부모-자녀 관계는 그대로 유지된다. 이혼에 대해 전통적 시각은 가족해체이며, 병리적이고 일탈적인 개념으로 인식되었다. 그러나 산업화, 도시화, 여성의 사회적 지위상승 및 개인주의의 증가 등으로 이혼이 인생의 오명이라는 의식은 감소하였다. 특히 불행한 결혼을 지속하는 것이 부부 당사자뿐만 아니라 자녀 모두에게도 심각한 피해를 준다고 보고, 무결점 이혼(no-fault divorce)을 인정하는 시각의 등장은 이혼의 허용적 태도를 강화시켰다. 즉, 이혼은 결혼에 대한 포기가 아니라 불행한 결혼을 더 이상 참을 수 없을 때, 행복한 결혼생활로 대치하려는 희망을 의미하는 것으로(Lamanna & Riedmann, 1991) 인식된다. 이런 이혼에 대한 허용적 태도는 이혼증가의 중요한 원인이 되고 있다.

이혼을 바라보는 연구자들의 시각은 시대적으로 변화하고 있다(변화순, 1996). 서구의 경우, 이혼 연구의 초기에 해당하는 1950~1960년대에는 이혼을 병리적 현상의 하나로 보는 시각이 주를 이루어서, 이혼을 하는 사람들 스스로 어떤 문제를 가지고 있기 때문에 결혼관계에 적응하지 못하고 이혼을 한다는 관점이 지배적이었다. 1970년대에는 이혼을 고통스럽고 스트레스를 유발하는 위기상황으로 보는 시각과 함께, 불행한 결혼관계를 해결하는 하나의 방법으로 새로운 자기발견의 기회라는 긍정적 측면이 강조되기 시작하였다. 1980년대 이후에는 이혼 후 겪는 어려움, 갈등, 분노, 우울증 등 이혼과정과 그 후의 생활을 어떻게 극복해 나가는가 하는 적응측면이 강조되기 시작하였다. 최근의 전반적 시각은 이혼이 불행한 결혼으로부터 벗어나는 필요한 측면이고 보편적 추세로 인정되지만, 이혼이 예상하는 것 이상으로 어렵고 고통스러운 사건으로서 신중한 접근과 예방적 노력이 필요함을 강조한다(Bursik, 1991, W. Burr, R. Day, K. Bahr).

최근 우리나라에서는 이혼에 대한 부정적 시각에서 벗어나 이혼가족이 갖는 잠재적 강점을 중시하고 있고, 이혼 후 잃는 것과 얻는 것 등의 올바른 이해나 사회적 지지체계의 활성화 등을 통해 이혼 후 적응을 돕는 시각이 강조되었다. 또한 이와 더불어 이혼의 예방을 위한 사회적 노력의 필요성이 강화되었다.

2) 이혼의 유형

(1) 협의이혼

협의이혼은 당사자 간에 이혼할 것을 합의하여 부부가 함께 가정법원에 가서 판사로부터 이혼의사 확인을 받아 신고하는 방법이다. 이는 호적법에 따라 이혼 확인서를 제출함으로써 그 효력을 발생하는 이혼형태이다. 여기에는 위자료, 재산분할청구권, 친권과 양육권 등에 대한 합의도 포함하는데, 이러한 합의된 사항을 넘겨받은 뒤에 이혼절차를 거치도록 해야 한다.

협의이혼은 이혼당사자 사이의 자유로운 의사 합치에 의하여 간단하게 혼인관계를 해소할 수 있다는 장점을 가지고 있지만, 성립요건의 편이성으로 인해 감정에 의한 이혼이라든가, 가장(假裝) 이혼, 압력에 의해 협의하는 이혼 등의 가능성을 배제할 수 없다.

(2) 재판이혼

재판이혼은 다음과 같이 법률이 정하는 일정한 원인이 있다고 인정하는 경우 법정에서의 판결에 의해서 성립되는 이혼형태이다.

① **1호** : 재판상 이혼 원인으로서 배우자의 부정한 행위
② **2호** : 악의의 유기
③ **3호** : 배우자 또는 그 직계존속으로부터의 심히 부당한 대우
④ **4호** : 자기의 직계존속의 배우자로부터의 심히 부당한 대우
⑤ **5호** : 3년 이상의 생사불명
⑥ **6호** : 기타 혼인을 계속하기 어려운 중대한 사유

이 중 1호부터 5호까지는 책임을 근거로 한 것이라고 할 수 있다. 그러나 6호는 부부관계가 파탄되어 회복될 가능성이 없는 다양한 이유를 포함함으로써 추상적·상대적 이혼사유를 제시하고 있다. 재판이혼의 절차로는 가정법원(지방에서는 지방법원)에 가서 조정신청 또는 재판을 신청하도록 되어 있는데 이는 가사소송법에 의거한다. 가사소송은 이혼소송을 비롯한 가사사건에 대해서 선 조정주의를 택하고 있어서 가정법원에 이혼을 소송하고자 하는 자는 먼저 조정을 신청해야 하고 조정을 신청하지 않고 소송을 제기한 때에는 가정법원은 그 사건을 조정에 회부하도록 규정하고 있다. 조정이 이루어지지 않을 때에는 재판이혼을 신청할 수 있다. 재판에 들어가면 이혼을 제기한 사유에 대한 증거와 증인이 필요하다.

(3) 조정이혼

이혼조정을 신청한 경우 또는 재판상의 이혼을 청구하는 경우에는 조정전치주의가 적용되므로, 조정절차에 의하여 이혼할 수 있다. 조정의 결과는 화합조정과 별거조정, 이혼조정, 강제조정, 일부조정 등이 있다. 조정이혼제도는 우선 인간관계의 조정과 법적 해결이 동일한 절차에서 이루어질 수 있으며, 또 조사관을 활용함으로써 당사자 간의 갈등을 좀 더 심층적으로 분석하거나 조정과정에서 조사관이 상담자의 역할도 할 수 있으므로 원만한 해결을 유도할 수 있다는 특징이 있다.

2. 이혼의 개념과 실태

1) 이혼의 개념

이혼에 대한 연구가 이루어지기 시작한 1950년대에는 이혼을 하나의 일탈로 규정하였다. 그러나 1970년대 이후부터는 이혼을 불행한 결혼관계, 스트레스와 갈등으로부터의 해방, 그리고 새로운 자기발견의 기회라는 긍정적인 측면으로 인식하기 시작했다. 최근에는 이혼을 하나의 사회현상으로 간주하고 결혼에서 생기는 문제를 해결하기 위한 하나의 과정으로 인식하는 경향이 강하다. 이것은 이혼이 심리적인 측면과 건강에 영향을 미치는 위기사건인 것은 사실이지만 이혼 후 2~3년이 지난 후에는 이혼 전의 상태로 돌아간다는 점을 고려할 때 시간이 지나면서 그 영향이 감소되는 일종의 전이 상태라는 것이다. 또한 이혼이 성인의 발달과정에서 걸림돌이 되지만 새로운 인생을 향한 촉매제인 동시에 성장을 가져다 주는 이중성을 가지고 있다고 보는 것이다.

이와 같이 하나의 과정으로서의 이혼은 법률상으로 완전 유효하게 성립된 혼인을 당사자인 부(夫)와 처(妻)가 살아가는 동안 결혼관계를 해소시킴으로써 혼인으로 인해 발생했던 일체의 효과를 소멸시키는 것이다. 그러나 법적인 이혼으로 인하여 결혼에 관한 모든 것이 끝나는 것은 아니다. 전남편과 전아내 사이에 도덕적이고 정서적인 계약을 남겨두고 결혼에 토대를 둔 한 세대는 파괴되지만 자녀들로 인한 인간관계는 완전히 깨뜨려질 수 없는 것이다. 이러한 맥락에서 보하난(Bohanan, 1970)은 이혼과정을 법적 이혼(legal divorce), 정서적 이혼(emotional divorce), 경제적 이혼(economic divorce), 양부모역할 이혼(coparental divorce), 공동체 이혼(community divorce), 정신적 이혼(psychic divorce)으로 구분하였다. 즉, 이혼은 법적으로는 하나의 간단한 사건이지만 심리·사회적으로는 일련의 사건들이 고리를 이룬 복합적 과정인 것이다.

| 표 13.1 | 보하난의 이혼과정

이혼과정	내 용
법적 이혼	부부관계의 합법적 종결과 함께 양측에 재혼할 권리가 부여되는 과정
정서적 이혼	동거기간이 비교적 긴 부부에게서 많이 나타나는 것으로 한쪽 혹은 양쪽 배우자가 부부관계에 회의를 갖고 정서적 철회행동을 보임으로써 시작됨.
경제적 이혼	재산을 분할하는 과정으로 종종 상당한 갈등을 수반함.
양부모역할 이혼	자녀양육권, 면접교섭권, 자녀부양 의무 등을 결정
공동체 이혼	부부가 공유하던 친지와의 사회적 관계가 분리, 상실되는 과정
정신적 이혼	배우자와의 관계로부터 분리된 자신을 재정의하고 독신으로 되돌아가는 과정

2) 이혼의 실태

(1) 이혼의 실태와 원인

최근 우리나라에서도 이혼이 급속도로 확산되고 있다. 1995년에 인구 1,000명당 1.5건이었던 것이 2002년에는 3.0건으로 급증하였다. 결혼 건수에 대한 이혼율에서도 1995년에는 결혼 6쌍에 대해 1쌍 꼴로 이루어진 반면 2002년에는 3쌍 중 1쌍 이상이 이혼하는 것으로 나타났다.

동거기간별로 살펴보면, 5년 미만의 이혼율이 가장 높은 비율을 차지하는데, 1995년 33.7%에서 2002년에는 30.6%로 감소하였다. 반면 20년 이상 동거한 이혼율은 1995년 6.5%에서 2002년에는 11.2%로 급증한 추세를 보였다.

| 표 13.2 | 결혼수와 이혼율

(단위 : 건수, %)

구 분	결혼수	이혼 건수	이혼율*	결혼에 대한 이혼율**
1980	400,471	23,150	0.6	5.8
1985	376,847	38,838	1.0	10.3
1990	402,911	44,608	1.0	11.1
1995	320,395	53,872	1.5	17.1
2002	306,573	145,324	3.0	47.4

자료 : 통계청(1989 ; 1996, 2003), 인구동태통계연보

| 표 13.3 | 동거기간별 이혼율

(단위 : %)

구 분	5년 미만	5~10년 미만	10~15년 미만	15~20년 미만	20년 이상
1980	42.4	28.2	16.8	7.2	5.4
1985	41.5	30.6	15.7	7.4	4.7
1990	38.2	28.8	19.0	8.4	5.6
1995	33.7	25.6	21.0	13.2	6.5
2002	30.6	23.9	19.4	14.9	11.2

자료 : 통계청(1989 ; 1996, 2003), 인구동태통계연보

* 이혼율 = 이혼 건수 / 해당 연도 인구 × 1000
** 결혼에 대한 이혼율 = 이혼 건수 / 결혼 건수 × 100

| 표 13.4 | 평균 초·이혼연령

구 분	평균 초혼연령		평균 이혼연령	
	남 자	여 자	남 자	여 자
1990	27.9	24.9	36.9	33.0
1995	28.5	25.4	38.5	34.8
2000	29.3	26.5	40.1	36.6
2001	29.6	26.8	40.2	36.7
2002	29.6	27.0	40.6	37.1

자료 : 통계청(2003), 인구동태통계연보

이혼의 연령별 분포를 살펴보면, 평균 초혼연령과 이혼연령이 점차 높아지는 경향이 있어서 2002년 현재 평균 초혼연령은 남자 29.6세, 여자 27.0세이며 평균 이혼 연령은 남자 40.6세, 여자 37.1세로 나타났다.

이처럼 1985년 이후 이혼율의 증가, 여성의 이혼청구율 증가, 동거기간으로 볼 때 전 기간에 걸친 이혼율 확산 등 변화의 조짐이 보이고 있으며, 1990년 이후 그 현상은 더욱 뚜렷해지기 시작하였다. 이것은 1985년 이후 우리 사회에서 가족관계의 양상이 변화되고, 또 1990년 가족법 개정으로 인하여 여성의 자녀 양육권, 재산분할청구권을 인정함으로써 더 이상 여성이 자녀와 재산문제로 인해 불이익을 받지 않는 사회적 여건이 형성된 것으로 해석할 수 있다(변화순, 1997).

우리나라 이혼의 유형은 크게 협의이혼과 재판이혼으로 구분된다. 협의이혼은 당사자 간에 이혼할 것을 합의하여 부부가 함께 가정법원에 가서 판사로부터 이혼의사 확인을 받아 신고하는 방법으로 호적법에 따라 이혼확인서를 제출함으로써 그 효력이 발생하는 이혼형태(민법 제834조, 제837조, 호적법 제79조)이다. 반면 재판이혼은 법률이 정하는 일정한 원인이 있다고 인정하는 경우 법정에서의 판결에 의해 성립되는 이혼이다. 그런데 우리나라 민법상의 이혼사유를 보면 〈표 13.5〉와 같다.

이 여섯 가지 규정은 재판이혼을 할 경우에 해당하는 것이고 합의이혼을 할 경우에는 이혼사유가 더 다양하다.

통계청의 조사결과(2002)에 따르면, 우리나라에서 부부불화에 따른 이혼은 1980년 74.4%, 1985년 80.9%, 1990년 81.5%, 1995년 80.1%, 2000년 74.5%로

| 표 13.5 | 민법 제840조의 재판상 이혼사유에 대한 분석

호	이혼의 원인	비율(%)
제1호	배우자의 부정행위	42.1
제2호	악의의 유기	17.0
제3호	본인에 대한 부당한 대우	20.6
제4호	존속에 대한 부당한 대우	6.0
제5호	배우자의 3년 이상 생사불명	7.1
제6호	기타 혼인을 지속하기 어려운 사유	7.2

자료 : 법원행정처(1996). 사법연감

나타났다. 이 중 가장 높은 비율을 차지하는 것은 배우자의 부정행위이며 계속 증가하고 있다. 김정옥과 박경규(1993)의 이혼 원인에 관한 연구에서 여성응답자의 경우에는 남편의 부정한 행위, 성격차이, 경제파탄, 신체적 폭력의 순으로 동일하게 지적되었다. 이처럼 우리나라에서는 배우자의 부정행위가 이혼의 가장 중요한 원인으로 지적되고 있으며, 가족 간의 불화, 경제, 건강문제 등으로 인한 이혼율은 점차 줄어들고 있는 실정이다.

(2) 이혼증가의 원인

부부와 가족을 결합시키는 데 다양한 요인이 작용할 수 있는 것처럼 이혼에도 다양한 요인들이 작용한다. 먼저 이혼증가의 요인으로 현대의 산업화, 도시화의 특징은 익명성과 사회적 이동성을 높이고 가족의 안정성에 대한 사회통제를 약화시키는 계기가 되었다. 산업화와 현대화가 본격적으로 진행되기 시작한 이후 이혼에 대한 태도가 긍정적으로 변화되기 시작하였고, 이혼 건수도 점차 증가하였다. 산업화 및 도시화와 관련된 요인들을 살펴보면 다음과 같다.

① 여성의 사회경제적 지위 향상

여성의 교육수준과 고용기회가 증가되면서 남성에 대한 경제적 의존도는 낮아지게 되었다. 따라서 경제적 독립에 대한 두려움 때문에 결혼관계를 지속시킬 수밖에 없었던 여성들이 줄어들었다. 또한 여성의 교육수준이 향상되면서 사회적 지위 또한 향상되었는데, 그 과정에서 여성의 전통적 성역할에 대한 가치관이 희석되었으며, 이전에 부부관계에 있어서 억압과 굴종, 지배와 피지배의 관계에 대한 인식과 평등한 부부관계에 대한 인식이 증대되었다. 즉, 부부관계의 변화에 부응하지 못할 경우 이혼할 확률이 높아진 것이다.

② 가족 및 결혼에 대한 가치관의 변화

사회·법·도덕적으로 이혼을 억제할 수 있는 사회적 장치들의 약화와 결혼 및 가족에 대한 가치관의 변화로 이혼억제기능이 약화되었다. 특히 이상주의적 결혼과 낭만적인 이혼의 신화는 배우자 간의 밀접한 관계에 대한 비현실적 기대를 낳았다. 결혼 자체가 경제적인 후원과 자녀양육에 대한 책임을 강조하는 사회적인 제도로서의 결혼에서 부부간의 애정과 평등을 중요하게 인식하는 관계의 결혼으로 변화된 것이다. 이것은 이혼율을 높이는 결과를 낳았다. 애정에 바탕을 둔 결혼관계가 강조되는 사회에서 이혼에 대한 욕구가 증가하는 것은 당연한 것이다. 또한 가족의 형태와 구성원 간의 인간관계도 변화되고 있다. 가족의 구조는 확대·직계가족에서 핵가족의 형태로 변화되고 있으며, 가족 내 인간관계는 평등과 협력을 전제로 한 우애가족의 인간관계가 형성되고 있다. 이와 같이 가족의 형태와 의식의 변화는 가족관계와 정서적 유대 및 정체감 형성에 심각한 문제를 일으켜 근래에는 가족의 불안정문제가 심각하게 제기되고 있다.

③ 이혼에 대한 태도의 변화

우리나라에서도 점차 이혼을 수용하는 경향으로 바뀌고 있다. 이와 같은 사실은 이혼에 대한 태도와 관련된 질문에 대한 응답이 시대에 따라 변하고 있는 것을 통해서 알 수 있다. 즉, '문제가 심각하다면 이혼해야 할까?'라는 문항에 대해 1970년대의 조사에서는 조사대상자의 2.2%가 그렇다고 응답하였으나, 1980년(오정선, 1988)에는 31.7%로 크게 증가했으며, 1990년의 연구(공세권, 1990)에서도 47.1%로 크게 증가한 것으로 나타났다. 이것은 전통적으로 강조되었던 가족의 가치관이 축소되고 개인의 존엄성이 강조되는 경향이 나타나면서 가족 내에서 부부간의 갈등을 해결할 수 없을 때에는 이혼도 하나의 해결방법이 될 수 있음을 의미하는 것이다. 즉, 현대의 이혼은 가족해체와 동일하게 인식되어 문제시되기보다는 불행한 결혼관계를 해소하는 한 가지 방법으로 인식되고 있다.

3. 이혼가족의 문제

1) 이혼부부에게 미치는 문제

우리나라에서 이혼자들이 이혼적응과 관련하여 겪게 되는 문제 및 스트레스는 1순위가 외로움, 2순위가 자녀양육, 3순위가 재혼에 관한 어려움으로 나타났다(방선욱, 1992). 이혼한 남녀 모두에게 어려웠던 문제는 자녀의 앞날에 대한 걱정이었다(한경혜, 1993). 이 밖에 여성들은 외로움, 자녀를 돌볼 시간의 부족, 주변 사람의 부정적 인식 및 사회활동 참여의 어려움 등을 나타내고 있으며, 남성들은 여성들보다 비교적 낮은 어려움을 지적하고 있으나 자녀를 돌볼 시간이 없음, 사회활동 참여의 제한, 외로운 느낌, 주변 사람의 부정적 인식, 자녀의 속썩임, 건강문제 등에서 어려움을 보인다.

일반적으로 이혼에 관한 연구들은 성역할 사회화의 차이 때문에 남성과 여성은 여성의 이혼, 남성의 이혼을 경험한다고 제기하고 있다. 즉, 사회·경제적, 감정적인 삶의 영역에서 남편과 자녀에게 지나치게 의존하여 살던 여성은 이혼을 인생의 실패로 생각하는 경향이 큰 것으로 나타나며, 이는 여성의 자아존중감 상실에 커다란 영향을 미치고 있다. 그러나 이혼한 남성이 이혼한 여성보다 감정·신체적 혼돈의 증상을 더욱 보인다는 연구도 있다(변화순, 1996). 즉, 남성은 여성보다 결혼생활에 대해 더 의존적이므로, 자녀양육이나 가사노동 등에서 이혼 후 더 힘들어하는 것으로 나타난다. 특히 우리 사회는 남자 혼자서 아이를 키우기 위한 조건이 마련되지 않았기 때문에 이혼 후 혼자서 자녀를 키우는 삶은 매우 힘들며, 가족의 도움이 없이 해결하기 힘들다. 또한 가사문제를 남성 스스로 해결해야 하는 현실 앞에서 대부분의 남성들은 혼란에 빠지게 되며, 가사로 인한 불편이 누적되다 보면, 정서적으로나 심리적으로 불안정해질 수 있다. 이혼 후 경험하게 되는 문제들은 다음과 같이 경제적 문제, 대인관계 및 사회적 문제, 신체·정신적 건강문제 등으로 분류될 수 있다.

(1) 경제적 문제

대체로 이혼으로 인해 여성이 더 경제적인 어려움을 경험하는 것으로 나타나지만, 이혼은 대다수의 남성과 여성에게 수입의 감소를 가져오는 것으로 보인다. 많은 여성들은 이혼 전보다 낮은 수준으로 생활하는 것으로 나타난다. 또한 전 배우자로부터 받는 자녀양육비로는 실제 생활비를 충당하기 불충분하기 때문에, 대다수의 이혼한 여성이 생계유지 및 자녀양육을 위하여 직업을 찾으려 하는 것은 필연적인 것으로 나타난다. 여성 이혼자의 여러 어려움 중에서 가장 절실한 것은 경제적인 문제로 지적되는데, 이런 경제적 혼란은 심한 스트레스의 원인이 된다고 본다. 특히 전업주부의 경우, 새로운 직장을 잡아야 하며 미숙련 상태이므로 저임금과 취업기회의 제한 등의 문제에 직면하고, 생계유지의 어려움에 처할 가능성이 높은 것으로 나타난다. 따라서 이혼한 여성의 교육수준이나 사회·경제적인 지위 등에서 자립할 능력이 있는 경우는 이혼을 수용하고 적응하는 데 많은 도움이 된다고 할 수 있다.

이혼으로 인해 남성들이 겪는 경제적인 문제는 이혼 시 재산분할로 인한 재산의 감소문제, 불규칙한 생활로 인해 수반되는 지출과다문제 등으로, 여성들이 겪는 절대적 빈곤의 문제가 아니라 상대적 빈곤으로 인한 심리적 갈등 또는 가사활동이나 살림을 직접 해야 하는 어려움으로 지적하고 있다(변화순, 1996).

(2) 대인관계 및 사회적 문제

우리나라의 경우 이혼을 하게 되면 가족이나 가까운 사람도 이혼의 경험을 잘 이해해 주지 못하고 이들을 지지해 주지 않아 이혼자들이 고통을 당한다. 이들은 이혼자가 겪는 고통과 이혼이라는 어려운 결정을 이해하고 지지하기 보다는 외면하는 것이 보통이다. 주위 사람들은 이혼자가 온갖 고통을 참고 견디다 이혼당한 희생자로서 평가되는 경우를 제외하고는 이들을 수용하지 않고 쉽사리 '철없는 여자', '잘난 여자', '이기적인 여자'로 비난하는 것이 일반적인 경향이라고 한다(김혜련, 1993).

또한 이혼을 하게 되면 그 이전부터 오래 사귀어 온 친구들과 친족과의 관계가 변화한다. 부부 공동의 친구들은 두 사람을 모두 포기함으로써 어느 한쪽을 편드는 난처함에서 벗어나기도 하고, 부인들은 남편의 직장 친구들을 잃게 되고, 남편은 부인을 통해 알게 된 이웃 및 친구들을 잃게 된다. 이러한 이혼에 대한 부정적인 고정관념 및 사회적 관계망의 축소문제 이외에 자신의 가족을 재정의하는 문제 그리고 이혼과정에 관한 사회적 규범의 부재 때문에 혼란에 빠지게 되기도 한다.

(3) 신체·정신적 건강문제

이혼이 자발적으로 이루어지든 그렇지 않든 간에 이혼은 많은 협상과 요구, 절차 등을 갖게 되는 과정이므로, 이혼자들은 심리·정서·신체적 부적응을 경험하게 된다. 특히 주변에서 이혼한 사람들의 경험을 잘 이해하지 못한다면, 이혼 당사자들의 심리적 외로움과 정신적 어려움은 더욱 심하게 된다. 우리보다 이혼에 대한 사회적 낙인이 심하지 않은 서구에서도 이혼자들이 기혼자나 미혼자보다 건강하지 않은 것으로 나타나며, 이혼 후 조기사망률, 교통사고 및 기타 상해, 만성적 무능력과 질병, 자살, 우울증, 알코올 중독, 마약 등의 유혹에 빠지는 경우가 더 높다는 결과는(Kurdek, 1996; Hemstrom, 1996) 심리·신체적 건강 면에 미치는 이혼의 부정적 요소를 지적한다고 볼 수 있다.

이혼의 심리·신체적 스트레스는 이혼의 초기 단계에서 더 많이 나타나는 것으로 보인다. 이혼한 사람들은 공통적으로 이혼 후 자신을 어떻게 다스리고 어떤 방식으로 생활을 해 나가야 할지를 몰라 암담한 심정이 되며, 앞으로 경험해야 할 생활에 대해 혼돈과 충격, 방황, 공포를 경험하게 된다. 이런 불안정한 감정을 조절하는 것은 이혼자들의 가장 큰 어려움이 되고 있으며, 사회적응의 열쇠가 되는 것으로 나타났다. 보통 이혼자들의 정서적 안정의 회복시기는 남녀 구별 없이 2년 이상 걸리는 것으로(고정자, 1999) 보았다.

2) 자녀에게 미치는 문제

이혼 건수가 해마다 늘어나면서 부모가 이혼하는 가정의 자녀도 매년 급증하고 있다. 대법원에 의하면, 1995년 한 해 처리한 이혼사건 2만 3,692건 가운데 결혼 기간이 10년 미만인 경우는 2만 1,066건으로 전체의 89%에 달한다고 한다. 즉, 어린 자녀를 두고 이혼하는 부부가 상당수를 차지하고 있음을 알 수 있다. 한국보건사회연구원의 보고에서도 1998년 말 현재 국내 이혼가정의 미성년자는 11만 5,637명으로 1993년 6만 5,967명에 비해 6년 만에 무려 40% 이상 증가한 것으로 나타났다. 이러한 현상은 이혼자들의 대부분이 미성년 자녀를 둔 20대 후반에서 40대 초반에 해당되기 때문이며, 부모의 갑작스런 이혼이 '의존적 가족구성원'인 아동에게 큰 충격으로 작용할 수 있으므로 우리 사회에서도 이혼가정의 미성년 자녀문제가 본격적인 사회문제로 대두하고 있는 실정이다. 더구나 최근에는 부모가 이혼하면서 양측 모두가 무책임하게 양육권을 포기한 '고아 아닌 고아'까지 급증하고 있으며, 서울시립아동상담소의 조사에 따르면, 보육원 등에 위탁된 어린이 가운데 30% 이상이 부모가 생존해 있는 이혼가정의 자녀들인 것으로 밝혀졌다. 이에 따라 전국 270여 개 보육시설에 수용된 1만 7,000명 중 최소한 5,000명 이상은 이혼한 부모로부터 버림받은 어린이인 것으로 추정된다.

이러한 이혼가정에서 아동의 생활과 아동이 가지는 관계는 사회적으로, 경제적으로, 심리적으로, 그리고 법적으로까지 영향을 받는다.

(1) 심리·정서적 문제

이혼하는 부모에게는 이혼이 하나의 선택일 수 있지만, 자녀들의 경우는 그렇지 못하다. 부부관계가 해체되어도 부모역할은 남는다. 하지만 이혼 당사자인 부모는 자신의 문제를 돌보느라 자녀에 대한 배려에 소홀하거나 포기해 버리기까지 하고, 이혼가정의 자녀에 대한 학교와 사회, 국가의 관심은 거의 전무한

| 표 13.6 | 부모의 이혼에 대한 자녀들의 반응

연 령	반응 특징
학령전기 (2.5~6세)	매우 놀라고 혼란스러워 하며, 부모의 이혼을 자신의 잘못으로 생각한다. 이 시기의 아동은 자신이 유기되거나 다른 곳으로 보내질 것을 두려워하기 때문에, 성인들과의 많은 신체적 접촉이 요구된다.
잠복기 초기 (7~8세)	이 시기의 아동은 슬픔, 두려움, 불안정성, 상실감을 나타낸다. 자신들이 거부당했거나 유기되었다고 느끼지만, 자신을 비난하지는 않는다. 이들은 부모에게 자신의 분노를 표현하는 데 어려움을 느낀다. 또한 부모의 재결합에 대한 강한 열망을 가지게 된다.
잠복기 후기 (9~10세)	이 시기의 아동은 이혼에 대해 좀 더 현실적으로 이해하며, 자신들의 감정이나 강렬한 분노를 잘 표현할 수 있다. 이혼에 대해 더 이상 책임감을 느끼지 않으나, 두 부모에 대한 사랑 사이에서 갈등을 느끼며, 부모로부터 자신들이 거부되었다는 사실에 분노한다.
청소년기 (15~18세)	이혼으로 인해 청소년들은 부모를 한 사람의 인간으로 인식하게 되며, 부모 각자와의 관계에 대해 새롭게 평가한다. 또한 훌륭한 결혼생활에 대한 자신들의 가치나 개념들을 재평가한다.

자료 : Wallerstein & Kelly(1976), 정현숙·유계숙(2001), 재인용

실정이다. 부모가 이혼함에 따라 자녀들이 타격을 입는다는 것은 누구나 동의하는 사실이다. 그러나 그러한 타격이 자녀들에게 미치는 정도는 일반인들이 생각한 것보다 훨씬 더 오래 지속되며, 보다 어린 연령부터 경험한다. 보통 나이가 어릴수록 이혼 후 더 많은 파괴행동을 보이는 반면, 나이든 아이들은 우울증상이 더 많았다(Paul R. Amato, 1993)는 연구결과와 같이, 사춘기 때의 청소년들보다는 오히려 어머니, 아버지 관계에 높은 관심을 보이는 4~6세 아동이 가장 치명적인 타격을 받는다고 일반적으로 알려져 있다. 그리고 부모의 이혼 당시 아주 나이가 어린 아동은 이혼 당시의 고통스러운 기억을 적게 가지기 때문에 고통을 덜 받는 편이다(Wallerstein, 1984). 연령에 따른 자녀들의 이혼에 대한 반응은 〈표 13.6〉과 같다.

(2) 사회적 문제

이혼 자녀들은 한쪽 부모의 상실로 인하여 역할 모델과 상호 협력의 부족, 부모-자녀 관계에서 오는 거리감으로 자녀의 사회적 재능과 사회성에 직접적이고 부정적인 영향을 주고 있는 것으로 나타났다. 그러나 정상가정 자녀와 이혼가정 자녀 간의 사회적 관계, 즉 사회성에는 차이가 없다는 연구결과도 있어서 일치된 견해를 보이지 않는다(정경숙, 1990).

부모의 이혼을 경험한 아동들은 대부분 학교에 적응하는 데 문제가 있는데, 특히 남아에게 두드러진다. 학교가 잘 조직되고 질서정연하며 예측가능한 환경을 제공하면 아동은 학교와 관련된 문제를 쉽게 해결할 수 있으며, 가정이 와해되기 이전에 학업성적이 좋았고, 인성이나 행동상의 문제가 없었던 아동은 이혼 후 1~2년이 지나면 다시 학교에 잘 적응한다. 그러나 학교에 입학할 무렵에는 학습의 기초를 형성하는 시기이므로 부모의 이혼을 경험하게 되는 아동은 학업성적이나 적응면에서 위험이 크다.

(3) 경제적 문제

부모의 이혼으로 인해 청소년들은 학교를 그만두고 경제적으로 가계에 보탬이 되어야 한다는 강박감을 느껴, 역할혼돈과 전환을 경험하기도 한다. 또한 경제적으로 어려운 경우 가난한 이웃과의 생활은 청소년 비행을 부추길 수 있다.

이혼한 가족의 수입은 학업성취, 행동, 심리적 적응과 자아개념, 사회적 관계와 정적인 관련이 있다고 나타난다(Williams, 1990).

4. 이혼가족을 위한 복지대책

가족정책을 중심으로 이혼을 예방대책과 이혼과정상의 대책, 이혼 후의 대책으로 나누어 살펴보고자 한다.

1) 이혼예방대책

(1) 가족생활 교육프로그램

가족생활을 원만하게 유지하고 있는 가정을 대상으로 하여 가족 인간관계 향상을 위한 교육프로그램, 즉 가족 내 인간관계, 갈등해결방법, 대인관계의 역동성, 의사소통방법, 이성 간의 관계 특성 등이 필요하다. 또한 이혼 후의 생활을 통찰할 수 있도록 하는 이혼결과 교육프로그램을 선정해야 한다.

이혼예방을 위한 장기적인 대책은 교육을 통해 마련해야 한다. 이를 위해서 혼인적령기 성인이나 더 나아가 청소년기에 이성관계와 결혼에 대한 가치관과 관계형성에 있어서 필요한 기술을 가르치는 혼인 준비교실 등을 통한 체계적인 예방교육이 필요하다. 이러한 예방적 차원의 교육은 민간기관이나 종교단체, 그리고 각급 학교를 통해 전문가들을 활용하여 실시하는 것이 효율적이고 그 파급효과도 더 클 것으로 전망된다.

(2) 가족상담 치료프로그램

문제가 있는 가정을 대상으로 개인상담, 부부상담, 가족상담 및 치료프로그램을 여러 유형을 다각적으로 실시할 필요성이 있다.

2) 이혼과정상의 대책

(1) 조정 및 중재

이혼을 결심한 부부라 할지라도 신중을 기하도록 권고하며 가족원을 위해 상호 협조적인 이혼협상이 이루어지도록 한다. 미국 이혼중재협회(American Arbitration Association)의 'Family Dispute Service'는 화해, 조정, 중재를 권하고 있다. 즉, FDS는 부부에게 위기가 발생했을 때 제1단계 화해(conciliation), 제2단계 조정(mediation)은 이혼을 평화적으로 동의하도록 하며, 제3단계는 조정에 동의가 이루어지지 않을 때 조정관에게 조회하는 과정이다. 그러나 실제로 대부분의 부부가 파탄에 도달해서야 조정신청을 하기 때문에 조정이 원만하게 성립되지 않을 때가 많다(서울가정법원, 1991). 특히 우리나라는 재판이혼보다 협의이혼이 많으므로 협의이혼의 경우에도 조정과정을 거치도록 하며 화해 또는 보다 바람직한 조정이 이루어지도록 해야 할 것이다. 제4단계 중재(arbitration)는 이혼 동의 후 발생하는 문제를 다루는 과정이다.

(2) 법률적 재판

재판에서는 재산분할, 위자료, 자녀양육권 및 양육비, 면접교섭에 대해서, 이혼 후 불리한 배우자를 고려해야 하며 남녀 공정하게 이루어져야 한다. 또한 자녀의 의견도 고려해야 한다.

(3) 자녀에 대한 배려

부모가 이혼한 경우 자녀를 위해서 세심한 부모의 배려가 필요하다. 우리나라의 연구에서 부모가 이혼한다는 사실을 자녀들은 미리 알려주기를 바라는(78.9%) 것으로 나타난 것으로 보아(김정옥 외, 1993), 자녀가 이해할 수 있고 마음의 준비를 할 수 있도록 자녀에게 나름대로 대처할 수 있는 기회를 주어야 할 것이다.

3) 이혼 후 적응과 대책

이혼에 관한 최근의 연구들은 개인이 갖고 있는 자원을 강화함으로써 이혼가족이 경험하는 부정적 결과를 경감하고 복지감을 증진할 수 있다고 하였다(Amato, 2000).

(1) 이혼적응 단계

이혼적응을 보는 시각은 다양하다. 일반적으로 이혼 후 적응에는 2년 이상의 시간이 걸리는 것으로 보며, 재혼 또는 전 배우자와 접촉을 완전히 끊거나 전 결혼의 영향에서 독립적인 단계가 되면 적응되었다고 볼 수 있다. 즉, 이혼 전 획득한 지위나 전 배우자의 영향 혹은 전 결혼생활의 감정적 몰입에 의존하지 않고, 이혼자가 자신의 정체감을 확립하고 독립적으로 가정, 직장, 사회생활 등 일상생활의 제반 역할을 적절하게 수행할 때 적응한 것으로 볼 수 있다. 이혼 후 적응은 개인의 인성, 경제적 지위, 사회적 관계, 자녀와 친족과의 관계, 주거지, 역할 재정의와 같은 변수에 따라 남녀 간 및 개인 간에 차이가 있다.

이혼적응과 관련된 단계들은 다음과 같이 살펴 볼 수 있다(Kessler, 1975; Wallerstein & Blakeslee 1989; 변화순, 1996, 재인용).

① **돌이켜 생각하기**(Mourning)

이 과정에서는 전 배우자에 대한 분노, 미움, 고독감, 불행감 등이 나타나는데, 이것은 보통 별거 후 전 배우자에 대한 환영에서 벗어나도록 도와준다. 만약 이 시점에서 슬픔이나 분노감이 일어나지 않는다면, 필연적으로 다음 시점에 발생될 수 있다. 분노는 일반적으로 전 배우자에게 직접적으로 향하는데, 때로는 참을성을 잃고 자극적인 행동이나 경직된 사고로 표현되기도 한다. 즉, 어떤 사람들의 분노는 건강한 감정적 표현으로 나타날 수 있지만, 또 어떤 사람들의 경우는 역기능적인 표현으로 나타나게 된다. 이 단계에서는 상대방에 대한 소유감정에서 벗어나 죄책감이나 자녀에 대한 권리의 포기, 가학·피학적 행동들, 고통이나 복수하겠다는 마음을 갖지 않고 이전 결혼생활을 끝내는 것이 바람직하다. 각각의 배우자들은 전 결혼에서 잃어버린 것, 실현되지 못한 꿈과 소망을 돌이켜 생각해야만 한다. 이러한 과정을 통해서 개인은 잃어버린 것에 대한 통찰력을 다시 얻거나 유지할 수 있다.

② **회복과정**(Recovery)

회복과정의 기간은 개인이 이혼을 현실적으로 받아들이는 정도에 따라 달라진다. 그리고 전 배우자나 이전 결혼의 재결합 가능성 여부를 객관적으로 판단할 수 있는 정도에 따라서 결정된다고 볼 수 있다. 이혼한 많은 사람들은 이혼이 자신의 삶에 있어서 새로운 방향을 제시하는 동기가 된다는 사실을 인정하지 않으려 한다. 이혼이 두 사람 사이에 불일치하는 감정의 갈등으로부터 자유로울 수 있는 가능성을 내포하고 있다는 사실을 인식한 이혼자들은 회복과정을 빨리 경험한다고 볼 수 있다.

과거의 결혼생활로부터 벗어나 자신에 대해 새로운 의미를 찾고, 새로운 정체감을 확립하는 과정이 주어질 때 이혼의 상처로부터 회복할 수 있다. 즉, 새로운 관계나 새로운 역할, 오랜 문제들에 대한 새로운 해결책을 시도할 용기와 자신감을 회복하기 위한 모험을 계속함으로써 이혼에서 회복할 수 있는 기회를 갖게 된다.

③ **안정된 단계**(Stability)

이 단계는 불안정성이 사라지고, 자신의 삶과 목표들에 재몰입되는 단계이다. 이혼한 사람들은 현실적인 목표를 정하고 그리고 목표를 달성하기 위한 계획을 이행한다. 게다가, 개인들은 개인적 약점보다는 장점에 기초를 둔 새로운 관계를 만들 준비를 한다. 이 단계에서 이혼한 사람들은 타인에 대해 더 접근이 가능하도록 개방적이고, 더 수용적이며 친절할 수 있다. 이것은 지금이 이혼과정의 종결이며, 어려운 상황에서 벗어나 강해진 모습으로 변화되었다는 것을 의미한다. 이혼 후 과거의 결혼에서 갖는 책무나 기억, 교훈들이 현재의 경험들과 공존할 때 더욱 안정된 단계를 이룰 수 있다.

(2) 교 육

이혼자들에게 이혼에 대한 긍정적·발전적 사고와 인식을 증진시킬 수 있는 교육프로그램이 필요하며 이를 위한 지지모임 등의 프로그램이 개발되어야 한다.

한편 부모의 이혼으로 인하여 편부모와 지내게 된 자녀들의 적응을 위한 각종 적응교육프로그램에 대한 필요성이 증가하고 있다. 개정가족법에서 자녀의 면접교섭권을 보장받게 됨으로써 이에 대한 법적인 보장이 되었으므로 이제는 미시적 관점에서의 효율적인 프로그램의 개발이 요구된다.

내용 요약

1. 이혼이란 법률상으로 유효하게 성립한 부부가 살아 있는 동안에 협의나 재판을 통해 그 결합관계를 해소시킴으로써, 결혼으로 인하여 발생했던 일체의 효과를 소멸시키는 것을 말한다.
2. 보하난(Bohanan, 1970)은 이혼과정을 법적 이혼(legal divorce), 정서적 이혼(emotional divorce), 경제적 이혼(economic divorce), 양부모역할 이혼(coparental divorce), 공동체 이혼(community divorce), 정신적 이혼(psychic divorce)으로 구분하였다.
3. 우리나라에서는 배우자의 부정행위가 이혼의 가장 중요한 원인으로 지적되고 있으며, 가족 간의 불화, 경제, 건강문제 등으로 이혼율은 점차 줄어들고 있는 실정이다.
4. 이혼가족을 위한 복지대책은 가족정책을 중심으로 이혼예방대책과 이혼과정상의 대책, 이혼 후 적응과 대책으로 나누어 설명할 수 있다.

CHECK 생각해 봅시다

1. 이혼여성이 경험하는 어려움을 영역별로 나누어 생각해 봅시다.

2. 독신가구의 증가현상에 대해 논의해 봅시다.

3. 이혼가족을 위한 복지대책을 성인지적 측면에서 수립해 봅시다.

제 14 장

성매매와 여성

주요 용어 | 몸의 상품가치화, 가부장적 성문화, 성의 상품화, 성매매/매매춘/윤락, 성매매 알선고리, 사회복귀

1. 성매매에 대한 이해

1) 자본주의 사회에서의 성의 상품화

시장경제의 원리에 의거한 자본주의에서 인간의 성은 이윤증대를 목적으로 상업문화에 이용되면서 상품화되었고, 상품화하고 있다. 즉, 자본주의 사회에서는 성적 욕구 자체도 상품화되어 성에 대한 소비욕구를 만들어 내어 스포츠 신문을 비롯한 황색 저널리즘, 서구 사회로부터 수입된 저질 문화상품, 에로티시즘을 표방하는 영화 및 연극계의 성상품들은 성인층을 넘어 청소년층까지 파급되고 있다. 특히 정보사회화에 따른 컴퓨터 통신의 보급으로 청소년들은 인터넷 음란정보에 무방비상태로 노출되어 있다. 이러한 상황은 인간 스스로가 소외시켜 사물화된 성이 인간에 대하여 파괴적이고 적대적인 힘으로 역작용하고 있음

을 보여주는 예인 것이다. 또한 자본주의 사회에서 가부장적인 남성문화는 여성을 성적 대상으로만 규정하고 평가한다. 여성의 성적 매력은 여성의 노동시장에서도 공공연하게 인정된 조건이다. 향락산업에 종사하는 여성들은 성적 매력을 극대화하기 위해 노동 그 자체보다는 성적 매력을 위한 외모가꾸기에 주력한다.

그리고 여성이 성적 대상으로 취급되면서 이익을 보는 쪽은 자본가이다. 번창하고 있는 음란 외설물과 향락산업은 자본주의적 이익에 부합하고 있다. 이익을 극대화하기 위해 자본가는 대중매체에 영향력을 행사하면서 자신의 이익에 도움이 되는 소비를 위한 전략으로 성을 상품화하기에 이른다. 이렇게 함으로써 인간의 성과 육체에 대한 물상화는 성에 대한 향락과 퇴폐성을 가중시키고 성의 인간적인 가치를 떨어뜨린다.

현대 자본주의 경제의 특징 중의 하나는 소비문화를 들 수 있고, 소비문화의 중심은 몸의 이미지에 있다. 이는 특히 여성의 몸이 상품에 대한 구매욕망을 촉진시키는 데 적극적으로 사용된다는 것과 관련이 있다. 시각적 이미지에 의해 지배를 받는 현대 사회에서 시선과 욕망은 밀접한 관련성을 갖고 있다. 새로운 욕망들을 끊임없이 끌어 내는 기제로서의 광고들은 상품을 갖고 싶다는 욕구뿐 아니라 그 상품과 연관된 이미지를 판매한다.

여성의 육체는 '찬미하고 가꾸어야 할 대상'이 되므로 그것과 연관된 다양한 산업이 생겨나면서 소비문화와 밀접하게 연결된다. 여성은 생산적 주체로서보다는 소비적 주체로 대상화되는 것이다. 또한 여성의 몸은 '에로틱 경제'*와 연결된다(이영자, 1996). 즉, 여성의 몸을 상품가치화하는 포르노그래피나 성매매산업 등은 성적 요구를 성상품으로 둔갑시켜 여성의 몸을 살 수 있는 대상으로 만드는 것이다.

이렇게 자본주의는 가부장적 성문화와 결탁하여 여성 신체에 대한 물상화와 향락산업의 번창을 초래하였고, 가부장적 자본주의 성문화의 대표적인 예가 성매매인 것이다.

---

* '에로틱 경제'란 주로 여성의 성의 상업적 관리를 주요 과제로 삼아 각종 성상품들, 성적 장치, 성적 서비스들을 증식시키는 데 전념하는 소비산업을 의미한다.

2) 성매매의 개념

성매매를 지칭하는 용어는 윤락행위, 매춘, 매매춘 등이 있다. 그러나 일반적으로 사용하는 이러한 용어들은 '성을 파는 행위'만을 규정하는 용어들이며, '성을 사는 행위'는 제외되어 있다. 이러한 용어들은 성을 파는 행위에 문제의 초점을 맞추고 도덕적인 비난을 돌린다는 점에서 문제를 안고 있다. 예를 들어 법적인 용어로 사용되는 '윤락'이란 '스스로 타락하여 몸을 버린다'는 의미로, 성을 파는 사람에게만 낙인을 찍는, 즉 여성에게만 부과되는 용어로 그 상대가 되는 자는 도덕적 면죄부를 받는 편파성을 가지고 있다.

그러나 '성매매'란 경제적 이득을 목적으로 여성의 몸을 매매하고 상품화하여 착취하는 것을 말하고, 아동매매, 인신매매, 매매춘을 모두 포함하며, 향락업소, 유해업소 등에서의 '퇴폐행위', '유해행위'로 성매매 현상을 설명하기도 한다.

설리번(Sullivan, 1980)은 "성매매는 일차적인 동기와 보상이 성적인 것이 아

| 표 14.1 | 성매매 유사개념들

관련 용어들	정 의	관 점	규정의 특징
윤 락 (倫落)	불특정인을 상대로 금품, 기타 재산상의 이익을 목적으로 성행위를 하는 것(윤락행위 등 방지법)	도덕적	• 성기접촉에 의한 성행위에 한정 • 성매매를 '문란한 성관계'로 규정 • 문제의 초점을 윤락여성에게 둠. • 윤락여성에 대한 도덕적 낙인효과 • 사회적 필요악 또는 '즐김'을 강조
매매춘 (買賣春)	'윤락'과 동일한 의미이나 사고[買] 파는[賣] 행위를 강조	경제적	• '윤락'과 마찬가지로 성기접촉에 의한 성행위에 한정 • 성매매를 가능케 하는 중간 매개자의 존재 비가시화 효과 • 성매매를 '春'으로 자연주의화하여 사회구조적 문제의 성격을 은폐
성매매 (性買賣)	인간의 신체와 감정이 '성상품화'되고 있음을 가시화	사회· 문화적	성매매 = 범죄현상
성적 노동 (sex work)	인권과 노동권의 향유라는 전제하에서 성매매는 '성적 노동'으로서 재규정	Pro-prostitutionist	• 성매매 개념보다 덜 오명화된 개념 • 성과 화폐를 교환하는 일종의 노동 행위로 이해

닐 뿐만 아니라 정서적인 것도 아닌 성적 교류"라고 하였고, 쉐퍼드(Shepherd)는 "성매매는 고객과 정서적으로 무관한 관계를 맺고 난교적으로 성을 판매한다."(Truong, 1990; 변화순·황정임, 1998, 재인용)고 정의하고 있다. 이러한 성매매는 일반적인 성행위와는 달리 성이 상품화된다는 점, 사회적으로 인정된 배우자 이외의 상대와 성행위를 맺는다는 점, 성행위를 맺되 아무런 정서적 교감 없이 무차별적으로 관계를 갖는다는 점의 구성요소를 갖는다.

성매매와 관련된 유사개념들의 주요 관점과 특성을 정리하면 아래와 같다. 여기에서 제시된 용례는 사회적 관점의 변화에 따른 개념을 함축하고 있다(여성부, 2003). 이러한 개념의 변화는 성매매방지 및 피해자보호 등에 관한 법률(이하 성매매특별법)의 제정 이후로는 '윤락'이라는 용어 대신 '성매매'로 대체되었다.

3) 성매매의 유형

성매매는 몇 가지 유형으로 분류할 수 있다. 변화순 등(1998)은 성매매의 형태를 성매매만을 목적으로 하는지에 따라 전통형 성매매와 산업형 성매매, 기타 유형으로 구분한다. 조흥식 등(2000)은 전통형 성매매, 산업형 성매매, 사이버 성매매로, 김시업(2000)은 1990년대 중반 이후 나타나기 시작한 청소년의 원조교제를 청소년 성매매로 간주해야 한다고 주장한다. 여기에서는 성매매의 유형을 전통형 성매매, 산업형 성매매, 청소년 성매매로 나누어 살펴보기로 한다.

(1) 전통형 성매매

'전통형 성매매'라 함은 "특정지역을 거점으로 하여 성매매만을 목적으로 하는 형태"로 우리 사회에서는 1960~1970년대에 가장 성행했으며, 매춘의 형태에 따라 거리의 창녀나 매춘가의 창녀로 구분하였고, 특정 지역에 집촌화되어 '윤락가'로 불리며 도시의 일정 지역에 분포되어 있었다. 이 숫자는 점점 줄어들고 있는 추세이다.

(2) 산업형 성매매

'산업형 성매매'란 서비스 산업에서 이루어지고 있는 업소가 가지고 있는 본래의 1차적 목적인 서비스 외에 2차적 서비스의 성매매 행위를 하는 형태로 정의할 수 있다. 그러므로 산업형 성매매는 3차 서비스 업종 혹은 행정적으로 서비스 접객업이라 불리는 식품접객업소, 위생접객업소, 안마시술소 등에서 본래의 서비스 이후에 이루어지는 성매매 행위를 말한다. 이러한 양상은 1970년대 후반 관광기생을 시작으로 1980년대에는 국내인을 대상으로 공공연히 이루어졌다.

산업형 성매매의 문제점은 고도의 자본주의가 양산하는 물질만능주의와 퇴폐·향락적인 사회분위기가 만연될수록 심화될 것이고 특히 남성과 여성의 불평등한 사회적 관계, 여성에 대한 취업기회의 제한, 성매매여성에 대한 복지서비스 미흡, 남성 위주의 가부장적인 사회라는 한국적 특수상황과 맞물려 그 정도가 심각한 상황에 놓여있다.

산업형 성매매의 유형은 풍속영업 등 규제에 관한 법률 등 각종 법률을 통해서 단속기관에 의해 '법인성 유해업소'로 규율되는 업소유형과 대체로 일치한다.

(3) 청소년 성매매

청소년 성매매는 10대의 여학생들이 성인 남성을 대상으로 성관계를 가진 후 용돈이나 선물 등의 명목으로 대가를 받는 행위를 의미하며, 일반적으로 '원조교제'라는 명칭으로 알려져 있다.

남미애(2001)는 성매매의 경험이 있는 청소년의 특징을 첫째, 성매매 청소년은 가출, 약물사용, 경찰구속, 성 관련 시설이용 등의 비행이 많을 뿐 아니라 임신, 성병, 성추행, 성폭행 등 성 관련 피해 등이 많고, 둘째, 성매매 청소년들은 성적 학대, 방임 등 어린시절의 사적 외상의 경험을 가지고 있으며, 셋째, 성매매 청소년은 이중적 규범이나 성상품의 수용 등 사회문화적 영향을 상대적으로 더 많이 받고 있으며 이외에도 비행친구와의 교제, 자아존중감, 성의식과 성행동, 사회적 지지 부족문제 등이 청소년 성매매에 영향을 미치고 있다. 게다가 최근 원조교제의 심각성은 여학생들의 나이가 점점 어려진다는 것과 청소년들의 PC 통신, 인터넷 대화방, 핸드폰 등을 통해 개별적으로 직접 상대를 찾을 수 있다는 점, 그 확산 속도가 매우 빠르다는 것이 문제점으로 지적되고 있다.

| 표 14.2 | 성매매의 유형

<table>
<tr><th>구 분</th><th>정 의</th><th>유 형</th><th>비 고</th></tr>
<tr><td rowspan="2">전통형 성매매</td><td rowspan="2">특정지역을 거점으로 성매매만을 목적으로 하는 업소에서 이루어짐.</td><td>대규모 성매매 집결지</td><td>서울 용산, 청량리 588, 영등포, 미아리 텍사스 등에서 이루어지는 성매매</td></tr>
<tr><td>미군 기지촌</td><td>경기도 용주골</td></tr>
<tr><td rowspan="3">산업형 성매매</td><td rowspan="3">본래의 업소(업종)의 목적과 달리 성매매 행위가 이루어지거나 성매매 행위를 알선함.</td><td>식품접객업소</td><td>대중음식점, 단란주점, 유흥주점(룸살롱, 외국인 관광클럽)을 통한 성매매</td></tr>
<tr><td>위생접객업소</td><td>호텔이나 여관 등의 숙박업소, 목욕장, 이발소 등에서 이루어지는 성매매</td></tr>
<tr><td>안마시술소</td><td>안마소에서 이루어지는 성매매</td></tr>
<tr><td rowspan="3">청소년 성매매</td><td rowspan="3">10대의 여학생들이 성인남성을 대상으로 성관계를 가진 후 용돈이나 선물 등의 명목으로 대가를 받는 행위</td><td>성 관련 시설 이용 등의 비행</td><td>가출, 약물사용, 경찰구속 등으로 나타남.</td></tr>
<tr><td>사적 외상의 경험</td><td>성적 학대, 방임 등의 경험을 가지고 있음.</td></tr>
<tr><td>사회문화적 영향</td><td>이중적 규범이나 성상품화의 수용 등</td></tr>
</table>

자료 : 교육부, 2004

2. 성매매 발생요인

성매매 발생요인은 "왜 성매매 상태로 진입하게 되었는가?"에 대한 다양한 설명에서 찾아볼 수 있다. 조흥식 등(2000)은 개인적 요인, 가정요인, 학교요인, 유해환경과 성의 상업화, 가부장적 성문화, 성매매 문제에 대한 사회적 무관심과 대안지연 등으로 나누고 있고, 변화순 등(1998)은 산업형 성매매에 대한 영향요인을 경제적 요인, 사회문화적 요인, 제도적 요인으로 보고 있다. 본 절에서는 성매매의 발생요인을 가부장적 성문화, 경제적 요인, 성의 상품화로 나누어 살펴본다.

1) 가부장적 성문화

남성에게는 성적 자유, 여성에게는 성적 통제와 억압이라는 성문화의 이중성을 드러내고 있는 가부장적 성문화가 성매매의 발생원인으로 작동하고 있다. 즉, 여성에게는 성적 순결을 강제하다시피 하고 성적 표현의 자유에 대해 억압적인 반면, 남성에게는 성에 대한 접촉과 향유가 당연하다고 생각하며, 남성의 성적 욕구 해소를 위한 기제가 필요하다고 받아들이며 성매매여성도 남성의 성욕을 해소하기 위해 필수불가결한 것으로 인정한다. 가부장적 성문화의 이중적 성윤리의 모순은 남성의 성적 특권을 허용하는 제도와 사회관습으로서 축첩(蓄妾), 기녀제도, 남성의 외도, 간통, 강간 등이 일부일처제 가족제도와 공존하게 하였으며, 여성을 정숙한 여자와 타락한 여자의 두 집단으로 구분지었다. 즉, 성매매여성은 가부장제 결혼의 이중적 성윤리가 갖는 모순의 대가로 성매매여성이 있어서 정숙한 여성이 존재할 수 있다는 의식까지 생겨나게 하였다.

2) 경제적 요인

경제적인 요인은 개인적인 것과 제도적 모순으로 나누어 볼 수 있다. 성매매여성이 되는 개인적 동기 가운데 가장 큰 것은 돈을 벌기 위한 것이다. 최근 원조교제를 하는 청소년 성매매의 동기도 대부분이 용돈을 벌기 위한 것으로 나타나고 있어 개인적인 이유로는 경제적인 동기가 가장 강하다.

경제적 요인은 개인적인 차원만이 아니라 경제적인 구조와도 연결되어 있는 것으로 여성이 노동시장에 접근하는 것이 용이치 않고, 저임금의 하위직에만 몰려 있는 노동시장의 성차별적 구조가 한 원인으로 작용할 수 있다. 즉, 제한된 취업위기, 저임금과 불안정한 고용상태 등은 여성들로 하여금 자신의 성을 상품으로 교환하여 소득을 올릴 수 있는 3차 서비스 산업으로의 유입을 부추겼다고 볼 수 있다. 또한 경제발전기의 불균형한 경제성장은 3차 서비스 산업의 급속한 성장을 가져왔고, 서비스 산업들의 대형화, 기업화가 산업구조 조정과정에서 발생한 여성잉여 노동력을 흡수하였다.

3) 성의 상품화

성의 상품화는 인간의 성을 물상화하고 여성의 성을 대상화한다. 즉, 여성의 성을 남성의 성욕의 대상으로 취급해 온 가부장제의 전통이 성의 상품화 현상에 의해 심화되고 있다. 게다가 소비사회는 여성의 성에 관한 교환과 유통을 다양한 형태와 방식으로 확대하고, 여성의 성을 상품화하는 각종 성산업이 발달하여 여성의 성매매를 증가시킨다.

성의 상품화와 함께 성의 개방화가 급속도로 진행되고 있다. 성개방화는 성에 대한 쾌락적 추구와 성의 중요성이나 책임에 대한 무감각 등의 부정적인 결과를 가져왔고, 이로 인해 미성년부터 시작해 주부에 이르는 다양한 계층의 여성이 성산업에 유입될 가능성을 높였다. 성개방화의 풍조 속에서 자신의 성을 이용해 돈을 버는 청소년, 젊은 여성들이 증가하는 것을 볼 때, 이는 성개방화와 상품화가 성매매를 조장하고 있음을 알 수 있다.

이렇게 성의 상품화는 가부장적 이데올로기에 근거한 여성의 성적 대상화의 전통과 결합하면서, 여성의 성을 시장에서 매매되는 상품으로 자본주의 시장경제에 편입시킨 것을 의미한다. 그리고 산업영역에서 상업적 성의 공급과 판매의 범위가 확장되면서 성산업의 범위는 보다 모호해지고, 명확한 개념정의를 어렵게 하고 있다.

3. 여성주의적 시각에서 본 성매매 이론

여성주의 시각에서의 성매매여성은 가부장적 사회에서 남성의 탐욕을 만족시키기 위한 사회적 억압의 희생자로 인식하며, 성매매 역시 남성에 대한 여성의 종속으로 파악하고 있다. 따라서 서구의 여성주의자들은 사회적 희생자인 성매매여성을 구제하거나 사회로 복귀시키는 방법에 관심을 기울였다. 이러한 여성주의적 시각에서의 성매매에 대한 입장은 관점에 따라 달리 나타난다.

1) 자유주의 여성론

성매매를 하나의 직업으로 간주한다. 자유주의 여성론자들은 성매매의 범죄화를 막기 위한 규제정책을 주장하고 있다. 그리고 규제는 남성과 성매매여성을 구별하지 않도록 성중립적 언어로 쓰여야 하며, 다양한 형태의 성적 서비스를 포괄해야 한다고 주장한다(김영화 외, 2004).

2) 마르크스주의적 여성론

마르크스주의 여성론에서는 성매매를 임노동에 비유하고 있으나 정당한 것이 아닌, 자본주의의 속성에 따른 '임금노예'의 비열하고 강제적인 속성을 강조함으로써 정당하지 않음을 강조한다. 즉, 성매매여성들은 자본주의에서의 착취가 집약적으로 드러난 실체로, 자본주의 생산양식이 해체되고 사유재산제가 폐지되면 성매매 역시 사라질 것이라고 주장하고 있다.

3) 급진주의 여성론

급진주의 여성론의 일차적 관심이 사회적 성(gender)으로서의 여성과 현대 정치·사회구조에의 여성의 예속인 것처럼 성매매도 본질적으로 성별화되어 있음을 주장하고 있다. 그래서 성매매여성들은 여성들의 경제적 필요에 의해 비자발적으로 성매매에 유입되며, 성적으로 혹은 신체적으로 학대받는다는 점을 지적한다. 또한 신체적으로 학대받지 않는다 하더라도 그들이 그것을 자유롭게 선택하지 않았다는 점을 강조한다.

4) 포스트모던 여성론

성매매를 긍정적인 가치가 있는 것으로 보면서 성매매여성들을 성적 개척자로 성매매를 일종의 정치적 저항으로 보고 있다. 즉, 성매매 담론에 성매매여성들이 직접 참여함으로써 형성된 성매매여성 권리옹호자들은 성매매를 합법적인 직업으로 옹호하고 매매춘 여성들의 행위주체성을 주장한다.

성매매는 짧은 시간 동안 일하고 보다 많은 보수를 받으며 작업환경에 대한 상당한 통제를 제공하기 때문에 여성이 얻을 수 있는 대부분의 다른 직업보다 조건이 좋으며, 여성에게 알려진 다른 많은 유형의 지불노동보다 더 좋은 일거리라는 것이다. 뿐만 아니라 성매매여성이 아내보다 훨씬 더 독립적이기 때문에 성매매가 결혼하는 것보다 더 낫다고 생각하여 성매매를 합법적 직업으로 옹호하고 성매매여성들의 행위주체성을 주장한다. 예를 들어 독일의 경우 섹스산업종사자법에 따라 2002년 성매매를 합법화하였다. 이 법의 취지는 섹스산업종사자의 인권과 노동권, 건강권을 보호하고 거대한 규모의 섹스산업을 국가의 통제하에 두기 위한 것이었다.

이들의 논리에 있어 성매매여성의 주요 문제는 그 일의 성격이 아니라 성매매여성의 사업실행을 방해하고 그것을 차별화하는 법에 있다고 본다. 예를 들어 선전을 금지하는 법률, 호객행위를 금지하는 법률 등은 여성을 위협하는 남성에 대한 규제조차 없이 여성들을 거리로 내몰고 있으며, 성매매여성의 표현의 자유를 침해한다고 본다. 또한 성매매여성이 폭력이나 강간을 당하거나 사회로부터 멸시당하거나 혹은 직업에서의 낮은 지위가 법적인 제한들로부터 나온 결과라면 정책적 해결은 성매매를 직업화하는 것이라고 주장하고 있다. 그러나 이러한 견해는 일부 지역에서 행해지는 어린 소녀들의 성매매가 노예제도와 같은 관행을 가지며 불법 감금, 강제노동, 부채, 고문 등에 의존하고 있다는 점을 고려하지 못한 시각이라 할 수 있다.

4. 성매매 현황

1) 성매매 집결지 분포

2002년 현재 전국 전업형 성매매 집결지로 인지되는 지역 수는 총 69개 지역 2,938개 업소이다. 집결지 내에 종사하는 여성 수는 약 9,092명으로 추정되고 있고, 이 중 유리방이 진열된 지역이 30곳(43.5%), 주류와 함께 판매되는 지역이 30곳(43.5%)이다. 무허가·미등록 영업 집결지가 34개 지역이며 이 중 여신 관련 법률 위반혐의 집결지가 16개 지역으로 조사되고 있다. 연간 전업형 집결지의 매출규모는 최소 1조 3,000억 원에서 1조 8,000억 원으로 추정되고 있다. 이러한 수치는 성매매를 통한 지하경제의 규모를 짐작케 한다. 문제의 심각성은 이 수치가 추정치이므로 그 실제 규모는 훨씬 더 클 것으로 예상할 수 있다는 것이다.

2) 성매매 발생 현황

성매매의 규모를 정확히 그려내는 작업은 성매매 자체의 음성적 성격으로 인

| 표 14.3 | 풍속업소 현황

(단위 : 건)

구 분	업 종	업소수	관련 법령
총 계		580,884	
식품접객업소	*유흥주점	26,991	식품위생법
	*단란주점	16,205	
	일반음식점	390,053	
	휴게음식점	45,613	
	계	**478,862**	
공중위생업소	*숙박업	27,848	공중위생관리법
	*이용업	21,151	
	계	**48,999**	
음반·비디오물 및 게임물유통관리업소	*비디오물 감상실업	1,948	음반·비디오물 및 게임물에 관한 법률
	*노래연습장업	33,562	
	*일반게임장업	9,688	
	계	**45,198**	
체육시설업소	*무도학원업	974	체육시설의 설치·이용에 관한 법률
	*무도장업	55	
	계	**1,029**	
기 타	안마시술소	955	의료법
	변종풍속영업소	5,841	기타

자료 : 사이버경찰청, 2005

해 어려움을 겪을 수밖에 없다. 본 절에서는 경찰청의 풍속업 관련 단속상황을 가지고 성매매의 발생규모를 예상해 본다.

전국적으로 풍속업소의 수는 2005년 12월 31일 현재 58만 개소로 추정되고 있다. 이 중 '풍속영업의 규제에 관한 법률'상 풍속영업소(〈표 14.3〉의 *표된 9개 업종)의 비율을 보면 유흥주점이 4.65%, 단란주점이 2.79%, 숙박업이 4.8%, 이용업이 3.6%, 비디오물 감상실업이 0.34%, 노래연습장업이 5.8%, 일반게임장

| 표 14.4 | 범인성 유해업소 단속현황

업종 \ 위반유형		계	1유형					2유형			3유형	
			윤락행위	음란행위	사행행위	청소년고용	청소년상대영업(출입등)	변태영업	호객행위	무허가(정지중)영업	시간외영업	기타
총계	계	80,853	7,293	2,137	5,373	2,163	11,782	18,952	2,926	11,805	240	18,182
업종별	유흥주점	4,119	566	518	26	236	238	487	537	393	2	1,116
	단란주점	2,832	98	212	52	171	134	882	21	525	-	737
	일반음식점	16,850	221	313	1,324	676	4,693	2,841	177	4,935	-	1,670
	휴게음식점	3,772	265	45	354	674	481	696	3	579	-	475
	숙박업	1,362	381	53	54	21	551	67	9	83	-	143
	이용업	675	124	60	26	7	18	151	0	58	-	231
	목욕장업	102	6	20	15	1	6	15	2	19	-	18
	게임제공업	11,162	5	11	2,352	66	385	2,748	17	1,305	77	4,196
	비디오방	537	7	42	1	8	66	152	4	32	-	225
	노래연습장	19,330	7	356	11	216	685	9,644	13	1,236	33	7,129
	무도학원	45	0	2	1	0	0	5	0	17	0	20
	무도장	27	0	0	2	0	0	5	2	13	0	5
	전화방	161	26	47	0	2	0	-	1	8	-	77
	섹스숍	163	4	2	0	1	4	-	0	-	-	152
	변태마사지	1,365	1,021	149	1	6	18	-	12	-	-	158
	보도사무실	462	118	12	1	11	4	-	10	268	-	38
	기 타	17,889	4,444	295	1,153	67	4,499	1,059	2,118	2,334	128	1,792
조치	구 속	1,256	643	55	271	26	18	82	3	78	0	80
	불구속	75,832	10,762	2,307	5,670	2,139	11,711	20,293	339	11,555	231	10,825
	즉 심	3,663	10	1	104	0	21	86	2,710	133	1	597
	행정처분	57,443	2,037	1,762	3,852	1,972	10,168	18,431	322	6,247	222	12,430

자료 : 사이버경찰청, 2005

업이 1.67%, 무도학원업이 0.17%, 무도장업이 0.01%를 차지하고 있고, 총 풍속업소 중 위의 9개 업소가 차지하는 비율이 23%를 넘고 있다.

한편 경찰청의 유해업소의 단속현황을 통해 성매매의 발생 정도를 가늠해 볼 수 있는데, 〈표 14.4〉에서 보듯이 성매매 관련 문제의 소지를 가지고 있는 유해업소단속 중 1유형에 속하는 윤락행위(성매매), 음란행위, 사행행위, 청소년 고용이나 청소년 상대 영업이 총 단속건수 8만 853건 중 35.6%인 2만 8,748건을 차지하고 있음을 알 수 있다.

다른 한편 사이버경찰청의 범죄유형별 대상기록의 성격분포를 정리하면 성매매를 다루는 대표적인 법률인 '윤락행위등방지법(2004년 9월 이후 '성매매특별법'에 해당)'은 위반사건 총 236건이 모두 성매매 사건이며, '직업안정법' 위반사건은 74건 중 57건인 74.6%가 성매매와 직·간접으로 연관된 것으로 나타나 '직업안정법' 역시 성매매 범죄를 규제하는 주요한 법률임을 입증한다. 또한 '청소년성보호법'은 청소년 성매매뿐만 아니라 청소년에 대한 다양한 성폭력을 규

| 표 14.5 | 죄명별 사건의 주요 내용(2002)

<table>
<tr><th colspan="2">구 분</th><th>직업안정법</th><th>윤방법</th><th>청소년성보호법</th></tr>
<tr><td rowspan="3">성착취 관련</td><td>• 위계 및 경제적 이익을 미끼로 성매매 등 성착취 대상으로 삼은 사건</td><td>3(5.2)</td><td>7(2.9)</td><td>17(13.3)</td></tr>
<tr><td>• 과도한 선불금 또는 빚을 매개로 한 업자 간의 실질적인 매매사건</td><td>9(15.8)</td><td>8(3.9)</td><td>1(0.8)</td></tr>
<tr><td>소 계</td><td>12(21.0)</td><td>16(6.8)</td><td>18(14.1)</td></tr>
<tr><td rowspan="6">직업 소개 관련</td><td>• 선불금 또는 직업소개 요금 과다징수</td><td>12(21.1)</td><td>–</td><td>–</td></tr>
<tr><td>• 청소년 유해업소 공급</td><td>2(3.5)</td><td>–</td><td>1(0.8)</td></tr>
<tr><td>• 공중도덕상 해로운 업소 소개</td><td>3(5.3)</td><td>1(0.4)</td><td>–</td></tr>
<tr><td>• 부당한 근로자 공급</td><td>2(3.5)</td><td>–</td><td>–</td></tr>
<tr><td>• 등록·허가 없이 유료직업 소개</td><td>23(40.4)</td><td>1(0.4)</td><td>–</td></tr>
<tr><td>소 계</td><td>42(73.7)</td><td>2(0.8)</td><td>1(0.8)</td></tr>
<tr><td rowspan="4">성매매 관련</td><td>• 윤락행위</td><td>–</td><td>144(61.0)</td><td>2(1.2)</td></tr>
<tr><td>• 알선영업행위 및 접대부 공급</td><td>3(5.3)</td><td>65(27.5)</td><td>4(3.1)</td></tr>
<tr><td>• 청소년 성매수</td><td>–</td><td>3(1.3)</td><td>92(71.9)</td></tr>
<tr><td>• 기타</td><td>–</td><td>5(2.1)</td><td>11(8.6)</td></tr>
<tr><td colspan="2">합 계</td><td>57(100.0)</td><td>236(100.0)</td><td>128(100.0)</td></tr>
</table>

자료 : 사이버경찰청, 2004

제하기 위한 규정을 포괄하고 있다. 〈표 14.5〉에 나타나있듯이 성매매 관련 144건 중 88.9%인 128건이 청소년 성매수 관련 건이고, 기타 강간, 성추행 등 성폭력 관련 범죄사건이 16건으로 전체의 11.1%를 차지하고 있다. 이는 '청소년성보호법'이 주로 규율하는 대상범죄의 90%가 성매매 관련 범죄로, 성매매 통제가 주류를 이룬다는 것을 보여주고 있다(최선화, 2005).

성매매 관련 사건의 경우 범행목적을 보면, 다방 및 주점업 운영을 위해 성매매 알선영업을 하였다는 경우가 제일 높고(33.3%), 다음이 포주업 운영으로(23%) 나타나고 있다. 다음으로는 '돈을 목적'으로 성매매를 알선·매개하는 개별적인 "인적 매개형" 비율이 17%로 높은데, 대체로 호텔이나 유흥업소 종업원 등 접객업무를 담당하는 사람들이 고객을 유혹하거나 또는 고객의 요청에 의해 성매매 종사 여성을 '소개'하는 일종의 보도역을 담당하는 경우에 해당한다. 그 외에도 접객부를 유흥업소의 요청에 따라 일시적으로 연결시켜 주는 것을 소개업무처럼 소개 수수료를 받아서 행하는 경우도 15%에 이른다.

범죄통제 과정에서 겸업형 성매매 사건이 전업형 성매매보다 다소 통제율이 높기는 하지만, 전국에서 성매매 혐의업소의 분포비율에 비추어 보면, 범죄입증

| 표 14.6 | 주요 범죄의 여성범죄자수 및 여성비

(단위 : 명, %)

구 분	1997		2000		2004	
	인 원	여성비	인 원	여성비	인 원	여성비
절 도	4,213	7.9	7,075	10.8	9,091	15.5
사 기	77,276	29.4	64,353	25.7	101,109	30.7
배 임	1,760	25.0	1,534	19.7	1,489	20
폭 행	1,655	19.5	4,130	18.9	3,889	18.8
상 해	5,967	18.6	8,790	18.8	7,384	19.6
문서위조	2,795	22.6	3,664	22.3	5,375	26.0
간 통	5,772	50.0	5,578	46.5	4,059	45.5
도 박	6,008	18.3	9,166	16.3	6,603	18.2
성매매 등 위반	1,812	**61.7**	4,363	**53.8**	46,759	**15.2**
폭력행위 등 위반	35,919	11.7	59,591	12.9	4,447	45.1

자료 : 대검찰청(1991~2005). 범죄분석

가능성이 상대적으로 손쉬운 전업형 지역을 중심으로 단속·통제되는 경향이 강함을 알 수 있다.

그리고 〈표 14.6〉에서 알 수 있듯이 주요 범죄 중 성매매 위반 관련한 여성의 범죄비율은 1990년대 말 60% 이상에서 2004년 15.2%로 아주 낮아진 것을 알 수 있다. 이는 2004년 9월 23일부터 발효된 일명 성매매특별법의 효과라고 설명할 수 있을 것이다.

5. 성매매여성을 위한 복지정책

1) 성매매특별법으로의 전환

우리나라의 산업 내에는 엄청난 규모의 지하경제가 일종의 범죄수익을 통해 형성되고 있다. 그러나 성매매를 통한 막대한 범죄수익은 많은 경우, 정부에서 인정하는 사업장의 합법적 외피 속에서 부분·음성적으로 형성되고 있기 때문에, 그에 대한 적절한 통제방안을 찾는 일은 그다지 쉽지 않다. 이와 같은 구조적 현실 속에서 성매매 억제와 산업의 건전성을 회복하기 위한 보다 효과적인 정책으로 일명 '성매매특별법'이 제정, 시행(2004. 9. 23.)되기에 이르렀다.

성매매특별법이 기존의 윤락행위 등 방지법과 다른 점은 성을 파는 여성들의 '인권보호'를 주요 쟁점으로 한다는 것이다. 성매매를 '인권의 문제'로 전환시킨 것이다. 윤락행위 등 방지법은 폐기되고 성매매방지 및 피해자보호 등에 관한 법률과 성매매알선 등 행위의 처벌에 관한 법률이 시행되었다. 또한 '윤락'이라는 용어는 '성매매'로 대체되었고, 성매매 목적의 인신매매 개념이 도입되고, 성매매피해자 개념이 도입되어 이들은 형사처벌이 면제되었다. 성매매, 성매매알선이나 광고로 벌어들인 범죄수익은 전액 몰수·추징되며, 성매매 관련 범죄에 대한 처벌이 대폭 강화되었다. 이와 더불어 외국인 피해여성에 대해서는 강제퇴거명령이나 보호집행이 유예되며, 성매매여성에 대한 긴급구조, 법률 및 의료지원, 직업훈련, 자립에 이르는 전 과정을 국가에서 지원한다(여성부, 2004).

이러한 조치들은 성매매여성을 피해자로 보며 이들이 처한 현실을 감안하여 이들의 재활에 걸림돌이 되어 온 요소들을 제거해 주고, 사회적으로 재활할 수 있도록 국가적으로 지원해 주는 것을 내용으로 하고 있다.

| 표 14.7 | 윤락행위 등 방지법과 성매매특별법 간의 강화된 내용 비교

범죄유형	윤락행위 등 방지법	성매매 알선 등 처벌법
폭행·협박 위계 등, 보호·감독 관계이용으로 성을 파는 행위를 하게 한 경우 등	5년 이하 징역, 1,500만 원 이하 벌금	10년 이하 징역, 1억 원 이하 벌금(대가의 전부 또는 일부를 받거나 청소년, 심신장애자 등 상대 범행폭력조직 구성원의 범행은 1년 이상 유기징역)
감금 등 방법의 성매매 강요, 고용·관리자의 위계 등에 의한 낙태 등 강요, 성매매 목적 인신매매	없음	3년 이상 유지 징역
피보호·감독자에게 마약 등 사용, 폭력조직 구성원의 성매매 목적 인신매매 등	없음	5년 이상 유기 징역
영업으로 성매매 알선 등	5년 이하 징역, 1,500만 원 이하 벌금(윤락행위 유인·권유 및 상대방이 되도록 유인·권유·강요한 경우 3년 이하 징역, 1,000만 원 이하 벌금)	7년 이하 징역, 7,000만 원 이하 벌금
단순 성매매 알선 등	3년 이하 징역, 1,000만 원 이하 벌금(윤락행위 유인·권유 및 상대방이 되도록 유인·권유·강요한 경우 2년 이하 징역, 500만 원 이하 벌금)	3년 이하 징역, 3,000만 원 이하 벌금
성을 파는 행위 등의 소개·알선 목적 등 광고 행위	없음	상동
영업으로 위 광고물 제작·공급·게재한 행위	없음	2년 이하 벌금, 1,000만 원 이하 벌금(광고물이나 광고가 게재된 출판물의 배포행위는 1년 이하 징역, 500만 원 이하 벌금)
성매매 행위자	5년 이하 징역, 1,500만 원 이하 벌금	10년 이하 징역, 1억 원 이하 벌금(대가의 전부 또는 일부를 받거나 청소년·심신장애자 등 상대 범행폭력조직 구성원의 범행은 1년 이상 유기징역)
폭행·협박 위계 등, 보호·감독 관계이용으로 성을 파는 행위를 하게 한 경우 등	1년 이하 징역, 300만 원 이하 벌금, 구류 또는 과료	좌동(단, 보호처분 원칙)

2) 성매매 관련 복지서비스

성매매 관련 복지프로그램은 크게 제도적 차원의 공공복지대책과 민간 서비스로 나눌 수 있다. 공공복지대책에는 보건복지부에서 지원하는 '1366 여성상담전화'와 국가청소년위원회에서 지원하는 '1388 청소년 긴급전화'가 있다. 1366 긴급전화는 민간단체에 위탁·운영되고 있으며, 익명성을 선호하는 성매매여성들에게 접근이 용이한 서비스제도이다. 상담소는 전국의 시·군·구도 또는 시·군·구에 설치되어 있는 여성복지상담소와 주요 역이나 공원, 터미널, 성매매여성 집결지, 기지촌 등 취약지역에 설치되어 있는 간이상담소가 있다.

성매매피해 지원시설은 2006년 6월 현재 전국에 40개소가 설치·운영되고 있다. 시설의 정원은 요보호여성의 수에 비해 터무니없이 적으나, 현재는 대부분의 시설이 정원에 미달된 상태이다. 이는 지원시설의 프로그램운영에 문제가 있는 것은 아닌가 살펴봐야 할 부분이다. 2005년 8월 현재 전국의 성매매피해 지원시설은 35개소에 정원 602명이나 현원은 449명으로 입소율은 74.6% 정도이다(여성가족부, 2006).

여기에서 중요한 점은 성매매에 관련된 문제를 해결하기 위한 복지대책 수립을 위해서는 몇 가지 전제가 필요하다는 것이다. 성매매여성의 문제는 여성만의 문제가 아니라 남성과 결부된 성차별적 요소가 있으며, 이는 가부장제의 이중적 성윤리의 모순이 드러난 현상이므로 이러한 문제의 변화에 초점을 두어야 한다. 또한 성매매의 알선고리는 자본주의의 이윤추구적 속성과 결부되어 있으므로 불법 퇴폐향락업소의 문제를 간과하고서는 성매매여성의 문제를 해결할 수 없다.

성매매여성을 위한 복지대책으로는 다음과 같은 점들을 고려해야 한다.

첫째, 유해업소 연결고리와의 접촉방지를 위한 복지대책을 강구해야 한다. 그 실행책으로는 결연제도나 후원제도의 강화를 들 수 있다. 결손가정이나 불우한 가정의 10대 여자청소년들에게 결연제도나 후원제도를 광범위하게 마련·실시함으로써 어려운 처지에 있는 그들에게 경제·심리적 안정을 가져다 주어 유해업소 연결고리와의 접촉을 사전에 방지할 수 있을 것이다. 또한 인신매매의 사례, 구인광고의 허구성, 직업소개소의 변칙적 영업, 잘못된 주변의 유혹 등에 관하여 광범위하게 홍보함으로써 유해업소에 고용되는 것을 방지할 수 있을 것이다. 그리고 이러한 대책은 가족정책과 사회보장제도 등의 강화를 통해 새로운 성매매여성의 유입을 방지할 수 있는 예방서비스 강화로 이어져야 할 것이다.

둘째, 유해업소 알선기관에 대한 대책을 마련해야 한다. 공식 기구인 결혼상담소, 직업소개소, 보도사무소 등에서 일어나는 유해업소 알선행위를 차단해야 한다.

| 표 14.8 | 성매매피해 지원시설

지 역	일반 시설	청소년 시설
서울(15)	은성원 한국여성의집 마인하우스 다시함께쉼터 여울쉼터 휴먼케어센터 나자렛성가정공동체 자립지지공동체여성쉼터 너른쉼터 막달레나의집	씨튼해바라기의집 새날을 여는 청소년 쉼터 우리들쉼자리 평화의샘 유프라시아의집
부산(5)	해뜨는집 살림쉼터 부산여성의집	웨슬리마을시나는디딤터 구세군신애관
대구(4)	대구여성회부설성매매쉼터 '무명' 소망의집	가톨릭여자기술원 수지의집
광주(1)	성매매여성지원쉼터 '한올지기'	
대전(2)	구세군 정다운집	우리청소년쉼자리
울산(2)	울산YWCA씨밀레	성심새롬터
경기(2)	새움터 열린터	
강원(1)		선혜원
충남(1)	여신	
전북(1)	성매매피해여성쉼터 '민들레'	
전남(1)		여수사랑의집
인천(1)	강강술래	
경남(3)	해바라기쉼자리	창원여성의집 로뎀의집
제주(1)	제주성매매피해여성지원쉼터	
계	40개소	

2006년 6월 30일 현재

| 표 14.9 | 성매매피해 상담소

지 역	상담소명
서울(6)	쏘냐의집 다시함께센터 성매매피해자위기지원센터 막달레나의집 성매매피해상담소 '이룸' 강서구성매매피해상담소
부산(3)	해솔 부산성매매피해여성지원센터 '살림' 부전현장상담센터
인천(1)	성매매피해상담소 '강강술래'
대구(2)	힘내(2005.6.30.) 대구성매매피해여성상담소
광주(1)	광주성매매피해상담소 '언니네'
대전(1)	성매매여성인권지원상담소 '느티나무'
울산(1)	YWCA현장상담센터
경기(4)	새움터 경원사회복지회열린여성상담소 '열린' 두레방 파주여성인권센터
충북(1)	청주가정별률상담소 부설 충북성매매피해상담소
충남(1)	구세군대한본영 천안여성현장상담센터
전북(1)	전북성매매여성현장상담센터
전남(2)	순천여성인권지원센터 성매매피해여성현장상담센터 '새날지기'
경북(1)	성매매피해자현장상담소 '새날'
경남(1)	마산YWCA현장상담센터
제주(1)	성매매현장상담센터
계	27개소

2006년 6월 30일 현재

| 표 14.10 | 성매매피해 상담소 현황

(단위 : 개소, 건, %)

연 도		2003		2004		2005.6	
시설수		7		17		27	
계		27,380	100.0	32,382	100.0	29,231	100.0
상담 내용 및 건수	탈성매매	8,955	32.7	8,112	25.1	6,142	21.1
	빚문제	6,817	24.9	7,144	22.1	5,485	18.8
	구타·감금·성폭행	813	3.0	2,571	7.9	1,860	6.4
	질 병	924	3.4	2,169	6.7	1,787	6.1
	가정·주거문제	784	2.9	1,222	3.8	-	-
	임신·미혼모	71	0.3	559	1.7	760	2.6
	기 타	9,016	32.9	10,605	32.7	13,197	45.1

자료 : 여성가족부(2005), 여성백서

셋째, 고용중인 성매매여성에 대한 복지대책의 강화이다. 무엇보다도 소득이 낮은 계층일수록 의료보험의 혜택을 받지 못하고 있는 실정이므로 이들이 의료보호의 혜택을 받을 수 있도록 제도적 장치를 확립해야 할 것이다. 또한 상담서비스가 활성화되어야 한다. 2005년 6월 현재 전국의 27개소의 성매매피해 상담소는 확대·설치되어야 하며 전문상담가를 배치하여 효율적이며 실제적인 상담이 이루어져야 할 것이다. 더불어 사회복지전문가에 의해 이루어지는 현장접근서비스가 강화되어야 한다. 이 서비스는 성매매 현장에 고용된 여성에게 성적 서비스 산업에 의해 초래된 삶에 대해 스스로 인지할 수 있는 기회의 제공을 목표로 삼는다. 현장접근 서비스를 줄 수 있는 기관의 형태는 거리에서 제공하는 노상서비스, 급식제공 등 일정 시간대에 이루어지는 서비스, 이동차량 서비스, 유해업소가 많은 지역에 광범위하게 설치하는 것이 효과적인 간이편의시설 서비스 등을 들 수 있다.

넷째, 유해업소를 벗어난 성매매여성들이 빠른 시간 내에 안정적으로 사회에 복귀할 수 있는 대책이 마련되어야 한다. 이를 위한 직업훈련, 고등교육 기회의 부여, 개인보건교육, 부모역할교육 등으로 구성된 사회적응 훈련프로그램이 마련되어야 할 것이다.

3) 성매매피해여성 자활지원방안

성매매피해여성 자활지원 서비스를 현재 진행되고 있는 내용을 중심으로 살펴본다.

(1) 성매매피해여성의 자활지원시스템 구축

성매매피해여성 자활지원시스템의 구축을 위해 현장상담센터, 성매매피해자 지원시설, 그룹홈 설치 확대를 통한 단계별 지원체계를 구축하고 있다. 현장의 상담센터는 2006년 6월 현재 27개소에서 30개소로, 일반·청소년 지원시설은 40개소에서 65개소로, 자활지원센터는 2개소에서 10개소로, 외국인여성 지원시설은 3개소에서 16개소로 확대 구축될 것이다. 또한 성매매 현장활동가 및 시설 종사자 인력양성을 통한 인적 인프라 구축을 위해 한국양성평근진흥원에 상담원 등 양성교육과정을 운영 중이다(2005. 5. 현재 143명 이수).

| 표 14.11 | 탈성매매여성 자활지원센터 현황

지 역	시설명
전 북	여성자활지원센터
경 기	새움터
계	2개소

2006년 6월 31일 현재

| 표 14.12 | 외국인쉼터 현황

지 역	시설명
서 울	벗들의집
경 기	안양전진상복지관
경 남	창원늘푸른쉼터
계	3개소

2006년 6월 31일 현재

(2) 피해여성들의 요구를 반영하는 서비스 제공

피해여성들의 요구를 반영하는 서비스를 다양하게 제공하고 있다.

① 상담소 및 지원시설서비스 다양화

일인당 총액 760만 원 한도 내에서 선택적 사용이 가능한 치료, 법률, 직업훈련 등 서비스 지원방식을 개선하였고, 자신감 향상, 삶의 목표 설정, 변화 유지 등을 위한 전문 상담심리프로그램 실시를 통해 심층상담, 정서회복 등을 위한 치료회복프로그램을 운영하고 있다.

② 다양한 주거지원책 마련

기존의 지원시설(35개소) 외에 그룹홈(group home) 형태의 입소시설을 설치하여 지원시설 입소자 중 취업·창업자 등 자활 가능성이 큰 여성에게 우선 제공하고, 중소규모 주택 또는 아파트를 임차하여 운영하며, 5~10명 내외 인원의 입소를 원칙으로 하고 전담상담원(5명 당 1인)을 배치한다.

또한 공공임대주택을 확보하여 그룹홈으로 활용하는데, 그 지원대상은 부양가족이 있는 자 우선 등의 선정기준을 마련하였다.

③ 자활지원프로그램의 다양화·내실화

피해여성들을 상대로 한 초기 상담 시 수혜자 개개인에 대한 수요조사를 실시하고 신뢰관계를 형성하여 개인별 장래희망, 적성 등을 고려한 지원책을 마련하였다. 또한 자활프로그램을 표준화하여 본 프로그램을 모든 시설에 보급해 이를 응용·적용토록하였으며, 현행 6개월로 되어 있는 기본 입소기간을 1년으로 연장하는 성매매피해자보호법의 개정을 추진하고 있다.

더불어 앞에서 언급된 내용들이 취업으로 연결될 수 있도록 맞춤식 교육프로그램을 강화하였다. 그 내용으로는 알코올·심리 치료, 교양강좌 등 다양한 선택프로그램을 제공하고, 학력과 무관하게 자신의 적성 등을 고려해 직업탐색교육을 강화하고, 철저한 취업준비과정을 거쳐 취업 시까지 1:1로 대응해 관리하며, 취업과 창업성공률을 지원시설 평가에 포함한다.

④ 상담원 양성확대

상담원 양성은 2005년의 80명 양성계획에서 하반기에 120명을 추가 실시하는 계획으로 변경하였다. 2005년 3월 현재 190여 명의 상담원이 각종 시설에서 활동 중에 있다.

⑤ 신용회복지원사업 확대

본 사업으로는 신용회복위원회와 업무협약을 체결하여 지원시설 입소자 중 금융기관 채무자에 대하여 이자면제, 상황기간 유예, 신용불량 신분해제 등의 특별조치를 취하였다. 한편 개인부채 문제해결을 위한 전문상담을 실시하였고, 시설 비입소자에게도 확대·실시될 것이다.

내용 요약

1. 자본주의는 가부장적 성문화와 결탁하여 여성의 신체에 대한 물상화와 향락산업의 번창을 초래하였고, 가부장적 자본주의 성문화의 대표적인 예가 성매매인 것이다.
2. '성매매'란 경제적 이득을 목적으로 여성의 몸을 매매하고 상품화하여 착취하는 것을 말하고, 아동매매, 인신매매, 매매춘을 모두 포함하며, 향락업소, 유해업소 등에서의 '퇴폐행위', '유해행위'로 성매매 현상을 설명하기도 한다.
3. 성매매특별법이 기존의 윤락행위 등 방지법과 다른 점은 성을 파는 여성들의 '인권보호'를 주요 쟁점으로 한다는 점이다. 즉, 성매매를 '인권의 문제'로 전환시킨 것이다.

CHECK 생각해 봅시다

1. 성매매의 여러 유형을 비교·설명해 봅시다.

2. 성매매의 발생요인과 알선고리에 대해 설명해 봅시다.

3. 성매매 관련 복지서비스의 내용에 대해 생각해 봅시다.

4. 성매매피해여성들의 자활지원 방안에 대해 생각해 봅시다.

제 15 장

장애와 여성

주요 용어 | 신체적 손상/능력장애/사회적 불리, 역할상실, 이중차별, 자기결정권, 당사자 중심주의, 차별화된 복지서비스

1. 장애와 여성장애인

장애인을 어떻게 정의하느냐에 따라 여성장애인에 대한 개념과 정책적 접근도 달라지게 된다. 장애인의 개념은 시대에 따라 조금씩 변화하며 범위가 확대되어 왔다. 최근 들어 장애의 개념은 개인의 신체적 손상에서 사회적 제한으로 확대되고 있다. UN(국제연합)은 1981년을 '세계 장애인의 해'로 정하고 개인의 신체적 손상(impairment), 능력장애(disability), 사회적 불리(handicap)로 구별해야 할 필요성을 강조하였다. WHO(세계보건기구)에서도 1980년 국제장애분류(ICIDH : International Classification of Impairments, Disabilities and Handicaps)를 통해 장애에 대한 개념을 확대하였고, 1997년부터는 장애(disablement)의 새로운 개념과 분류기준을 마련하고 있다. 이 분류에서 장애는 기본적으로 환경과 개인 간의 상호 작용과 같은 상황적 요인(contextual factors)을 장애개념으로

채택하고 있으며, 손상 또는 기능장애(impairments), 활동(activities), 사회적 참여(participations)의 장애로 구분하고 있다.

그리고 '여성장애인'이란 하나 혹은 그 이상의 신체·정신적 장애를 지니면서 사회적 장애를 경험한 여성이다. 여기에는 손상의 심각성, 문화적 배경 또는 생활공간이 지역사회이든 시설이든 상관없이 장애소녀를 비롯한 모든 연령대의

| 표 15.1 | 장애인복지법에 따른 장애유형 분류

<table>
<tr><th>대분류</th><th>중분류</th><th>소분류</th><th>세분류</th><th>확대예상 장애범주</th></tr>
<tr><td rowspan="12">신체적 장애</td><td rowspan="6">외부 신체 기능의 장애</td><td>지체장애</td><td>절단장애, 관절장애, 지체기능장애, 변형 등의 장애</td><td></td></tr>
<tr><td>뇌병변장애</td><td>중추신경의 손상으로 인한 복합적인 장애</td><td></td></tr>
<tr><td>시각장애</td><td>시력장애, 시야결손장애</td><td></td></tr>
<tr><td>청각장애</td><td>청력장애, 평형기능장애</td><td></td></tr>
<tr><td>언어장애</td><td>언어장애, 음성장애, 구어장애</td><td></td></tr>
<tr><td>안면장애</td><td>안면부의 추상, 함몰, 비후 등 변형으로 인한 장애</td><td></td></tr>
<tr><td rowspan="6">내부 기관의 장애</td><td>신장장애</td><td>투석치료 중이거나 신장을 이식받은 경우</td><td rowspan="2">소화기장애, 비뇨기장애, 만성통증, 기타 암</td></tr>
<tr><td>심장장애</td><td>일상생활이 현저히 제한되는 심장기능 이상</td></tr>
<tr><td>간장애</td><td>일상생활이 현저히 제한되는 만성·중증의 간기능 이상</td><td></td></tr>
<tr><td>호흡기장애</td><td>일상생활이 현저히 제한되는 만성·중증의 호흡기기능 이상</td><td></td></tr>
<tr><td>장루·요루장애</td><td>일상생활이 현저히 제한되는 장루·요루</td><td></td></tr>
<tr><td>간질장애</td><td>일상생활이 현저히 제한되는 만성·중증의 간질</td><td></td></tr>
<tr><td rowspan="3">정신적 장애</td><td colspan="2">정신지체</td><td>지능지수가 70 이하인 경우</td><td></td></tr>
<tr><td colspan="2">정신장애</td><td>정신분열병, 분열형 정동장애, 양극성 정동장애, 반복성 우울장애</td><td>만성 알코올·약물중독, 기질성뇌증후군, 치매</td></tr>
<tr><td colspan="2">발달장애(자폐증)</td><td>소아자폐 등 자폐성 장애</td><td>기타 정신발달장애</td></tr>
</table>

여성이 포함된다. 여성장애인은 제한된 사회적 역할과 성인의 역할을 성취하는 데 필요한 제도적 수단의 부재로 인해 '역할상실(roleless)'을 경험하는 사람으로 개념화되기도 한다(오혜경·김정애, 2000).

1) 장애의 사회적 측면

일반적으로 장애의 개념은 WHO의 정의에 따른다. WHO는 1980년 장애의 계층적 개념을 도입하여 장애를 아래와 같이 분류하고 있다.

① 신체손상

심리·신체적 또는 해부학적인 구조나 기능의 손실을 가져다준 영구적 또는 일시적인 병리적 상태를 말한다.

② 기능장애

생산적인 일상생활을 하기 위한 기능적 능력의 감소를 말하는 것으로서, 각종 기능상실로 인해서 일상생활이나 취업행위를 해나가는 데 받는 제한 또는 장애를 일컫는다. 중요한 사실은 기능상실이 반드시 기능장애를 수반하지 않는다는 점과 기능상실이 일반적으로 영구적인 성질을 가지고 있는 데 비해 기능장애는 적절한 치유에 의해서 제거 또는 완화될 수 있다는 것이다.

③ 사회적 불리

신체손상에 따라 독립성, 교육, 취직 등이 저해되는 사회적 장애를 말한다. 사회적 불리는 사회적 장애로 인해 야기되는 사회적 결과를 총칭하며, 기능상실과 사회적 장애는 상대적인 의미를 가지고 있어서 한 개인의 사회·경제·교육적 배경 또는 성격구조에 따라 사회생활을 영위해 나가는 데 제한의 요소가 될 수도 있고 안 될 수도 있다.

장애인에 대한 사회적 정의는 '정상'이라고 정의되는 것들과 배치되는 '비정상'으로 정의가 내려지고, 일탈적이고 신체적인 문제를 지닌 사회적으로 능숙하지 못한 것들의 개념이 나열되며, 결과적으로 규범에서 벗어난 사람이 된다. 여기에서 주목하여야 할 것은 어떤 개인에게 장애가 있는지를 결정하는 데에는,

또는 누군가를 장애인으로 만드는 데에는 신체·정신적 제약 외에도 사회·환경적 요인이 함께 작용한다는 것이다(Olson, 1989). 또한 포프(Pope, 1991)는 장애를 "사회·문화적으로 기대되는 역할을 수행하는 데 제한이 되는 신체·정신적 조건"이라고 설명하고 있고, 올리버(Oliver, 1990)는 "사회적 구성물로서의 장애" 개념을 제시하며 개인적 경험으로 보이는 장애는 개인의 특성, 생물학적 조건이 아니라 전적으로 사회적 성격임을 강조하고 있다. 그러므로 장애의 극복과 예방은 개인의 기능적 능력을 재활시킴으로써 가능할 뿐 아니라 기능장애가 있는 사람에 대한 사회의 태도를 바꿀 때 실현되는 것이다.

여기에서 여성장애인의 문제는 단순히 장애인의 문제만이 아니라 남성우월적인 가부장적 사회에서 여성으로서의 차별을 받는다는 점이다. 즉, 장애차별과 성차별이라는 이중차별의 문제로 정의된다. 일반적으로 성차별 현상은 여성은 남성에 비해 경제적으로나 사회적으로 낮은 지위에 있으므로 남성과 여성 사이에 위계질서가 형성되어 여성이 받는 차별적 대우가 제도적으로 나타나게 된다. 많은 경우 여성은 본인이 지닌 능력이나 기술에 관계없이 여성이라는 이유만으로 그 역할이 상단부분 결정되었고, 또한 차별적 대우를 받았다. 그러므로 여성장애인의 경우에는 장애 자체에 대한 편견과 여성장애에 대한 편견이 동시에 작용하게 된다. 즉, 장애여성은 장애인이 받는 사회적 편견과 배제를 겪음과 동시에 여성이라는 이유로 장애가 없는 여성과 비슷한 사회적 차별을 경험한다. 이렇게 장애여성에게는 장애와 여성이라는 이중의 요소가 작용하기 때문에 장애남성보다 그리고 장애가 없는 여성보다 더 낮은 사회적 지위를 점하게 되는 것이다.

2) 여성장애인의 복지를 위한 전제

여성장애인의 복지를 위한 과제를 해결해 나가기 위한 전제조건은 여성과 장애인과의 연대 속에서 여성장애인으로서의 독자성이 있어야 하며, 이것은 장애인 문제나 여성문제를 해결하기 위한 흐름에 반하는 시도가 아닌, 여성장애인의 적절한 고유성과 정체성을 확립하기 위한 시도라는 인식에서 출발하여야 한다(김효진, 2001). 이러한 인식의 출발점에는 다음의 세 가지가 전제되어야 한다.

(1) 자기결정권

자기결정권이란, 장애인이 주체적 삶을 보장받고 스스로의 삶에 대한 결정권을 가지며 스스로 자기 삶의 책임자가 되기 위한 평등한 권리를 의미한다. 장애인 자신은 스스로에게 필요한 것이 무엇인지를 가장 잘 알고 있으며, 자신의 삶을 스스로 관리하고 조절할 권리가 있다. 특히 장애여성의 경우 의존적이고 무능력한 존재로 규정되면서 자기결정권을 심각하게 침해받고 있다.

(2) 당사자 중심주의

장애인문제 해결을 위한 지속적인 노력에도 불구하고 두드러지는 결과를 도출하지 못하고 있는 것은 장애인 당자사들의 요구를 당사자가 아닌 이들이 대변해 온 것에 문제가 있다고 할 수 있다. 자신의 이익은 자신이 투쟁하지 않으면 보장될 수 없다는 논리는 노동자, 소수집단문제, 여성문제를 다룰 때 거론되는 자기대표성의 원리(self-representation)로 설명된다. 그러나 유독 장애인의 경우에는 전문가나 서비스 제공자의 조언이 장애인의 견해를 대표하는 것으로 간주되었다. 1980년대 이후의 장애인운동에서 여성장애인들은 수적으로 대등했음에도 장애인운동에서 주변화되었다. 따라서 장애여성들 스스로가 조직을 통해 독자적 목소리를 냄으로써 사회환경을 변화시키고 주체적인 존재로서 자리를 잡아야 하는 것이다.

(3) 적극적 참여와 기회균등

장애인의 문제는 동정과 시혜로 해결될 수 있는 것이 아니다. 장애인들에 대한 동등한 기회보장과 장애인들 자신의 적극적 참여만이 그들의 문제를 해결할 수 있는 것이다. 특히 장애여성의 경우 일반적으로 여성들이 경험하는 교육, 고용, 정치, 문화 영역의 불평등을 겪을 뿐 아니라, 장애라는 특성이 낳는 욕구를 사회가 제대로 충족시켜 주지 못하기 때문에 일상생활에 적극적으로 참여하거나 균등한 삶의 기회를 누리기가 어렵다. 따라서 장애여성의 적극적인 참여와 기회의 균등을 위해서는 교육권, 재활권, 노동권, 사회보장권, 자립생활권 등에 대한 참여권과 영향력을 행사할 권리 등이 필요한 것이다.

2. 여성장애인 현황

1) 장애인 현황 일반

장애인의 현황에 대한 조사는 한국보건사회연구원에서 실시하는 장애인 실태조사가 가장 광범위 한 것으로 본 조사를 중심으로 내용을 살펴보면 다음과 같다.

보건복지부에 등록된 장애인수를 보면 2005년 현재 214만 9,000명이며, 출현율은 4.59%인 것으로 추정된다. 이를 2000년의 실태조사와 비교해 보면, 장애인은 약 69만 9,000명 정도가 증가하였으며, 장애인 출현율은 1.5% 증가하였다. 이처럼 장애인의 수와 출현율이 증가한 것은 2003년 7월 장애주기가 기존의 10종에서 15종(호흡기 장애, 간장애, 안면장애, 장루·요루장애, 간질장애 등 5종 추가)으로 확대되었기 때문이며, 장애인에 대한 거부감 감소와 장애인복지 시책의 다양화 등으로 장애인 등록이 많아진 것으로 설명할 수 있다. 또한 인구 고령화 및 각종 사고의 증가, 만성질환 증가 등으로 인하여 장애발생률 자체도 높아지는 것으로 유추된다.

2005년 현재 장애인의 성 및 연령별 장애출현율은 남자의 경우 백명당 5.51명, 여자는 3.53명으로서 남자의 장애출현율이 여자에 비해 높은 것으로 나타났다. 이는 2000년도의 조사에서도 남자가 여자보다 높게 나타난 결과와 동일하다(남

| 표 15.2 | 장애인수

(단위 : 천 명, %)

연 도	계	장애종별				출현율 (1,000명당)
		지체뇌변병	시 각	청각·언어	정신지체	
1985	915	533	59	244	79	22.2
1990	956	458	186	241	71	22.1
1995	1,053	704	75	193	81	23.5
2000	1,450	828	182	176	264	30.9
2005	2,149	1,084	198	196	671	45.9

자료 : 장애인실태조사, 2005

자 3.86%, 여자 2.34%). 모든 연령에 있어서 남자의 출현율이 여자에 비해 높은 것으로 나타났다. 그 결과 남성장애인은 전체 재가장애인의 59.9%인 125만 8,231명, 여성장애인은 40.1%인 84만 2,826명으로서 남성장애인이 여성장애인에 비해 41만 5,405명이 많았다. 전체적으로는 연령이 높아짐에 따라 장애출현율이 증가하고 있으며, 40대 후반 이후부터 출현율이 급격하게 증가하고 있다.

한편 우리나라 사회복지시설에는 최소한 4만 7,418명의 장애인이 생활하고 있는 것으로 나타났다. 남성장애인은 2만 4,789명, 여성장애인은 2만 2,629명으로 남성이 여성에 비해 2,160명이 많은 수준으로 재가장애인만큼 성별 격차가 크게 나타나고 있지는 않다. 다만, 80세 이상인 경우 남성장애인은 740명 정도인 반면 여성장애인은 3,777명으로 남성장애인에 비해 5배 이상 많았다.

| 표 15.3 | 등록 장애인수

(단위 : 명, %)

추정 장애인	등록 장애인	장애종별					등록률
		지체뇌변병	시 각	청각·언어	정신지체	신장장애 등 9종	
2,148,686	1,777,400	1,126,703	188,172	174,302	126,764	161,459	82.7

자료 : 보건복지부, 2006

| 표 15.4 | 전국 장애인 추정수

(단위 : 명, %)

구 분		재가장애인	시설장애인	전 체
2000	장애인수	1,398,177	51,319	1,449,496
	출현율	2.98	–	3.09
2005	장애인수	2,101,057	47,629	2,148,686
	출현율	4.50	–	4.59

자료 : 장애인실태조사, 2005

| 표 15.5 | 성별 재가장애인 출현율

(단위 : 명, %)

구분	남 자			여 자			전 체		
	추정수	구성비	출현율	추정수	구성비	출현율	추정수	구성비	출현율
계	1,258,231	100.0	5.51	842,826	100.0	3.53	2,101,057	100.0	4.50

자료 : 한국보건사회연구원, 2005년도 장애인 실태조사

| 표 15.6 | 성별·연령별 시설장애인 구성비

(단위 : 명, %)

구 분	남 자		여 자		전 체	
	추정수	구성비	추정수	구성비	추정수	구성비
0~4세	212	0.9	178	0.8	390	0.8
5~9세	726	2.9	497	2.2	1,223	2.6
10~14세	1,199	4.8	808	3.6	2,007	4.2
15~19세	1,481	6.0	1,003	4.4	2,484	5.2
20~24세	1,770	7.1	1,197	5.3	2,967	6.3
25~29세	1,777	7.2	1,261	5.6	3,038	6.4
30~34세	1,992	8.0	1,381	6.1	3,373	7.1
35~39세	2,200	8.9	1,616	7.1	3,816	8.0
40~44세	2,330	9.4	1,577	7.0	3,907	8.2
45~49세	2,506	10.1	1,655	7.3	4,161	8.8
50~54세	2,101	8.5	1,234	5.5	3,335	7.0
55~59세	1,605	6.5	969	4.3	2,574	5.4
60~64세	1,401	5.7	935	4.1	2,336	4.9
65~69세	1,260	5.1	1,223	5.4	2,483	5.2
70~74세	923	3.7	1,539	6.8	2,462	5.2
75~79세	566	2.3	1,779	7.9	2,345	4.9
80세 이상	740	3.0	3,777	16.7	4,517	9.5
계	24,789	100.0	22,629	100.0	47,418	100.0

자료 : 한국보건사회연구원, 2005년도 장애인 실태조사

2) 여성장애인 현황

2005년 현재 보건복지부 등록 장애인은 169만 9,329명이고 이 중 남성장애인이 109만 3,650명, 여성장애인이 60만 5,679명으로 남녀비가 64.4 : 35.6으로 나타난다.

장애인은 비장애인과 달리 노동시장에서의 차별 관행이라든가 또는 장애로 인하여 취업에 어려움이 많기 때문에 노동시장에 진입이 어려운 것이 현실이다. 여성장애인의 경우 상황이 더욱 열악함은 더 말할 나위도 없는 것이다.

ILO 기준을 적용하였을 경우, 15세 이상 장애인 중 실업자는 8만 2,204명이며, 성별로 보면, 남성장애인의 인구대비 취업자 비율은 43.5%이고, 여성장애인은 20.2%로써, 남성장애인이 여성장애인에 비해 높은 수준을 나타내고 있다.

| 표 15.7 | 남녀별 장애인 등록현황

(단위 : 명, %)

구 분	계	남	비율(%)	여	비율(%)
계	1,699,329	1,093,650	64.4	605,679	35.6
지 체	923,183	618,157	67.0	305,026	33.0
시 각	180,526	115,616	64.0	64,910	36.0
뇌병변	154,614	92,540	59.9	62,074	40.1
청 각	151,184	88,434	58.5	62,750	41.5
정신지체	123,868	76,142	61.5	47,726	38.5
정 신	59,223	33,218	56.1	26,005	43.9
신 장	40,288	22,640	56.2	17,648	43.8
언 어	13,874	10,135	73.1	3,739	26.9
심 장	12,226	7,549	61.7	4,677	38.3
호흡기	10,815	8,609	79.6	2,206	20.4
장루·요구	8,848	5,672	64.1	3,176	35.9
발 달	8,754	7,221	82.5	1,533	17.5
간 질	6,032	3,401	56.4	2,631	43.6
간	4,583	3,551	77.5	1,032	22.5
안 면	1,311	765	58.4	546	41.6

2005년 6월 현재

여기에서 장애인의 미취업 원인 고려 시* 실업률은 23.1%로 2000년의 28.4%에 비해 5.3% 감소하였으며, 성별로 보면 남성장애인은 21.1%, 여성장애인은 28.8%로 여성장애인의 실업률이 남자보다 7.7% 높게 나타난다. ILO 기준 적용 시 남성장애인의 실업률이 높았으나, 미취업 원인 고려 시 여성장애인의 실업률이 높은 것으로 나타나 실망실업자가 여성장애인 중 많이 있음을 유추해 볼 수 있다.

---

* 이 경우 '실망실업자'가 포함된다. 실망실업자란 취업가능성이 적어서 적극적으로 구직활동을 하고 있지 않지만 일자리가 생기면 언제라도 취업할 의사가 있는 사람을 말한다.

| 표 15.8 | 재가장애인 성별 취업인구 및 취업률(ILO 기준)

(단위 : 명, %)

구분	15세 이상 인구	경제활동인구			비경제 활동인구	경제활동 참여율	취업률	실업률	인구대비 취업자 비율
		계	취 업	실 업					
남자	1,213,801	591,930	528,508	63,422	621,871	48.77	89.29	10.71	43.54
여자	822,987	185,229	166,447	18,782	637,758	22.51	89.86	10.14	20.22
계	2,036,788	777,159	694,955	82,204	1,259,629	38.16	89.42	10.58	34.12

자료 : 한국보건사회연구원, 2005년도 장애인 실태조사

| 표 15.9 | 재가장애인 성별 취업인구 및 취업률(미취업 원인 고려 시)

(단위 : 명, %)

구분	15세 이상 인구	경제활동인구			비경제 활동인구	경제활동 참여율	취업률	실업률	인구대비 취업자 비율
		계	취 업	실 업					
남자	1,213,801	669,565	528,508	141,057	544,236	55.16	78.93	21.07	43.54
여자	822,987	233,704	166,447	67,257	589,283	28.40	71.22	28.78	20.22
계	2,036,788	903,269	694,955	208,314	1,133,519	44.35	76.94	23.06	34.12

자료 : 한국보건사회연구원, 2005년도 장애인 실태조사

| 표 15.10 | 장애인 가구의 월평균 소득과 지출

(단위 : %)

구 분	2000년		2005년	
	소 득	지 출	소 득	지 출
50만 원 미만	25.3	20.7	16.2	13.4
55~99만 원	27.2	33.3	22.8	25.8
100~149만 원	19.4	23.2	17.3	20.6
150~199만 원	12.1	12.3	13.5	15.5
200~249만 원	6.6	6.1	10.2	12.1
250~299만 원	3.0	2.0	5.9	4.5
300~349만 원	6.2	2.4	5.9	4.7
350~399만 원			2.1	1.1
400~449만 원			1.9	1.3
450~499만 원			0.9	0.1
500만 원 이상			3.4	1.0
계	100.0	100.0	100.0	100.0
평 균	108.2	98.9	157.2	134.5

자료 : 한국보건사회연구원, 2005년도 장애인 실태조사

한편, 2005년 현재 장애인 가구의 월 평균 소득분포를 보면, 50~99만 원이 22.8%로 가장 많고, 다음이 100~149만 원으로 17.3%를 차지하고 있다. 50만 원 미만이 16.2%로 전체 장애인 가구의 절반 이상이 월 150만 원 미만의 소득이 있는 것으로 나타났다. 전체 장애인 가구의 월 평균 총소득은 157만 2,000원으로 나타나고 있다. 이는 장애인의 소득 정도가 얼마나 열악한가를 설명해 주고 있다.

또한 〈표 15.11〉에서 볼 수 있듯이 2005년 현재 장애인 가구의 주된 수입원은 가구주의 소득이 49.7%, 가구원의 소득이 18.2%, 별거가족·친척 등의 지원이 10.8%의 순으로 나타나고 있으며, 정부지원에 의존하는 형태인 국민기초생활보장급여는 2000년 5.8%에서 2005년 9.6%로 확대되어 기초생활수급제도의 확대 현상을 반영하는 것으로 설명할 수 있다. 그러나 이는 비장애인 가구에 비해 상대적으로 국가로부터 받는 국민기초생활보장급여의 비율이 높은 것으로 나타나 장애인의 경제적인 어려움 정도를 나타내고 있으며, 이는 여성장애인의 소득 수준을 가늠하게 한다.

최근 한 연구에 의하면(여성장애인 고용실태에 관한 연구, 2003), 여성장애인은 승진과 임금, 채용, 정년, 퇴직 및 해고의 순으로 남성장애인에 비해 차별을 받고 있다고 생각하며, 모든 영역에서 50% 이상의 여성장애인이 남성장애인에 비해 불리하다고 평가하고 있다. 심지어 인격적 대우와 퇴직 및 해고의 경우는 60% 이상의 여성장애인이 남성장애인보다 불리하다고 생각하고 있는 것으로 나

| 표 15.11 | 장애인 가구의 주된 수입원

(단위 : 가구, %)

구 분	2000년		2005년	
	추정치	구성비	추정치	구성비
가구주의 소득	691,623	53.0	967,067	49.7
가구주 외 가구원의 소득	244,013	18.7	352,930	18.2
연금이나 퇴직금	41,871	3.2	77,636	4.0
재산소득(부동산)	26,343	2.0	55,915	2.9
저축이나 증권수익	59,326	4.5	64,580	3.3
국민기초생활보장급여	75,537	5.8	187,257	9.6
별거가족·친척 등 지원	144,269	11.1	209,829	10.8
기타	21,728	1.7	28,804	1.5
계	1,304,710	100.0	1,944,018	100.0

타나고 있다. 이를 통해 여성장애인들은 기회의 평등문제 이외의 개인의 존엄문제에서도 성별에 의한 차별을 경험하고 있음을 알 수 있다.

한편, 재가여성장애인의 교육실태를 보면 여성장애인의 69.1%가 무학 및 초등학교 이하의 학력으로 남성장애인의 41.4%와 전국 비여성장애인의 29.6%보다 매우 높게 나타나, 여성장애인의 교육수준이 매우 낮은 것을 보여준다.

더불어 장애아동의 성별 교육현황(2000년 현재)을 살펴보면, 전국 8만 368명의 18세 미만 장애아동 중 성별 교육정도는 초등학교 35.0%, 중학교 19.4%, 고

| 표 15.12 | 재가여성장애인 교육정도

(단위 : 명, %)

교육정도	재가장애인			전 국민		
	남 자	여 자	전 체	남 자	여 자	전 체
미취학	1.7	1.6	1.7	1.2	1.0	1.1
무 학	12.1	36.3	21.5	2.2	8.0	5.1
초등학교	29.3	31.2	30.1	17.2	21.6	19.4
중학교	16.1	11.1	14.2	12.8	14.4	13.6
고등학교	29.5	15.3	24.1	34.9	34.4	34.7
대 학	2.3	1.2	1.9	10.3	8.3	9.3
대학교 이상	8.9	3.0	6.6	21.4	12.3	16.8
합 계	100.0	100.0	100.0	100.0	100.0	100.0

자료 : 보건복지부, 한국보건사회연구원, 2000년도 장애인실태조사

| 표 15.13 | 장애아동의 성별 교육정도

(단위 : 명, %)

교육정도	남 자	여 자	합 계
미취학	14,933(28.6)	8,372(29.8)	23,305(29.0)
무 학	–	1,750(6.2)	1,750(2.2)
초등학교	18,253(34.9)	9,892(35.2)	28,145(35.0)
중학교	10,705(20.5)	4,899(17.4)	15,604(19.4)
고등학교	8,371(16.0)	3,193(11.4)	11,564(14.4)
합 계	52,262(100.0)	28,106(100.0)	80,368(100.0)

자료 : 보건복지부, 한국보건사회연구원, 2000년도 장애인실태조사

| 표 15.14 | 여성장애인이 남성장애인보다 불리하다고 생각하는 영역*

(단위 : 명, %)

항 목	채 용	임 금	승 진	인격적 대우	업무배치 부담	교육 및 훈련기회	의사결정 참여	퇴직 및 해고	정 년
매우 불리	60	61	70	32	18	39	39	45	50
	25.8	26.2	2.0	4.7	8.4	48.6	18.8	21.4	24.0
다소 불리	108	124	100	90	110	78	99	82	82
	46.4	53.2	45.7	41.3	51.4	37.1	47.6	39.0	39.4
동 등	43	36	37	81	65	80	57	79	60
	18.5	15.5	16.9	37.2	30.4	38.1	27.4	37.6	28.8
다소 유리	18	10	12	15	15	11	9	4	12
	7.7	4.3	5.5	6.9	7.0	5.2	4.3	1.9	5.8
매우 유리	4	2	0	0	6	2	4	0	4
	1.7	0.9	0.0	0.0	2.8	1.0	1.9	0.0	1.9
합 계	233	233	219	218	214	210	208	210	208
	100.0	100.0	100.0	100.0	100.0	100.0	100.0	100.0	100.0
평 균	3.87	4.0	4.04	3.64	3.56	3.67	3.77	3.83	3.79

자료 : 한국여성장애인연합(2003), 여성장애인의 고용실태에 관한 연구
- 사업체에 고용된 여성장애인의 직무만족을 중심으로-

등학교 14.4%로 나타났고, 미취학의 경우는 29.0%이었다. 특히 장애남아에 비해 장애여아의 경우 6.2% 정도가 낮게 나타나고 있는 점을 보아, 교육기회에서 성차별적 상황이 생애주기의 초기 아동기에서부터 여성장애인에게 나타나는 것이라 할 수 있다.

3. 여성장애인을 위한 실천과제

1999년의 장애인복지법의 개정으로 장애여성에 대한 국가의 책임이 명시된 이후, 여성장애인에 대한 관심이 높아지고 있으나 여성장애인은 여성과 장애인

* 1. 매우 유리하다, 2. 다소 유리하다, 3. 동등하다, 4. 다소 불리하다, 5. 매우 불리하다

이라는 이중적인 어려움을 지니고 있어 사회적인 편견과 차별에서도 이중의 어려움을 경험하고 있다. 본 절에서는 여성장애인들의 차별을 제거하고 그들의 삶의 질을 높이기 위한 정책을 끌어 내고자 한다.

1) 제도의 정비

우리 사회에는 장애인 관련 제도로 '장애인복지법', '장애인고용및직업재활법', '특수교육진흥법', '노인·장애인·임산부를 위한 편의증진법' 등이 존재한다. 그러나 이들 법률에는 여성장애인에 관한 제도가 명시되어 있지 않다. 즉, '성폭력특별법'에 '신체적으로 항거불능인 자에게 성폭력을 할 경우 가중처벌한다'는 내용이 명시되었을 뿐 다른 여타의 법안에 여성장애인의 요구를 수렴할 수 있는 명문화된 법이 없다. 또한 여성장애인의 문제를 정부의 어느 부서에서 관장하여 정책을 개발하고 집행해야 하는가가 분명하지 않은 상태이다.

일반여성 관련 제도로는 '여성발전기본법'이 제정(1995. 12.)됨으로써 여성 관련 법률이 체계적으로 정비되고 있으나 장애여성에 관한 조항이 명시되어 있지 않다. 여성장애인도 우리 사회의 한 구성원으로서 기본적인 권리와 의무를 당연히 가진다고 할 때, 여성 관련 법 혹은 장애인 관련 기본법 등에서 여성장애인의 욕구를 수렴할 수 있는 내용이 명시되어야 할 것이다.

2) 성인지적 정책의 마련

여성의 특성을 고려한 정책마련이 요구된다. 여성장애인은 장애인이며 동시에 여성이므로 여성장애인을 대상으로 하는 복지정책은 장애여성의 특성을 고려한 서비스가 제공되어야 할 것이다. 즉, 그들이 독특하게 경험하게 되는 임신, 출산, 성폭력 분야 등에 대한 관심과 서비스 개발이 이루어져야 하며, 이를 위한 복지와 여성계의 공동노력이 이루어져야 할 것이다.

특히 결혼 및 자녀양육 등과 관련해서는 먼저 여성장애인의 특수성을 고려하여 결혼, 임신, 출산, 자녀양육 대책 등에 대한 법·지도·행정적 지원이 요청된다. 현재 기초생활보장대상자 일부에게만 제공되는 가정 도우미제도의 확대실시와 여성장애인을 위한 자녀양육 도우미제도의 도입이 정책적으로 마련되어야 한다. 더불어 여성장애인의 임신 및 출산에 관한 건강관리 및 산전·후 관리 지원서비스가 체계적으로 마련되어야 한다. 현재 우리나라에는 여성장애인의 임신·출산지원서비스를 전문적으로 제공하는 의료기관이 없는 관계로 여성장애인들은 임신 및 출산에 따른 문제에 대해 어려움을 호소하고 있다. 게다가 여성장애인들의 경제적 자립도가 매우 낮아 진료비 부담이 크므로 이들의 임신 및 출산을 위한 전문의료시설과 함께 경제적 지원이 절실한 것이다.

이와 더불어 장애여성의 임신과 출산에 관계된 산전·후 관리 지원서비스는 물론 좀 더 큰 틀에서 의료 및 건강관리서비스가 이루어져야 할 것이다. 이를 위한 지역사회의 보건소나 보건지소의 여성장애인 건강관리서비스 확대가 요구된다. 이러한 서비스를 위해서는 종합적이고 체계적인 의료서비스 확립, 고가의 보장구에 대한 실질적인 지원, 장애인이 정보에 접근할 수 있는 다양한 통로의 마련, 법적 근거를 기반으로 한 편의시설 설치에 대한 엄격한 관리가 이루어져야 하며, 무엇보다도 치료서비스에 대한 접근성의 강화를 위한 저소득 여성장애인 가정을 대상으로 하는 상병수당제도의 도입이 요청된다.

3) 차별화된 복지서비스 제공

복지서비스의 차원에서 볼 때, 장애인들이 당면한 문제나 요구에서 장애인들에게 공통적으로 적용될 수 있는 서비스가 일괄성 있게 이루어지고 있음을 알 수 있다. 그러나 그와 더불어 여성장애인의 연령, 장애종류, 소득수준 등 여성 개개인의 특성에 따른 복지욕구가 존재한다. 따라서 여성장애인의 개인별 특성에 따라 제공되어야 할 서비스의 내용이 달라질 수밖에 없는 것이다. 즉, 여성장애인에 대한 복지서비스는 개인별 차별화 전략으로 전개되어야 할 것이다.

그리고 여성장애인의 복지서비스 이용을 높이기 위한 시설의 확충과 프로그램의 개발하는 노력이 우선되어야 할 것이다. 이와 더불어 이러한 서비스에 대한 접근이 가능하게 하는 여건 조성이 요구된다. 장애인들이 복지시설이나 서비스를 이용하지 못하는 이유로 시설이나 서비스의 부족과 함께 '외출 시 동반자가 없어서'와 '주위의 시선 때문에' 등의 물리적 이동과 접근에 문제가 큼을 지적하고 있다.

여기에서 한 걸음 더 나아가 개인별 실태 및 욕구의 편차를 확인함으로써 각 영역별로 우선적인 관심과 보호가 필요한 고위험 집단을 판별하고 이에 대한 서비스를 제공해야 한다. 동일한 서비스 공급범위 내에서도 이들 고위험 집단에 대한 우선적인 배려가 필요하다. 평균적으로 발견되는 고위험 집단은 60세 이상 고령의 혼자 사는 여성장애인이다. 이들은 대부분이 저소득층에 해당되며, 노후대책이 전혀 준비되지 않은 집단이다. 장애종류별로는 정신지체, 발달장애 집단이 경제적인 문제에서 성폭력에 이르는 대부분의 영역에서 요보호집단으로 나타나고 있다.

| 표 15.15 | 집박 활동 시 불편이유

(단위 : 명, %)

구 분	장애인 관련 편의시설 부족	외출 시 동반자가 없어서	주의 사람들의 시선 때문에	기 타	계	N	전국 추정수
지체장애	46.2	15.1	15.7	23.0	100.0	1,311	504,631
뇌병변장애	36.4	37.5	9.7	16.4	100.0	529	203,026
시각장애	33.6	32.6	8.8	24.9	100.0	297	114,817
청각장애	19.4	38.9	9.9	31.8	100.0	248	96,443
언어장애	10.1	47.8	31.7	10.5	100.0	19	7,447
정신지체	10.0	62.5	21.9	5.6	100.0	161	62,774
발달(자폐)	11.5	47.6	35.8	5.0	100.0	41	15,984
정신장애	7.3	43.7	28.3	20.7	100.0	84	32,498
신장장애	27.1	33.8	1.5	37.7	100.0	52	19,580
심장장애	30.9	25.6	2.9	40.6	100.0	67	25,664
호흡기장애	43.4	20.2	3.7	32.6	100.0	55	21,347
간장애	25.6	25.7	4.1	44.5	100.0	23	8,622
안면장애	-	-	100.0	-	100.0	8	2,905
장루·요루장애	25.6	6.0	22.9	45.5	100.0	22	8,424
간질장애	4.7	40.7	12.6	42.0	100.0	22	8,531
전 체	35.6	27.9	13.9	22.6	100.0	2,939	1,132,693

자료 : 보건복지부, 2005 장애인실태조사

4) 고용촉진의 강화

여성고용에서의 뿌리 깊은 차별의식과 고용관행은 여성장애인의 경우 더욱 심각하게 나타나고 있다. 남녀 고용평등에 대한 의식과 사회적 분위기가 크게 개선되지 않는 환경에서 법 위반에 대한 감독과 처벌만으로는 성차별 의식을 개선하는 데 미흡하다. 따라서 성차별 행위에 대한 감독·처벌과 함께 노·사 및 일반인의 의식개선을 위한 홍보활동을 강화해야 할 것이다.

성차별 의식과 관행의 타파와 함께 여성장애인의 고용촉진을 위한 다양한 지원이 요구되며, 장애유형별로 개별화된 고용정책이 개발되어야 한다. 직업훈련과 취업알선 기능 강화, 여성직업능력개발을 위한 지원 확대, 구직등록에 대한 홍보 및 구직등록 관리의 체계화가 이루어져야 하며, 공공직업 훈련기회가 확대되어야 한다. 또한 여성장애인의 활동성을 보장해 주는 차원에서 고용환경의 개선, 소규모 자영업 창업을 위한 지원, 직업기술과 훈련시설 규모 역시 확대되어야 한다.

장애인복지법 제9조 제2항은 "국가와 지방자치단체는 여성장애인의 권익을 보호하기 위하여 필요한 시책을 강구하여야 한다."고 명시해 놓고 있다. 이는 여성장애인의 문제에 대한 국가의 책임을 분명히 한 것이다. 또한 '장애인고용촉진 및 직업재활법(제3조)'에 중증장애인과 여성장애인의 할당고용에 관한 사항을 명시하고 있다. 따라서 고용에서 일정 비율을 장애여성에게 배려해야 하며, 정부의 주요 요직이나 의회 등에도 진출하도록 전문지식과 소양을 갖춘 장애여성 지도자를 일정 비율로 할당해야 한다.

5) 여성단체와 민간기구 활동의 활성화

여성장애인의 문제를 해결하고 권익을 보호하기 위한 여성단체를 비롯한 민간기구들의 활동이 활성화되어야 한다. 여성장애인문제 해결을 위해 여성장애인들이 집단을 형성해 조직적으로 문제를 제기할 수 있고, 여성장애인의 인권을 옹호하기 위해서는 여성장애인 운동단체에 대한 지원, 여성장애인의 자립적인 삶을 위한 전문적인 연구와 상담, 실질적 서비스 외에도 의료·정서적 지지를 제공하는 기관의 설립, 여성장애인 지도자 육성 등의 방침이 정책적인 차원에서 추진되어야 한다. 또한 일반 시민사회단체들과의 연대를 통해 여성장애인의 권익옹호를 위한 움직임이 사회운동 차원에서 다루어져야 한다.

여성장애인이 인권과 사회통합의 주역이 되기 위해서는 스스로의 이미지와 능력을 증진시키는 것이 필요하다. 그리고 이러한 과정을 통해서만이 여성장애들 스스로의 적성과 능력에 맞는 자리에서 사회구성원으로서의 역할을 다 할 수 있을 것이므로 이에 대한 적극적인 지원과 배려가 있어야 할 것이다.

내용 요약

1. 장애인의 개념은 시대에 따라 조금씩 변화하며 범위가 확대되어 왔다. 최근 들어 장애의 개념은 개인의 신체적 손상에서 사회적 제한으로 확대되고 있다.
2. 여성장애인은 제한된 사회적 역할과 성인의 역할을 성취하는 데 필요한 제도적 수단의 부재로 인해 '역할상실(roleless)'을 경험하는 사람으로 개념화되기도 한다.
3. 여성장애인의 복지를 위한 과제를 해결해 나가기 위한 전제조건은 여성과 장애인과의 연대 속에서 여성장애인으로서의 독자성이 있어야 하며, 이것은 장애인 문제나 여성문제를 해결하기 위한 흐름에 반하는 시도가 아닌, 여성장애인의 적절한 고유성과 정체성을 확립하기 위한 시도라는 인식에서 출발하여야 한다.
4. 여성장애인들의 차별을 제거하고 그들의 삶의 질을 높이기 위한 정책으로는 제도의 정비, 성인지적 정책의 마련, 차별화된 복지서비스 제공, 고용촉진의 강화 등을 들 수 있다.

CHECK 생각해 봅시다

1. 장애여성들의 이중차별에 대해 생각해 봅시다.

2. 여성장애인들을 위한 실천과제에 대해 생각해 봅시다.

3. 여성장애인에 대한 성폭력의 심각성과 이를 근절하기 위한 방안에 대해 생각해 봅시다.

제16장

노년과 여성

주요 용어 | 노령사회, 노령화, 노령화지수, 노년부양비, 빈곤여성노인, 노인수발, 일상생활 수행능력

1. 여성노인의 현주소

현재의 한국 여성노인들은 대부분 유교적 이데올로기에 젖어있던 시대에 태어나 자란 세대들로서 일제 식민시대를 거쳐 해방과 6·25, 4·19, 5·16 등 혼란과 전쟁의 소용돌이 속에서 성장하여 결혼하고 자녀를 양육하였다. 이들은 또한 1960년대 이후 고도성장을 위한 산업 시대로 접어들면서 도시화, 핵가족화로 크게 변화된 가족구조로 인하여 과거와 같은 가정생활이나 가족부양을 기대할 수가 없으며, 최근 들어 정보화로 더욱 급변하고 있는 시기에, 전업주부로만 살아온 여성노인들은 경로효친사상에 젖어 자신들의 노후에 대한 대비를 전혀 하지 못한 채 노년기를 보내고 있다.

더욱이 과거 우리나라에서는 여성이 경제력을 가질 수 있는 실제적 기회와 권리가 없었으며, 여성자신의 통제가 불가능했던 출산과 대가 없는 가사노동으

로 인한 여성특유의 건강문제가 있었고, 법적 상속권이 없었으며 호주나 세대주가 될 수 없었던(2005년 2월에서야 그 동안 전 세계에서 유일하게 지속시켜 온 호주제가 폐지됨.) 여성노인들의 가족 및 사회적 소외 또한 상대적으로 컸었다. 또 개인생활의 여가를 사회적 영역으로 확대하여 해결하는 데 있어서도 관습적 제약을 받거나, 사회활동 참여의 경험부족으로 제도적 지원을 활용할 능력이 결여되어 있다. 이러한 것들이 여성노인에 대한 한국 사회의 문화·제도적 제약이 되고 있어서 여성노인 자신의 문제를 해결하지 못하거나 배우자를 잃은 채 독신이 된 후에도 긴 노년기를 맞아야 하기 때문에 여성노인의 현주소는 참으로 암울하다.

1) 노령화 사회의 도래

(1) 노인인구의 증가

노인인구는 그 절대수가 계속 증가하여 65세 이상 노인인구가 전체 인구 중 차지하는 정도는 1960년에 2.9%에 불과하였으나 1990년에는 5.1%로 증가, 2000년에는 7.1%, 2004년 현재 8.7%이며, 오는 2020년에는 15.1%에 달하여 고령사회(aged society)로 진입할 것으로 추계되고 있다(통계청, 2003).

또한 〈표 16.1〉에서와 같이 노인인구의 비율이 7%에서 14%로 되는 기간이 프

| 표 16.1 | 인구고령화 속도 추이

(단위 : 년)

구 분	도달 년도			증가소요년수	
	7%	14%	20%	7→14%	14→20%
일 본	1970	1994	2006	24	12
프랑스	1864	1979	2020	115	41
독 일	1932	1972	2012	40	40
영 국	1929	1976	2021	47	45
이탈리아	1927	1988	2007	61	19
미 국	1942	2013	2028	71	15
한 국	2000	2019	2026	19	7

자료 : 통계청, 2003

| 표 16.2 | 부양비 및 노령화지수 추이

(단위 : %)

구 분	1970	1980	1990	2000	2010	2020	2030
총부양비	83.9	60.7	44.3	39.5	38.8	40.9	54.9
유년부양비	78.2	54.6	36.9	29.4	23.9	19.6	19.1
노년부양비	5.7	6.1	7.4	10.1	14.8	21.3	35.7
노령화지수	7.2	11.2	20.0	34.3	62.0	109.0	186.6

자료 : 통계청, 2003

랑스는 115년, 미국은 71년, 일본이 24년인데 비해 우리나라는 19년밖에 걸리지 않을 것으로 전망되기 때문에 고령화 사회에 대한 준비가 시급함을 의미한다.

(2) 노령화지수 및 노인부양지수

우리나라 연소인구의 감소와 노인인구의 증가로 노령화지수가 계속 상승하고 있다. 노령화지수(인구의 노령화 정도를 나타내는 지표)*는 1970년에 7.2, 1980년에 11.2, 2000년에 34.3, 2020년에 109.0으로 대폭 증가될 전망이다. 또한 노년부양비**는 1970년에 5.7, 1980에 6.1, 2000년에 10.1, 2020년에 21.3으로 상승할 전망이다. 즉, 노인인구에 대한 사회·경제적 부담이 커짐을 의미하며 노인부양의 문제가 더욱 증가할 것이다.

(3) 소가족화

노인인구에 대한 사회적 부담을 가중시키는 중요한 요인 중 하나가 소가족화이며 소가족화 현상은 소자녀수와 더불어 핵가족화에 기인한 것이다. 1960년에 출산율 6.0명이 2003에는 1.19명으로 급감하여 전 세계에서 출산율이 가장 낮다.

| 표 16.3 | 출산율

(단위 : %)

연 도	1960	1970	1980	1990	2000	2001	2002	2003
계출산율	6.0	4.53	2.83	1.59	1.47	1.30	1.17	1.19

---

* 노령화지수(%) : 65세 이상 인구 / 0~14세 인구 × 100
** 노년부양비(%) : 65세 이상 인구 / 15~64세 인구 × 100

| 표 16.4 | 평균수명 추이

(단위 : 세)

구 분	1971	1981	1991	2000	2010	2020	2030	2050
계	62.3	66.2	71.7	75.9	78.8	80.7	81.5	83.0
남 자	59.0	62.3	67.7	72.1	75.5	77.5	78.4	80.0
여 자	66.1	70.5	75.9	79.5	82.2	84.1	84.8	86.2
차 이	7.1	8.2	8.2	7.4	6.7	6.6	6.5	6.3

(4) 평균수명의 연장

급속한 고령화 진행에 의한 평균수명 연장은 노년의 시기를 생산적으로 보낼 수 있는 방법에 대한 사회적 관심을 제기하고 있다.

1971년 여성노인의 평균수명은 66.1세였으나 2000년에는 79.5세이며 2004년 현재는 평균 수명이 80세를 넘고 있다. 이러한 연장은 공중보건위생의 향상, 유아사망률의 저하, 전반적 생활의 개선 및 의학의 발달에 의한 것이다.

(5) 노인의 성비구성

노인인구성비* 중 성비의 불균형은 고령일수록 더 심하여 대부분 여성노인이

| 표 16.5 | 연령 및 성별 인구구성과 성비**

(단위 : 천 명, %)

구 분		여 성	남 성	성 비
65~69세	2000	782	594	75.9
	1995	623	421	67.5
	1990	525	376	71.6
	1965	416	307	73.7
70세 이상	2000	1,302	693	53.2
	1995	1,042	554	53.2
	1990	827	435	52.6
	1965	681	345	50.7

자료 : 통계청(1987, 1992, 1997, 2001), 인구주택총조사보고서, 외국인은 제외됨, 미상 포함.

* 노인의 성비 : 65세 이상 남성 / 65세 이상 여성×100명

** http://www.kwdi.re.krsa

오래 살며 배우자 없이 혼자 사는 비율이 높다. 약 8년의 남녀 평균수명의 차이, 그리고 혼인 시 남녀 연령의 차이 및 남녀 노인의 재혼가능성의 차이로 인해 남녀 노인의 유배우자율은 매우 다르다(남성노인의 유배우자율은 87.2%,여성노인의 유배우자율은 36.6%).

여성노인은 남성노인과 비교하여 홀로 될 가능성이 더 크고 배우자 없이 홀로 사는 시기는 평균 10년가량, 즉 무배우자 여성노인의 증가는 '자녀와의 갈등, 고독감, 생활보장문제, 성문제, 재혼문제의 영역'에서 해결하거나 예방하여야 할 과제를 시사하고 있다.

2) 여성노인문제의 현황

보건복지부가 1998년 전국의 100세 이상 장수노인수를 집계한 결과 모두 1,284명에 이르렀고 이 중 92%인 1,174명이 여성이었다. 일반적으로 여성이 남성보다 더 장수하며 여성의 사회참여 욕구가 전반적으로 증대함으로써 여성노인의 복지문제가 거론되는 것은 현대의 어느 국가에서나 마찬가지 현상이다. 여성노인은 대체로 남성에 비해 재혼율이 낮고 혼자 사는 경우가 많으며 경제적으로 더 빈곤하고 가정에서 다른 가족원을 돌보는 책임을 떠맡는 경우가 많다(홍숙자, 1999).

(1) 경제적 측면

우리나라의 빈곤층의 주요 대상자 중 하나가 여성노인이다. 전국 생활보호대상자 중 노인대상자를 보면 65세 이상 가구주인 경우가 전체 생활보호대상자의 1/4을 차지하며 특히 거택보호대상자 중에서 65세 이상 노인이 생활보호대상자의 절반 이상을 차지하고 있다. 노인여성은 빈곤계층을 이루는 중심 집단이며 노령화할수록 그 빈곤의 정도가 가중되고 있어 대다수가 여성으로 10명의 여성노인 중 한 명이 빈곤상태이다(정경희, 1997).

여성노인의 경제적 수준에 직접적으로 영향을 끼치는 것은 '배우자의 유무'로 무배우자는 유배우자 여성노인보다 경제적으로 더 어려운 위치에 있다. 이는 결혼해서 가정 내 주부역할, 경제·사회적으로 남편에게 의지한 결과 경제적 자립을 이루지 못하는 등 아무런 준비를 하지 못했기 때문이다.

| 표 16.6 | 빈곤지표 1 : 생활보호 및 국민기초생활보장 가구수 및 가구원수 추이

연 도	가구원수				가구수			
	합 계	남 성	여 성	여성비	합 계	남 성	여 성	여성비
1991	2,040,587	950,470	1,090,117	53.4	626,040	341,659	284,351	45.4
1995	1,240,244	537,375	702,869	56.7	495,045	232,535	261,510	52.8
1999	863,741	358,535	505,205	58.5	427,978	182,494	245,484	57.4
2001	1,357,540	576,126	791,414	57.9	681,007	307,332	373,675	54.8
2002	1,294,510	542,599	751,911	58.1	668,518	297,375	371,143	55.5

자료 : 보건복지부(1990~2001), 연도별 생활보호대상자 현황, ▒ 2001~2002, 보건복지부 내부 자료

| 표 16.7 | 빈곤지표 2 : 전국 여성가구주 및 수급가구 비율

연 도	가구원수					가구수		
	총가구수	남성가구수		여성가구수		총수급비율	남성수급율	여성수급율
1990	11,355	9,568	74.3%	1,787	15.7%	5.5	3.6	15.9
1995	12,958	10,811	73.5%	2,147	16.5%	3.8	2.2	12.2
2000	14,312	11,659	71.5%	2,653	18.5%	4.8	2.6	14.1

자료 : 통계청(2001), 한국의 지표

빈곤여성노인은 세 유형으로 분류할 수 있다(최선화 1999).

- **제1유형** : 가난한 집에서 태어나 교육을 제대로 받지 못하고, 결혼생활, 자녀와의 관계 모두에서 어려움을 겪었고 생애주기마다 가난의 위험에 처하게 되어 이러한 삶이 누적된 결과로 노후에 빈곤해질 수밖에 없게 된 경우
- **제2유형** : 결혼관계의 단절로 인해 가난해지게 된 경우
- **제3유형** : 노후생계보장을 자녀에게 의존한다는 태도로 모든 자원을 자녀에게 투자했지만 자녀들의 불행과 무능력 및 부재로 자신을 위한 노후자원을 확보하지 못한 경우

이들 빈곤여성노인은 교육기회의 불평등, 결혼상태, 가정 내 권력불평등, 노동시장불평등, 연금제도에서의 불이익 등 모든 측면에서 전 생애에 걸쳐 불평등한 대우를 받았고 노년기에도 가난에서 벗어날 수 없는 형편에 처하게 되었다.

(2) 건강적 측면

건강의 객관적인 지표 중 하나인 유병률은 노인이 다른 연령에 비해 높으며 특히 노인성 만성질환은 노인에 대한 장기적인 보호의 필요성을 증가시킨다.

우리나라 노인의 절반정도는 스스로 건강하지 않다고 지각하고 있으며 연령이 높아질수록 이러한 경향은 더욱 증가한다. 일상생활수행능력(ADL ; 목욕, 옷, 식사, 앉기, 걷기, 화장실 이용 등) 중 최소 한 가지 이상의 어려움을 가지고 있는 노인이 31.9%, 6가지 동작 모두 어려워 수발을 요하는 노인은 3.5%를 차지하고 있다. 인구고령화에 따른 추이로 치매·중풍 노인이 증가하여 치료요양시설이 부족하고 의료비 과다로 부양가정에 경제적 타격을 주며 적절한 진료가 곤란하다. 여성노인의 유병률은 남성의 경우보다 높은데 이는 자녀출산, 육아 및 가사노동으로 인한 여성 특유의 건강문제를 안고 있기 때문이다. 만성질환, 특히 관절통과 만성요통의 경우는 남성에 비해 2배이며, 치매유병률도 남성에 비해 높다(한국보건사회연구원의 연구, 1994).

건강상실시 수발자가 누구인가에 남녀 간 차이가 있어 남성노인은 배우자, 장남부부 순이며, 여성노인은 장남부부, 배우자 순이다. 남성노인에 비해 여성노인은 병간호와 일상생활을 돌봐 주는 가족이 없는 경우가 훨씬 더 많다. 따라서 인구의 노령화의 진행과 소자녀수의 경향이 계속되는 등의 경향으로 미루어 볼 때 고령여성노인이 홀로 사는 기간은 늘어나리라 예측됨으로 여성노인의 장기적인 보호를 어떻게 가족과 사회가 공동으로 대처·분담할 것인가가 중요 영역으로 제기된다.

(3) 정서적 측면

여성노인의 유배우자율이 낮기 때문에 장남부부에게 가장 많이 의존(남성의 경우 배우자)하고 있다. 배우자의 유무는 정신적 질환이나 자살률, 사망률과 관련되며, 홀로된 노인이 사회·심리적 적응도나 사기, 생활만족도가 더 낮은 것으로 나타났다.

여성노인은 남성노인에 비해 상대적으로 평균수명이 길고 유배우자 동거율과 재혼율이 낮아 대체로 배우자 없이 자녀에게 의존하여 홀로 노후생활을 보내야 하는 경향이 많다. 즉, 우리나라 노인의 경우 많은 문제를 안고 있지만 여성노인의 경우 경제·건강·정서적 측면에서 더 많은 문제를 가지고 있다. 그러나 대부분 현실에 순종하며 체념으로 받아들여 이러한 여성노인의 문제는 가족에 가려져 있고 특별히 사회문제화되지 못하고 있다.

3) 여성노인의 행복권

열악한 여성노인의 삶의 질을 향상시키기 위해 어떤 사회복지정책을 펼치고 있는지를 살펴본다.

(1) 사회복지정책

국민연금은 독립적인 연금수급대상요건이 되지 않을 가능성이 더 크고, 가입기간이 짧고 평균소득도 낮으므로 절대적인 급여수준에서 훨씬 더 적은 혜택을 받고 있다. 의료보험은 여성적용대상자 중 피보험자는 19.9%, 그 나머지는 피부양자, 그리고 비정규직 유형이 많고, 이들이 지역보험자가 될 수 있으나 보험료가 상대적으로 커서 적절한 혜택을 받지 못하고 있다. 생활보호대상자로 지정된 노인에게 제공되는 생계보호나 급여수준도 성별 차이가 있으며, 또한 노령수당도 그 보호수준이 비현실적이어서 크게 도움이 안 된다.

여성노인의 문제는 생애를 통해 여성이 겪어 온 성차별적 대우의 누적된 결과로서 남성과 여성의 역할 차이에 대한 믿음이 그 기저에 있다. 즉, 여성은 피부양자이고 남성은 부양자이며, 노인수발과 같은 보호업무는 사적인 것이어서 가족 및 여성에게 주어진 자연스러운 의무라는 것이다. 일생동안 경험한 불평등은 개인적인 경험으로 간주되고 사회보장제도에서도 이에 대한 별다른 조정 없이 불평등이 반영된 결과 여성노인은 다양한 사회적 위험에 처하게 되는 것이다.

(2) 사회적 서비스

주로 노인복지서비스의 범위에서 제공되고 있다. 노인에 대한 보호는 종전에는 가족 내에서 또는 의료기관에서 개별적으로 이루어졌으나 현대 사회에서는 크게 시설노인 복지서비스와 재가노인 복지서비스라는 두 가지 방식으로 이루어지고 있다.

조사결과 전국 65세 이상의 노인이 시설보호를 희망하고 있으며, 64세 이하 비노인층의 경우는 양로원의 이용 희망이 55%로 노인보호시설에 대한 부정적인 이미지나 전통적 가치관에 의한 시설 기피현상이 많이 완화되었지만 시설보호의 기반이 매우 빈약한 실정이다.

선진국의 시설보호 주요 대상자는 일상생활을 유지할 수 없는 노인을 대상자로 선정하며, 숙식은 물론 의료와 간호서비스, 레크리에이션, 물리치료, 상담서비스 등 다양한 서비스를 패키지로 제공하고 있다. 그러나 우리나라는 노인복지의 대상을 아무도 돌보지 않는 빈곤·저소득 노인으로 국한하여 노인복지를 구빈정책의 일환으로 인식하고 있다. 또한 시설보호는 지극히 잔여적이고 선별주의적인 프로그램에 불과하며, 비전문적인 단순생계보호 수준이며, 노인보호시설 종류의 다양성 부족과 선택권이 제한되어 있는 등 많은 문제점을 가지고 있다.

노인복지서비스는 재가복지서비스를 강조하는 경향을 보이며, 재가복지사업을 위한 예산은 미미한 수준이다. 가정봉사원 파견사업, 주간 및 단기 보호시설 등 욕구를 충족하기에는 부족하며 활성화되지 못하고 있다. 또한 재가복지서비스 대상자 선정기준이 욕구 중심이 아닌 소득수준 중심이라는 것으로 노인보호의 연속성 차원에서 평가 시 매우 미흡하며 서비스 주요 대상자가 여성노인임에도 성(性)인지적 서비스의 내용을 담지 못하고 있다. 여성노인에 대한 사회복지서비스는 현재 노인복지대책으로 통합되어 있다.

(3) 정책적 서비스

① 국민연금제도

국민연금제도는 1988년부터 시행되어 지금의 노인들에게는 적용되지 않는 경우가 대부분이다.

② 생활보호제도

이는 공적부조로서 빈곤여성노인의 대부분이 생활보호 대상자로 보호받고 있다. 그러나 보호의 수준이 열악하고 그나마도 받지 못하는 경우가 많다.

③ 경로수당

현재 생활보호대상자에게만 지급된다.

④ **교통비 지급**

65세 이상 노인에게 무료승차권을 현금으로 지급하고 있다.

⑤ **의료보장**

공적부조의 일환으로 의료와 사회보험으로 의료보험이 있으나 노인을 위한 특별의료정책이 없다는 것이 문제로 지적되고 있다.

(4) 실천적 서비스

① **사회복지시설**

사회복지시설로서의 양로원이나 요양원은 시설이 절대적으로 부족하다.

② **재가복지사업**

③ **여가시설**

시설이 부족하고 프로그램이 다양하지 못하다는 문제점이 있다.

2. 노인의 수발과 여성의 복지

부양이란 친족인 노인에게 대가 없이 어떠한 형태의 도움을 주는 경우를 말하며, 이러한 수발업무는 여성의 의무로 간주되고 있다. 다른 나라에서도 보편적인 현상인데 가족은 장기 요양보호를 필요로 하는 노인을 위한 일차적인 수발자이며 이러한 역할의 담당이 여성이기 때문이다.

한 60대 여성은 "치매 걸린 친정엄마를 2년간 돌보는 동안 정말 인간적으로 견디기 힘든 순간이 많았다. 때론 어처구니없는 행동을 보이는 엄마를 닦달하다가 '나쁜 딸'이란 비난도 들었다. 처음엔 형제자매들과 엄마의 수발을 분담해서 하기로 약속했지만, 시간이 갈수록 그들의 발걸음은 뜸해지고, 어쩌다 집에 오면 엄마의 상태에 대해 이러쿵저러쿵 하기나 하고……. 그러다 어느 날 정말 거짓말 같이 엄마가 돌아가셨다. 엄마가 원해서 그런 상태가 된 것도 아닌데 좀 더 잘 해드릴 걸 하는 후회가 가슴을 쳐서 5년이 지난 지금까지도 엄마 생각을 하면 괴롭고 가슴이 아프다. 내 노후도 걱정되고….(2005. 6. 10. 여성신문)"라고 토로하고 있듯이 노인의 돌봄은 여성의 짐으로 작용하고 있다.

수발은 여성에게 개인적 및 사회적 제약을 가져오며, 여성취업자의 경우 효과적인 업무수행이 어려워 업무를 중지 또는 포기하거나 다양하게 근무차질을 가져오게 됨으로써 장기 경력관리에도 부담으로 작용하고 있다. 따라서 짧은 노동경력으로 자신의 노년기를 위한 저축이 불가능해지고, 연금수급상의 불이익을 감수해야 하며 불충분한 노인복지서비스의 이용 등의 예측이 가능하다. 여성이 불이익을 경험하는 이유 중 하나는 여성의 노인에 대한 수발이 무보수 노동이기 때문이므로 이에 대한 여성의 경험이 보다 정확히 이해되고 그 사회적 가치에 대한 재평가가 필요한 것이다.

3. 여성노인복지를 위한 방안

여성노인문제는 전 생애를 걸친 성차별이 축적되어 노년기에 나타난 결과 이므로 여성노인복지는 그 사회의 여성복지 수준을 나타내는 것이라 볼 수 있다.

1) 기본 방향 정립

(1) 현재의 여성노인에 대한 보호강화

욕구를 기준으로 개별서비스 및 재가서비스를 제공해야 한다. 그 어떤 집단보다 의존도가 높은 취약집단이므로 여성노인복지에 대한 국가의 책임을 강화하여야 한다.

(2) 여성의 가족보호의 사회적 지원

여성노인을 위한 장기적 보호 서비스가 충분히 제공되도록 하면서 여성이 가족보호의 의무를 수행함으로써 불이익을 받지 않게 하는 것을 이념적으로나 실제적으로나 여성복지의 중요한 목표가 되어야 할 것이다.

노인의 특성 중 하나는 가족에서 가장 많이 의존하고 가족으로부터 지지를 받는 것이다. 또한 가족 및 친지와 폭넓은 유대관계를 가지는 노인일수록 생활만족도가 높다고 한다. 한편 남성노인의 80.3%, 여성노인의 74%는 정서적 부양 제공자가 있는 것으로, 남성노인의 대부분은 배우자가 정서부양을 하는 것에 비하여 여성노인의 경우 자녀에 대한 의존도가 더 높다.

생활만족도의 경우 여성노인의 배우자에 대한 만족도는 77%, 남성의 경우 91.8%로 차이를 보였다. 또한 우울증 측면에서 여성노인의 우울 정도가 남성노인에 비해 심한 것으로 나타났다(정경희 1997). 남성들은 77.0% 정도가 배우자로부터 보호를 받는 반면 여성노인들은 남성노인에 비해 도움을 받는 비율이 낮고, 대신 며느리가 보호하는 비율이 54%로 높게 나타났다(강문희, 이광자, 송보경, 1997). 이렇듯 여성노인은 배우자가 도움을 필요로 할 때는 헌신적으로 수발을 하지만, 정작 자신이 가족의 도움을 필요로 할 때는 배우자는 거의 관여하지 않고 그나마 자녀들도 본인만큼 헌신적이지 않은 것으로 나타났다.

(3) 남녀불평등의 완화

여성노인의 개념을 확대하여 주요 대상자가 전 여성노인을 대상으로 하는 보편적인 개념이 되어야 하며, 관련된 법조항 개선과 재정을 확대하여 실질적인 여성노인 정책이 실시되어야 할 것이다.

(4) 자활능력의 고양, 일자리 창출

여성노인들이 자립할 수 있는 능력을 키울 수 다양한 교육프로그램을 개발·보급하여야 한다. 또한 여성노인이 종사할 수 있는 일자리를 창출하여 경제·신체·정신적으로 건강한 노후를 보낼 수 있도록 제도적 장치를 마련해야 한다. 최근 정부가 농촌 노인들이 쾌적한 환경에서 일과 여가를 즐길 수 있는 '장수마을' 100곳을 조성·육성하기로 하였다. 이들 장수마을에는 한 곳당 4,200만 원(국비 50%, 지방비 50%)의 정책자금이 지원된다. 지원비는 공예품제작, 전통주·한과·장류 제조 등 여성노인들에게 적합한 일감 발굴, 전통 식생활 실천을 통한 건강관리프로그램 운영, 노인평생학습지원 등의 사업에 쓰이게 된다.

(5) 노인에 대한 인식의 변화

프랑크 쉬르마허(F. Schirmacher, 2005)는 '60~75세 인간은 직장에서 더 이상 지적·신체적 능력을 발휘하지 못한다는 비방은 사회를 잠식하는 인종주의의 하나'라고 통렬히 비판하고 있다. 고령화가 피할 수 없는 추세라면 우리들의 인식부터 바꾸는 것이 필요하다. 노인은 병들었고 사회적으로 고립되어 있으며, 신체적으로나 정신적으로 비생산적이라는 고정관념부터 바꾸어야 한다.

2) 구체적 방안

(1) 정책적 대책

① 전반적인 노인복지정책과 관련된 대책

현재 노년기에는 소득과 관계없이 노년기에 요구되는 많은 욕구와 대책이 요구되나 저소득층 위주의 노인복지에만 치중하고 있다. 저소득층 위주의 시설에 치중하다 보니 중산층을 위한 유료시설이 부족한 형편이다. 따라서 노인 전체를 위한 노인복지정책과 문제예방을 위한 정책이 요구되며 전반적인 노인에 대한 복지지원이 확충·강화될 필요가 있다. 2007년부터 도입되는 치매, 중풍 등을 앓는 노인들에게 간병, 목욕, 간호, 재활서비스를 제공하는 '노인요양보장제도'가 잘 정착되도록 재정, 시설 및 전문인력 인프라 구축을 마련해야 한다.

② 연금제도와 관련된 대책

여성들도 개인의 자격으로 연금수급권을 가져야 한다. 여성이 대부분 취업해 있는 저임금·불완전 고용분야에 대한 연금수급제도의 마련이 필요하다. 여성의 가사노동을 재평가하여 여성에게 연금을 지급할 수 있는 장치를 마련하기 위한 방안도 강구되어야 한다.

③ 성차별과 관련된 대책

성차별을 막기 위한 성평등 교육이 가정에서부터 실시되어야 한다. 성차별적 태도에서 벗어나 여성분야에 대한 지속적인 투자가 이루어져야 한다.

미래의 여성노인은 현재보다 노동시장 참여와 소득이 증가하고 노후의 수입도 증가할 것으로 예상되므로 이들이 노동시장에 진출하는 데 장애가 되는 요소들이 제거되어야 하며 여성들이 직면하는 불평등적 요소들이 제거됨으로써 노후대책도 마련될 수 있도록 제도적이고 실질적인 평등이 보장되어야 한다.

④ 의료혜택과 관련된 대책

노인부양에 따른 경제적 부담 중 의료비 부담이 가장 큰 부담으로 의료비 부담을 경감시키기 위한 대책이 요구된다. 노인수발은 가족원의 어려움이 동반되므로 노인수발을 이용하도록 보조해 주는 사회편의시설과 수용시설 등을 늘려서 수발에 따른 문제를 분담하여야 한다.

(2) 실천적 대책

① 재가복지서비스

재가복지서비스 기능이 강화되어 가족의 부양이 용이하도록 제도적으로 뒷받침되어야 한다. 또한 독거노인에 대한 지원이 강화되어야 한다.

② 관계망 형성과 관련된 대책

여성노인들은 사회관계망이 부족하고 정서적 부양을 제공할 배우자가 없는 경우가 많으므로 이들을 위한 개인적 사회적 고민을 들어주고 조언해 주는 전문상담기관과 상담원이 필요하다. 이를 위해 다양한 시설과 프로그램이 필요하다.

여성계에서는 여성노인문제를 체계적으로 연구하고 이들만이 겪는 문제를 밝혀 내고 노년생활이 의존적이고 소외된 삶이 아닌 질적인 삶이 되도록 정책적으로 제안할 수 있어야 한다.

③ 노인학대 방지와 관련된 대책

현재 우리 사회는 노인부양의 문제로 가족 내에서 갈등을 겪는 노인이 학대되거나 방임되고 있다. 노인이 학대받는 원인은 자립이 불가능하고 자녀에게 의존할 수밖에 없는 경제상황, 수발의 문제로 신체적으로나 경제적인 부담, 세대 간의 차이 등을 들 수 있다. 사회의 약자의 위치에서 노인이 희생자가 되지 않게 하기 위해서는 이들이 학대당하지 않도록 제도적 보완이 필요하다. 이를 위해 노인부양을 사회적으로 분담하기 위한 제도와 시설이 마련되어야 한다.

④ **여성노인에 대한 의도적 개입**

정책적으로 여성노인에 대해서는 다음과 같은 이유로 의도적 개입이 필요하다.

- **빈곤의 여성화** : '빈곤의 여성화'라는 용어는 1970년대 서구 사회에서 빈곤이 빠른 속도로 여성화되는 것을 관찰한 피어스(Pearce)에 의해 처음 사용되었다. 이 연구에서 16세 이상의 빈민 중 약 2/3 그리고 성인 빈민의 70% 이상이 여성으로 나타났다. 이러한 수치는 시간이 지남에 따라 높아지고 있는데 이는 경제적 빈곤계층 증가의 상당 부분을 여성이 차지하고 있으며 특히 여성노인이 빈곤에 취약한 집단인 것으로 나타났다.
- **임시고용의 여성화**
- **가부장적 가치와 불평등적 결혼관계**
- **보호적 책임의 전담** : 2005년 8월 현재 국회에서 일자리 창출과 사회서비스 확충이란 두 가지 목표를 잡기 위한 '사회적 기업' 도입법안 제정이 추진되고 있다. 사회적 기업들의 활동 분야가 그동안 가정에서 여성들이 담당해 온 노인 돌보기, 보육 등에 할애될 것으로 예상되어 '돌봄노동의 사회화'가 급진전될 것이란 기대도 낳고 있다.

내용 요약

1. 노인인구는 그 절대수가 계속 증가하여 65세 이상 노인인구가 오는 2020년에는 15.1%에 달하여 고령사회(aged society)로 진입할 것으로 추계되고 있다.
2. 노인인구에 대한 사회적 부담을 가중시키는 중요한 요인 중 하나가 소가족화이며 소가족화 현상은 소자녀수와 더불어 핵가족화에 기인한 것이다.
3. 여성노인의 경제적 수준에 직접적으로 영향을 끼치는 것은 '배우자의 유무'로 무배우자 여성노인은 유배우자 여성노인보다 경제적으로 더 어려운 위치에 있다. 이는 결혼해서 가정 내 주부역할, 경제·사회적으로 남편에게 의지한 결과 경제적 자립을 이루지 못하는 등 아무런 준비를 하지 못했기 때문이다.
4. 여성노인에 대한 정책적 서비스로는 국민연금제도, 생활보호제도, 경로수당, 교통비 지급, 의료보장 등이 있다.
5. 재가노인서비스는 지역사회 내 가정에서 생활하는 재가노인이 독립적으로 살아갈 수 있도록 서비스를 지역사회를 기반으로 제공하는 것이다.
6. **재가노인서비스의 범위에 따른 개념**
   - 협의의 개념 : '재가노인을 위한 사회적 서비스'로 노인복지서비스 중 소득보장, 의료보장, 주택보장 등 물질적 서비스를 제외한 비물질적 서비스를 말한다.
   - 광의의 개념 : '재가노인을 위한 사회복지서비스'로 사회복지 전반 서비스, 즉 소득보장, 의료보장, 주택보장 관련 급여와 사회적 서비스를 포함하는 개념이다.

CHECK 생각해 봅시다

1. 여성노인에 대한 정책적 서비스로는 어떠한 것이 있는지 생각해 봅시다.

2. 여성노인의 빈곤 원인은 어디에 있는지 생각해 봅시다.

3. 여성의 노인수발의 문제점에 대해 생각해 봅시다.

4. 여성노인복지를 위한 기본 방향에 대해 생각해 봅시다.

Part V

제 V 부

여성복지의 과제와 전망

welfare for woman

제 17 장

여성복지정책의 기본 방향

주요 용어 | 성역할 고정관념의 탈피, 성인지력 향상, 여성복지 전달체계, 서비스의 대상별 대응체계

20세기가 여성에 대한 자각에 눈을 뜬 시대였다면, 21세기는 이전 세기의 자각을 기반으로 양성평등을 지향하는 새로운 남녀관계가 정착되는 시대라 할 수 있다. 여성복지는 이렇게 양성평등을 위한 다양한 접근 중의 하나로 사회복지적 관점 및 방법론에 여성주의적 시각을 접목한 사회복지의 새로운 관점 혹은 영역이라 할 수 있다.

오늘날의 세계화, 민영화, 구조조정, 사회적 안전망 축소 등은 여성복지에 대한 권리를 약화시키고, 사회보장 예산삭감과 복지개혁정책 등으로 인해 여성들은 보다 불리한 위치에 놓여 있다. 따라서 변화하는 여성들의 욕구에 가장 효과적이고 효율적으로 대응할 수 있는 미래 지향적인 여성복지에 대한 심층적 구상이 요구된다. 변화하는 여성복지의 욕구에 보다 적합한 체계를 구축하기 위한 정책의 기본 방향을 다음과 같이 제시해 볼 수 있다.

1. 변화하는 복지욕구에 대한 인식의 전환

여성의 복지욕구는 시대적, 사회·환경적 변화에 따라 달라진다. 20세기의 여성복지서비스가 전통적인 성역할을 수행하며 배우자 또는 국가의 보호를 필요로 하는 피부양자이자 '요보호여성'으로서의 복지욕구에 초점이 맞추어졌다면, 21세기의 여성복지서비스는 모든 형태의 차별과 폭력으로부터 자유로운 개인으로서의 여성의 정체성을 확립하고, 여성복지의 욕구에 대한 인식의 전환에 따라 여성복지서비스의 대상과 내용도 변화해야 할 것이다.

모자가정의 여성가구주, 성폭력·가정폭력 피해여성, 이혼여성, 성매매여성, 장애여성들은 사회적으로 낙인을 받게 되는 이탈집단으로서가 아니라 삶의 위기를 경험하는 여성으로서 사회적 지원체계에 대한 보편적인 권리가 있으며 국가는 이를 보장해야 한다. 또한 기존의 여성복지서비스는 잔여주의적인 제도 내에서 여성의 일차적인 역할을 재생산자로서 규정하였으며 생산자로서의 경제활동참여자로서의 여성에 대한 고려가 부족하다. 따라서 여성복지 욕구에 대한 인식의 전환이란 전통적인 성역할 고정관념을 탈피하는 것에서 출발하며, 모든 여성들은 재생산적인 역할과 생산적인 역할을 공유할 권리가 있고 여성들에게 자유로운 선택의 기회가 주어져야 한다는 것이다.

2. 성인지적 사회복지서비스 대응체계 구축

우리의 여성복지서비스는 패러다임의 전환이 필요한 시기에 와 있다. 여성정책의 관점에서 보면 여성의 특수한 복지욕구에 적합한 서비스를 제공하는 것도 필요하지만(women in development) 정책 및 서비스 담당자의 성인지력의 향상을 통한 접근(gender and development)으로의 전환도 필요하다. 즉, 보건복지부 내에서 별도의 전달체계를 형성하고 있는 여성복지 전달체계가 다양한 여성복지욕구에 보다 효과적으로 대응하려면 부양자 모델의 '분리형 접근'에서 탈피하고, 동시에 사회복지 전 분야에서 여성들의 복지욕구에 보다 적극적으로 대응해 나갈 필요가 있다.

이는 기존의 사회복지서비스 전 분야에서 여성 클라이언트와 그들의 욕구를 재발견하는 작업을 필요로 하며 여성의 관점에서 사회보장제도를 개선해 나가는 과정을 의미한다. 여성복지 욕구는 별도의 여성복지 담당부서와 전달체계만의 문제가 아니라 아동복지, 노인복지, 장애인복지서비스는 물론 지역사회복지사업과 생활보호사업 담당부서에서도 관심을 갖고 상호 연계하여 통합적으로 접근할 필요가 있다.

3. 여성의 지위향상을 위한 여성정책 추진

여성을 위한 사회복지서비스가 보다 효과적이려면 사회복지제도와 여성정책이 동시에 확충되고 실효성이 제고될 필요가 있다. 즉, 여성복지서비스의 수준과 직접적인 관련이 있는 정책환경의 변화 없이는 여성복지서비스의 근본적인 개선이 불가능한 것이다. 따라서 사회구성원의 기초생활을 보장할 수 있는 복지제도의 구축이 우선되어야 한다. 여성복지서비스의 제한적 효과의 한계를 극복하기 위해서는 현재의 최저빈곤층 등의 요보호자를 복지대상으로 하는 잔여주의 내지 선별주의적 접근에서 벗어나 보편주의적인 속성을 내포하는 사회보장제도를 확충해야 하는 것이다.

또한 1970년대 이후 현재에 이르기까지 여성정책의 전개를 통해 성취된 법·제도적 개선에도 불구하고 한국 여성의 성별 권한척도(GEM)는 2005년 현재 80개국 중 59위에 머무르고 있다. 이는 한국 여성의 교육수준이나 경제활동참여율 등과는 심한 불균형을 이루고 있다는 것이다. 따라서 여성복지서비스가 여성들의 실질적 요구만을 충족시키는 데 그치지 않고 여성들의 전략적 욕구에도 대응할 수 있는 기제로 작용할 수 있도록 다양한 분야에서의 여성지위 향상을 위한 노력이 병행되어야 할 것이다.

그리고 이러한 여성정책은 여성복지서비스의 대상, 즉 빈곤여성, 폭력피해여성, 이혼여성, 성매매여성, 여성노인 등 서비스의 대상별 전문적이고 체계적인 대응체계의 구축하에 이루어져야 할 것이다.

내용 요약

1. 변화하는 여성들의 욕구에 가장 효과적이고 효율적으로 대응할 수 있는 미래 지향적인 여성복지에 대한 심층적 구상이 요구된다.
2. 여성복지 욕구에 대한 인식의 전환이란 전통적인 성역할 고정관념을 탈피하는 것에서 출발하며, 모든 여성들은 재생산적인 역할과 생산적인 역할을 공유할 권리가 있고 여성들에게 자유로운 선택의 기회가 주어져야 한다는 것이다.

CHECK 생각해 봅시다

1. 미래지향적·성인지적 사회복지서비스 대응체계 구축에 대해 생각해 봅시다.
2. 사회보장제도의 확충이 여성의 지위향상에 어떠한 영향을 주는지에 대해 생각해 봅시다.

제 18 장

여성복지의 과제

주요 용어 | 실질적 평등, 성인지적 사회보장, 생애과정에 적합한 복지정책

여성들이 직면한 빈곤문제를 해결하고 변화하는 사회에서의 여성들의 욕구를 담아 내기 위해서는 사회·경제적 여건을 고려한 새로운 시도와 기존의 제도에 대한 재구조화가 요구된다. 나아가 사회복지 체계가 가정하는 가족형태와 가족 내 성별 분업의 문제점을 알리고 변화하는 가족의 요구에 부응할 수 있도록 구조적인 변화가 요구되며 다양한 가족의 출현을 담아낼 수 있는 체제 도입이 요구된다. 이러한 인식의 기초하에 우리사회의 여성복지가 풀어내야 할 과제를 정리해 보고자 한다.

1. 실질적 평등의 보장

지금껏 우리나라의 여성정책은 UN 여성차별철폐협약의 비준, 가족법의 개정, 남녀고용평등법의 제정, 모자복지법, 영유아보육법, 가정폭력방지법, 성폭력특별법, 성매매특별법 등 법률상의 차별철폐나 법적 평등의 구현단계였다고 할 수 있다. 이는 사실상의 남녀평등으로 나아가기 위한 첫 단계였던 것이다. 따라서 앞으로는 법적 평등을 바탕으로 실질적 평등 실현을 위해, 뿌리 깊은 장애요인이 되고 있는 사회 각 분야의 전통적인 성차별적 태도 및 고정된 역할 분담에 대한 편견과 관습의 변화를 가져와야 할 것이다.

또한 현실적으로 법적 평등을 실현하는 힘은 정치적 관계에서 형성되는 권력을 필요로 하는데 여성들은 이러한 힘이 여전히 결여되어 있다. 그러나 여성들의 자리찾기를 위한 변화는 인간 내면의 의식 깊이 박혀있는 전통적 사고와 이에 근거한 사회구조적 보수성이라는 저항에 부딪힐 것이 예상됨으로 장기간의 계획적인 정책이 필요하다. 이는 가정, 학교, 사회교육, 메스컴을 통한 의식변화프로그램이 계획적으로 지속되어야 한다. 이러한 작업에는 민간여성단체의 역할이 중요하므로 국가의 여성정책 담당부서는 이들과의 연대와 지원에 적극적으로 나서야 한다.

2. 성인지적 사회보장

여성에 대한 사회보장의 확충은 여성의 경제적 자립뿐 아니라 정신적 자립에도 큰 영향을 미친다. 따라서 여성을 단지 남성의 피부양자로 취급해서는 안 되며 여성도 자신의 연령과 생애과정에 따른 생활변화에 상응하는 보장을 받아야 한다. 그런데 여성빈곤문제를 비롯한 분야별 여성문제의 성인지적 해결책을 마련하기 위해서는 여성들의 생애주기별 실태를 파악하고 이에 대한 여성의 접근성과 수급내용의 적절성 등에 대한 기초조사를 실시할 필요가 있다. 예를 들어 국민기초생활보장제도가 빈곤여성의 생활에 어떤 영향을 미치고, 아울러 빈곤문제를 해결하는 데 어떤 제한점이 있는지를 조사함으로써 성인지적 정책 기법을 활용하여 공공부조제도를 구축하는 정책이 추진되어야 하는 것이다.

중립적으로 보이는 관행이나 정책일지라도 남성과 여성이 처한 현실이 다르기 때문에 그 효과가 다를 수밖에 없다는 문제의식에서 고안된 것이 '성인지적 정책'이다. 즉, 사회복지정책도 성별에 따른 차이를 따져 수립함으로써 동등한 정책효과를 가져오도록 하자는 것이다. 이를 위한 기초작업으로 여성부(현 여성가족부)는 2003년 3월 「성인지적(gender sensitive) 정책형성을 위한 길라잡이」를 펴냈다. 본 서는 보건복지정책, 고용정책, 범죄예방과 교정정책 등 성인지적 정책도입이 시급한 14개 분야를 지적하고, 관련 부처들이 정책수립 단계에서 '성인지적 관점'에서 정책을 기획할 것을 제안하고 있다. 이를 위해 여성부는 '성별 영향'과 '성인지적 통계'라는 개념도 소개하고 있다. 그러나 이러한 노력이 하나의 결과물로 도출되는 데는 여전히 시간을 요하는 듯 보인다.

그리고 이러한 '성인지적 정책'의 시행을 위해서는 무엇보다도 먼저 사회보장제도가 전제로 삼고 있는 '가부장제에 기초한 가족주의'를 탈피해야 할 것이다. 여성의 생애와 생활을 경제적 종속자, 가사노동자로만 묶어두는 고정관념의 틀에서 벗어나지 않는 한, 현재의 변화하는 사회 속에서 등장하고 있는 대안가족 형태를 — 예를 들어 여성세대주나 모부자가정, 독신가정, 비혈연가정 등 — 수용하는 사회보장제도를 수립하는 데 큰 어려움을 경험할 수밖에 없다.

3. 생애과정에 적합한 복지정책의 실행

여성들에게 실질적인 여성복지서비스가 제공되기 위해서는 여성의 생애과정을 다양한 패턴으로 분류하고 파악해서 그러한 변화를 정책에 반영해야 한다. 여성의 생애과정은 여성의 취업률, 임신·출산, 재취업, 고용관행 등과 밀접한 관련이 있으므로 여성복지정책은 이러한 생애과정에 따라 수립·이행되어야 한다.

대한민국 정부수립 이후 부녀복지사업을 중심으로 발달해 온 우리 사회의 여성복지정책은 이제 '요보호여성'을 넘어 '모든 여성'을 위한 보편적인 서비스를 제공해야 한다. 이는 여성복지 분야뿐 아니라 사회복지의 모든 분야가 여성복지의 요구에 보다 적절히 대응할 수 있는 역량을 함양해 나가야 하기 때문이다. 다시 말하면 이제 여성문제에 대한 접근은 요보호여성의 문제에서 여성의 인권과 삶의 질 향상문제로, 사후개입적 서비스 중심에서 예방사업의 확대로, 단편적 서비스 제공에서 보다 통합적인 지원체계로 전환해야 한다.

이러한 과제 등을 종합해 보면 한국의 여성정책은 아직까지는 선언적 수준으로, 내실을 기하기 위한 노력이 뒤따라야 하며, 이와 함께 여성정책이 여성들의 삶의 질을 향상시키기 위해서는 여성들이 처한 사회구조적 여건을 개선하기 위한 노력이 요구된다. 이를 위해서는 국가가 개입함으로써 적극적인 조치를 취할 수 있고, 성평등을 실현하려는 국가 차원의 강한 의지가 요구되며, 또한 이러한 요구를 관철시키기 위한 여성단체들의 조력이 지속되어야 할 것이다.

지금까지 대부분의 여성복지정책 및 실천들은 객관성을 표방하면서도 실제에 있어서는 성차별주의적이고 남성 중심적인 결과들을 양산했다. 그러나 여성주의적 복지실천은 여성주의를 그 접근방법으로 하고 여성주의적 원칙과 전망으로 사회를 인식하고 복지를 실천해 나가는 것이다. 다시 말해 여성의 억압을 유지·재생산하는 구조를 밝혀내고 그 구조의 변혁을 통해 인간해방에 기여하고자 하는 목표를 가지고 있는 것이다. 기존의 인식론적 전제에 입각한 실천들은 성차별주의에 오염되었으며, 여성의 본질과 경험이 무시된 논리이므로 여성주의 연구과 실천을 통해 보다 온전한 여성에 대한 인식에 이르고자 하는 것이다.

여성주의 입장에서 본 여성복지는 실증주의적 객관성이란 개념 자체가 성차별적 기준에 의해 구성된 것이므로 불완전한 복지실천이 될 수밖에 없다. 따라서 이를 지양하기 위해서는 여성의 입장에서 객관성의 새로운 기준을 구성하고자 시도하고, 여성을 주체의 경험이나 주관과 동떨어져 있는 불변의 실재가 아니라 사회적인 인식, 개념, 경험 속에 재구성되는 역동적이고 현실적인 실재를 전제한다. 이때의 객관성이란 여성의 경험에 얼마나 철저히 기반하여 인식하는가 하는 것이 핵심이 되고, 이러한 총체적 객관성을 달성하기 위해서는 복지실천가의 가치개입 및 연관성 그리고 분명한 문제의식이 중요한 핵심이 된다. 즉, 여성복지에 대한

여성주의적 전망은 여성의 경험이 첨가되어야 하며, 여성의 입장에서 분석되고 실천되어야 하는 것이다.

내용 요약

1. 여성들의 자리찾기를 위한 변화는 인간 내면의 의식 깊이 박혀있는 전통적 사고와 이에 근거한 사회구조적 보수성이라는 저항에 부딪치게 됨이 예상됨으로 장기간의 계획적인 정책이 필요하다.
2. '성인지적 정책'의 시행을 위해서는 무엇보다도 먼저 사회보장제도가 전제로 삼고 있는 '가부장제에 기초한 가족주의'를 탈피해야 할 것이다.
3. 여성의 생애과정은 여성의 취업률, 임신·출산, 재취업, 고용관행 등과 밀접한 관련이 있으므로 여성복지정책은 이러한 생애과정에 따라 수립·이행되어야 한다.

CHECK 생각해 봅시다

1. 여성들이 처한 사회구조적 여건을 개선하기 위해서는 어떠한 노력이 있어야 하는가에 대해 생각해 봅시다.

2. 여성복지에 대한 여성주의적 전망에 대해 정리해 봅시다.

참고문헌

제 I 부

기든스 A.(배은경, 황정미 역, 1996). 『현대사회의 성, 사랑, 에로티시즘』. 새물결.

김영화 외(2004). 『현대사회와 여성복지』. 양서원.

김인숙 외(2001). 『여성복지론』. 나남출판.

김태현·이문숙(2002). 『21세기에 만나는 여성의 삶』. 성신여대출판부.

로즈마리(이소영 역, 1995). 『페미니즘사상, 종합적 접근』. 한신문화사.

박민자(2000). "가족과 여성". 『새로 쓰는 여성과 한국사회』. 사회문화연구소.

변화순 외(2001). 『한국가족의 변화와 여성의 역할 및 지위에 관한 연구』. 한국여성개발원.

시몬느 드 보봐르(조홍식 역, 1993). 『제2의 성』. 을유문화사.

실비아 월비(유희정 역, 1996). 『가부장제 이론』. 이화여자대학교 출판부.

엥겔스 F.(김대웅 역, 1991). 『가족, 사유재산, 국가의 기원』. 아침.

이소희 외(2001), 『여성복지』. 형설출판사.

이영자(1991). "자본주의와 성". 『여성연구』, 여름호. 한국여성개발원.

조흥식 외(2003). 『여성복지학』. 학지사.

최선화(2006). 『여성복지론』. 학현사.

캐롤 테브리스·캐롤 웨이드(박민자 역, 1998). 『성과 사회』. 경문사.

한국여성개발원(2005). 『2004 여성통계연보』. 한국여성개발원.

한국여성연구소(2005). 『새여성학 강의』. 동녘.

Cixous H.(1981). "The Laugh of Medusa", in Elaine Marks and Isabelle de Courtivron(ed.). *New French Feminism*. N.Y.: Schocken Books.

Cixous H.(1992). *Du Feminin*. Presses Universitaires de Grenoble.

Firestone S.(1970). *The Dialectic of Sex: The Case for Feminist Revolution*. N.Y.: William Morrow.

Irigaray L.(1977). *Le Sexe qui n'en est pas un*. Editions de Minuit.

Kristeva J.(1982). *Desire in Language.*(trans). Leon Roudiez, N.Y.: Columbia Univ. Press.

Mill J-S. "The Subjection of Women", in J-S Mill and Harriot Taylor Mill, *Essays on Sex Equality*(ed.). Alice S. Rossi(1972), Univ. of Chicago Press.

Mitchell J.(1971). *Woman's Estate*, N.Y.: Pantheon Books.

Nicholson L.(1986). *Gender and History: The Limits od Social Theory in the Age of the Family*. N.Y.: Columbia Univ. Press.

Schneir M.(ed.)(1972). *Feminism: The Essential Historical Writings*. Vintage Books.

Wallach S.J.(1996). *Feminism and History*. Oxford Univ. Press.

Weeks J.(1985). *Sexuality and its discontents*. London: Routledge & Kegan Paul.

Wollstonecraft M.(1975). *A Vandication of the Rights of Woman*(C. Poston ed.). N.Y.: Norton.

Zaresky E.(1976). *Capitalism, the Family and Personal Life*. N.Y.: Harper & Row.

제 II 부

김미혜(1997). "여성의 생애주기와 사회복지". 『양성평등이·보장되는 복지사회』. 미래인력연구센터.

김성회(1990). "비주장행동 원인별 주장훈련방법이 주장행동에 미치는 효과 비교". 계명대학교 대학원 박사학위 청구논문.

김영란(1997). "빈곤의 여성화와 사회복지정책". 『한국사회복지학』, 31호. 한국사회복지학회.

김영화 외(2004). 『현대사회와 여성복지』. 양서원.

김인숙(1997). "한국의 사회복지 서비스와 여성복지의 실태". 『성평등연구』, 제1집. 가톨릭대학교 성평등연구소.

김인숙 외(2001). 『여성복지론』. 나남출판.

박미은(1996). "학대받는 아내들의 심리 사회적 대응과정과 사회사업적 임파워먼트". 『정신보건과 사회사업』, 제3집.

박영란 외(2000). 『여성에 대한 폭력 관련 서비스 연계방안』. 한국여성개발원.

박영란 외(2001). 『외국의 여성복지서비스에 관한 연구』. 한국여성개발원.
신영화(1999). "학대받는 아내의 능력고취를 위한 집단사회사업실천의 효과성". 서울대학교 대학원 박사학위 청구논문.
이소희 외(2001). 『여성복지』. 형설출판사.
정소영(1995). "여성 의식향상(CR)훈련 : 여성상담의 집단적 접근". 『여성상담과 여성복지』. 한국여성의 전화.
조흥식 외(2003). 『여성복지학』. 학지사.
최선화(2003). "임파워먼트를 통한 노인상담". 『노인복지연구』, Vol.20., 한국노인복지학회.
최선화(2006). 『여성복지론』. 학현사.
테레사 쿨라빅 외(2000). 『복지국가와 여성정책』. 새물결.
통계청. 통계정보시스템(KOSIS)
한국여성개발원(1990). 『여성복지법제에 관한 연구』. 한국여성개발원.
황성철(2002). "임파워먼트 모델과 사회복지조직관리". 『한국사회복지행정학』, 제6호.
ILO(각 연도). 『노동통계연감』.

Brodsky A.M.(1977). "Therapeutic Aspects of Consciousness-Raising Groups", *Alternative Social Services for Women*. Gottlieb N.(ed.), Columbia Univ. Press.
Gutierrez L.M.(1990). "Working with Women of Color: An Empowerment Perspective", *Social Work*, 35(2, Mar.)
Hanmer J. & Stathan D.(1989). *Women and Social Work*. Chicago: Lyceum Books.
Langan & Day(ed., 1992). *Women, Oppression and Social Work*. London & New York: Routledge.
Lee J. A.B.(1994). *The Empowerment Approach to Social Work Practice*. N.Y.: Columbia Univ. Press.
Miley O'melia & Dubois(1995). *Generalist Social Work Practice: An Empowerment Approach*. Needham Heights. MA: Allyn & Bacon.
Parsons R.J.(1991). *Empowerment: Purpose and Practice Principle in Social Work*. Social Work with Groups.
Reinharz S.(1992). *Feminist Methods in Social Research*. Oxford Univ. Press.
Saleebey D.(1996). "The Strenghs Perspective in Social Work Practice: Extension and Cautions", *Social Work*, 41(3, May).

Weik A. & Saleebey D.(1995). “Supporting Family Strenghts: Orienting Policy and Practice Towards the 21st Century”, *Families in Society*, 76(3).
Van Den Bergh N.(1995). *Feminist Practice in the 21st Century*. Washington D.C.: NASW.
Wes Shera & Lilian M. Wells(1996). *Empowerment Practice in Social work*, Canadian Scholars' Press.

제 Ⅲ 부

강남식(이영환 편, 2005). “여성운동과 사회복지”. 『한국의 사회복지운동』. 인간과 복지.
국민건강보험공단(1980~2004). 『건강보험통계연보』.
국민연금관리공단(각 연도). 『국민연금통계연보』.
김엘림(1990). 『한국여성복지정책의 유형분석에 관한 연구』. 한국여성개발원.
김엘림 외(2000). 『성폭력 가정폭력 관련법의 시행실태와 과제』. 한국여성개발원.
김영희 외(2000). 『통일 대비 여성관련 법제 연구』. 한국여성개발원.
김영화 외(2004). 『현대사회와 여성복지』. 양서원.
김인숙 외(2001). 『여성복지론』. 나남.
김훈(2004). 『사회복지법제론』. 학지사.
노동부(각 연도). 『산업재해분석』.
박영란 외(2001). 『사회보험제도의 여성수급현황 및 개선방안 연구』. 한국여성개발원.
박영란·황정임(1997). 『여성복지서비스 전달체계의 기능강화 방안에 관한 연구』. 한국여성개발원.
변화순(1992). “국가정책과 여성”. 『여성연구』, 제9권 제3호.
보건복지부(2006). 『보건백서』.
보건복지부(2006). 『2005 국민기초생활수급자 현황』.
사쑨, 앤(1989). “여성의 새로운 사회적 역할 : 복지국가의 모순”. 『여성과 국가』. 서울경제신문사.
석재은(2004). 『연금의 성별격차와 여성의 연금보장 방안』. 한국보건사회연구원.
엄규숙(2002). “여성과 국민연금”. 『한국의 여성정책』. 헌국여성정책연구회.
여성노동법 개정 연대회의(2000). 『여성노동법 개정을 위한 토론회 자료집』.

윤찬영(1998). 『사회복지법제론』. 나남.
윤홍선(1995). "여성과 법". 윤근섭(외). 『여성과 사회』. 문음사.
윤후정·신인령(2001). 『법여성학-평등권과 여성』. 이화여자대학교출판부.
이소희 외(2001). 『여성복지』. 형설출판사.
이주영(1990). "여성복지법제의 개선방안에 관한 연구-여성복지서비스법제를 중심으로". 서울대학교대학원 박사학위 논문.
이혜경(1990). "사회복지관련법과 사회보험과 공적부조를 중심으로". 『한국여성학』. 한국여성학회.
테레사 쿨리빅 외(2000). 『복지국가와 여성정책』. 새물결.
통계청(2006). 『2005년 국민기초생활보장수급자 현황』.
한국산업인력공단(각 연도). 『고용보험통계연보』.
한국여성연구소(2005). 『새여성학 강의』. 동녘.
현외성(2001). 『사회복지법제론』. 양서원.

Esping-Andersen G.(1990). *Three worlds of Welfare capitalism*. Princeton: Princeton University Press.
Gilbert, N. & Specht H.(1993). *Dimension of Social Welfare Policy*. Englewood Cliffs: Prentice Hall.
O'Conner J.(1993). "Genderm class and citizenship in the comparative analysis of welfare state regimes : theoretical and methodological issues", *British Journal of Sociology*, 44(3)
Orloff A.S.(1993). "Gender and social right of citizenship : the comparative analysis of gender relation and welfare state", *American Sociological Revie*, 58(3)
Sainsbury D.(1993). "Dual Welfare and Sex Segregation of Access to Social Benefits : Income Maintenance Policies in the UK, the US, the Netherlands and Sweden", *Journal of Social Policy*, 22(1, Jan.).

제 Ⅳ 부

권진숙(1996). "배우자 학대 부부집단 프로그램개발에 관한 연구". 이화여대 박사학위 논문.

김경애(1999), “흔들이는 모성, 지속되는 모성역할 : 저소득층 모자가정의 여성가장”. 『한국여성학』, 제15권 제2호.
김광일(1985). “구타당하는 아내”. 50례의 정신의학적 연구. 『정신건강연구 3』, 235-256.
김광일(1992). “가정폭력과 아동학대”. 한국아동학대예방협회 제5회, 5-13.
김수현(2001). “저소득 여성가구주 자활촉진을 위한 지역사회의 실천과제”. 토론회 자료집.
김영란(1999). “여성빈곤과 복지국가의 재구조화”. 『한국사회학』, 제33집 제3호.
김재엽(1998). “가정폭력의 태도와 행동간의 상관관계 연구”. 『한국가족복지』, 제2호.
김재엽·최선희·장희숙·이근후·이명숙·김기환·박상언(1999). 『한국 가정폭력 실태와 행위자 교정 프로그램 개발 연구』. 범우사.
김태현·전길양·김양호(2002). 『사회변화와 결혼』. 성신여자대학교 출판부.
김태현·전길양·이영자·임선영(2004). 『현대가족복지』. 도서출판 하우.
김효진(2001). “장애여성운동의 흐름과 과제”. 『장애여성아카데미』. 대구여성장애인연대.
백선희(2001). “도시지역 빈곤여성의 특성과 자활지원사업의 방향”. 『한국지역사회복지학』. 2001년도 춘계학술대회 발표문.
보건복지부(2000). 『우리나라의 아동학대 발생건수』.
석재은(2003). “한국의 ‘빈곤의 여성화’ 실증 분석 : 1996-2002, 노무현 정부에게 바라는 사회복지정책”, 『2003년 한국사회복지학회 춘계 학술대회 자료집』.
성미애·옥선화·허정원(2001). “경제위기 이후의 빈곤여성가장의 생활실태조사”, 『대한가정학회지』, 제39권 제2호.
송영민(2002). “여성노인의 의존성과 학대경험에 관한 연구”. 고려대학교 대학원 박사학위 청구논문.
안동현(1999). “가정폭력 피해자 및 가해자 상담실태”. 『한국가정생활진흥회』, 1-28.
양정자·안정희(1996). 『한국가정법률상담소 창구를 통해 본 가정폭력 실태 조사. 가정폭력 그 실상과 대책』. 한국가정법률상담소, 53-85.
여성부(2003). 『성매매실태 및 경제규모에 관한 조사』.
오혜경·김정애(2000), 『여성장애인과 이중차별』. 학지사.
유정원(2000), “한국여성빈곤의 특성에 관한 연구”. 연세대학교 대학원 석사학위 청구논문.
윤진(1992). “폭력의 이론”. 『가정폭력 : 그 실상과 대책』. 탐구당, 15-46
이선우(2000). “장애인 복지의 현황과 전망”. 『한국사회복지의 현황과 쟁점』. 한국사회과학연구소 사회복지연구실.

이소희·정민자·김경희·박인전·손지미·김영란·홍계옥·도미향·김민정(1998). 『현대가족복지론』. 양서원.

이혜경(2000). "통계로 본 여성빈곤". 『여성빈곤 깨뜨리기 I』. 한국여성단체연합.

전길양·송현애(1997). "노인홀대에 관한 연구 : 학대와 방임에 대한 인식 및 경험을 중심으로". 『가정폭력에 관한 프로그램 개발 연구』. 한국가족상담교육단체협의회, 33-96.

정미숙(2001). "여성가구주, 성별화된 빈곤 그리고 일 : 어머니냐 노동자냐". 『경제와 사회』, 통권 제51호.

정현숙·유계숙(2001). 『가족관계』. 학지사.

최규련·유은희·홍숙자·정혜정(1997). "가정폭력 예방 및 대처 프로그램 모형개발 : 배우자 학대를 중심으로". 『가정폭력에 관한 프로그램 개발 연구』. 한국가족상담교육단체협의회, 2-31.

통계청(2000). 『인구주택총보고서』.

통계청(2006). 『통계로보는 여성의 삶』.

한국가정생활진흥회(1999). 『멍든 가정! 그 후』.

한국여성개발원(2001). 『여성폭력방지 종합대책(시안)』.

한국여성개발원(2003). 『여성빈곤 퇴치를 위한 정책개발 연구』. 연구보고서.

한국여성개발원(2004). 『여성통계연보』.

한국여성개발원(2005). 『여성통계연보』.

한국형사정책연구원(1992). 『가정폭력의 실태와 대책에 관한 연구-서울시의 남편과 아내폭력현황을 중심으로』. 연구보고서.

황선아(2000). "독거여성노인의 소득에 영향을 미치는 요인들에 관한 연구". 이화여대 대학원 사회복지학과 석사학위 논문.

Aust & Bonker(2004). "New Social Risk in a Conservative Welfare State: The Case of Germany", *New Risks, New Welfare*. Tayer-Gooby(엮음), New York: Oxford University Press.

Esping-Andersen, G.(1990). *The Three Worlds of Welfare Capitalism*. Princeton. NJ: Princeton University Press.

Esping-Andersen, G.(2002). *Why We need a New Welfare State*. New York: Oxford University Press.

Evans, P.M.(1998). "Gender, Poverty and Women's Caring", in Carol T. Baines, Patricia M. Evans and Sheila M. Neysmith(엮음), *Women's Caring: Feminist Perspectives on Social Welfare*, Oxford Univ. Press.

Gelles, R. J. & Straus, M. A.(1988). *Intimate Violence*. NY: Simon and Schuster.

Gelles, R. J.(1979). *Family Violence*. Beverly Hills: Sage.

Johnson, M. P.(1995). "Patriarchal terrorism and common couple violence: Two forms of violence against women". *Journal of Marriage and Family*, 57(May). 283-294.

Kempe, C. H., F. N. Silverman, B. F.(1962). "The battered child syndrome". *JAMA*, 181, 105-112.

Lewis, J.(1992). "Gender and the development of welfare regimes", *Journal of European Social Policy*, 20

McIntyre, L., Officer, S. & Robinson, L.(2003). "Feeling Poor: The Felt Experience of Low-Income Lone Mothers", *Journal of Women & Social Work*, 18권, 3호, fall.

Mcphee, D. & Bronstein, L.(2003). "The Jorney from Welfare to Work: Learning from Women Living in Poverty", *Journal of Women & Social Work*, 18권, 1호, spring.

Meyer, M.H.(엮음, 2000). *Care Work: Gender, Labor and the Welfare State*. New York: Routledge.

Oliver, M.(1990). *The Politics of Disablement*, London Macmillan.

Orloff A.(1996). "Gender and the social rights of citizenship: The comparative analysis of gender relations and welfare states", *American Sociological Review*. 58권 3호.

Pearce D.(1978). "The feminization of poverty: Women, work and welfare", *Urban and Social Change Review*, 11, Feb.

Pope, A.(1991). *Disability on America: Toward a National Agenda for Prevention*. National Press.

Snell, J. E., R. J. Rosenward, A. Robey.(1963). "The wife beater's wife: A study of family interaction", *Arch Gen Psychiatry*, 11, 107-112.

Straus, M. A.(1979). "Measuring conflict and violence: The conflict tactics scale", *Journal of Marriage and the Family*, 40(1), 75-88.

Sven E. Olsson(1989). "Sweden", in John Dixon and Robert P. Scheurell(eds.), *Social Welfare in Development Market Countries*, London and New York: Routledge.

Taylor-Gooby, P.(2004). *New Risks, New Welfare*. New York: Oxford University Press.

제 V 부

김경애(1999). 『한국여성의 노동과 섹슈얼리티』. 풀빛.
김영화 외(2004). 『현대사회와 여성복지』. 양서원.
박재창 편(2000). 『정부와 여성참여』. 법문사.
비키 랜달(김민정 외 역, 2000). 『여성과 정치』. 풀빛.
최성재(1995). "한국의 노령화와 사회정책". 서울대학교 사회발전연구소 주최 국제학술대회.
사쑨 앤(1989). "여성의 새로운 사회적 역할 : 복지국가의 모순". 『여성과 국가』. 서울경제신문사.

자료 관련 인터넷 사이트

까리따스 노인학대 상담센터 : www.15889222.net
국민건강보험공단 : www.nhic.or.kr
국민연금관리공단 : www.nps4u.or.kr
노동부 : www.molab.go.kr
노동부 근로여성정책국 사이트 : www.molab.go.kr/home/부서홈페이지
늘푸른 여성정보센터 : www.1318.seoul.go.kr
서울여성의 전화 : www.hotline.jinbo.net
세계평화여성연합 : www.wfwp.or.kr
성매매 근절을 위한 한소리회 : www.han-sori.org
여성노동법률자료실 : www.women119.or.kr
여성부 : www.moge.go.kr
인권운동사랑방 : www.interpia.net/~rights
일하는 여성들의 네트워크 : www.kwwnet.org
장애여성성폭력상담소 : www.wde.or.kr

통계청 : www.nso.go.kr

평등의 전화 사이버 상담실 : www.equaline.or.kr

한국가정법률상담소 : www.lawhome.or.kr

한국성폭력상담소 : www.sisters.or.kr

한국성폭력위기센터 : www.rape119.or.kr

한국여성개발원 : www.kwdi.re.kr

한국여성단체연합 : www.women21.or.kr

한국여성민우회 : www.womenlink.or.kr

한국여성유권자연맹 : www.womenvoters.or.kr

한국여성의전화 : www.hotline.peacenet.or.kr

한국여성학회 : www.kaws.or.kr

한국여성장애인연합 : www.kdawu.org

찾아보기

가_

나_

다_

사_

아_

자_

차_

타_

파_

하_

[저자소개]

김태현(金兌玄)

이화여자대학교 가정대학 가정관리학과 졸업
고려대학교 대학원 가정학과 졸업(석사)
고려대학교 대학원 가정학과 졸업(박사)
현재, 성신여자대학교 사회과학대학 심리복지학부 복지학 전공 주임교수

이문숙(李文淑)

성신여자대학교 사범대학 사회교육과 졸업
이화여자대학교 대학원 정치외교학과 졸업(정치학 석사)
Université des Sciences Sociales de Toulouse I 졸업(정치학 박사)
현재, 서울사이버대학교 사회복지학과 교수

여성복지론

초판 발행 2007년 2월 28일
2쇄 발행 2010년 4월 5일

지은이 김태현·이문숙
발행인 류제동
발행처 (주)교문사

책임교정 및 편집 김수진
표지디자인 반미현
제 작 김선형

우편번호 413-756
주 소 경기도 파주시 교하읍 문발리 출판문화정보산업단지 536-2
전 화 031-955-6111(代)
팩 스 031-955-0955
등록번호 1960. 10. 28. 제1-2호
홈페이지 www.kyomunsa.co.kr
E-mail webmaster@kyomunsa.co.kr
ISBN 978-89-363-0824-7 (93330)

값 16,000원

※ 잘못된 책은 바꿔 드립니다.